影者星驰

燕山刀客 著

心中的火是不会熄的

华中科技大学出版社
http://www.hustp.com

中国·武汉

有态度的阅读
小马过河(天津)文化传播有限公司出品

自序 一年一影帝，百年周星驰

在当下的中国，最有影响力的电影人之一是一位香港明星，而且还是一位曾经专门演喜剧的"类型演员"，这似乎是一件让人意外的事情，但事实上，这一切合情合理。

虽然现如今有人戏称香港为"文化沙漠"，但在20世纪八九十年代，它是当之无愧的全球第二大电影产业基地。

香港1997年回归中国，在这之前它被英国殖民统治了大约一个半世纪，但它的电影行业身上的"英国烙印"并不多。香港电影最初主要模仿的是好莱坞的商业娱乐片，而不是大不列颠的小资文艺片。

香港是亚洲的一个顶级大都市，市民中有相当比例的人来自内地。而香港本身无法隐藏的草根气质与移民情结，自然也会深刻影响香港电影的品味与格调。正因如此，在相当长的时间里，大多数内地观众即使听不懂粤语，也照样会欣赏、喜欢甚至美化香港电影，会崇拜、模仿甚至神化那些港产电影明星。

进入21世纪以来，随着大批香港电影人北上，以及香港本地电影工业的衰落，我们反而愈加怀念那个逝去的港片黄金时代，纷纷沉迷于老电影中不能自拔。

时代更迭，新事物层出不穷，物质产品更新换代非常容易，艺术却能历久弥新。"庆祝中华人民共和国成立70周年全国十佳电影男演员"的获奖名单中，来自20世纪八九十年代港片巅峰时期的明星，恰好占据一半名额，这足以说明，那时香港电影的辉煌是多么空前绝后。入列"十佳电影男演员"

的香港明星中，赫然就有周星驰。

周星驰正是香港电影巅峰时期草根电影人中最杰出的代表，没有之一。尽管在漫长的从业生涯中，他只拿过一次金马奖最佳男配角、一次金像奖最佳男主角和最佳导演奖，但他留下的经典作品显然比大部分影帝、影后要多得多。他真正主演的电影虽然只有几十部，但其中至少有一半可以归入经典范畴。能够做到这一点的，放眼香港电影圈，有且只有他一人。

所有由他诠释的银幕形象，都几乎成了那一角色的天花板，让之前的表演黯然失色，令之后的明星压力很大。苏乞儿、唐伯虎、宋世杰、至尊宝（孙悟空）……莫不如此。大导演王晶在《圆桌派》中说："我估计这后面三十年，都很难有人追到他（周星驰）。"王晶没有任何必要恭维他，这也绝对不是溢美之词。

在香港，周星驰曾先后拿下八个年度票房冠军（包括一次四连冠），连续四次创造影史单片票房新纪录，香港影史上第一部票房破4000万元、5000万元和6000万元的影片，都归在了他的名下。目前票房超过5000万元的十部港片中，有四部是他导演的，一部是他主演的。

在内地，他三次拿下年度票房榜冠军，将中国电影单片带入了"30亿"时代。

时至今日，周星驰主演的电影依然是各大影视平台的点播量冠军；他的影迷，从"50后"一直扩展到了"00后"。由此可见，在真正的经典面前，根本不存在年龄代沟一说。

"大话西游"系列、《功夫》等作品，早已超出了电影圈层，上升为全民热议的文化现象，众多网民日常使用的不少词汇、段子和表情包，都源于周星驰的电影。

随着香港电影的衰落，以及香港"东方好莱坞"地位的一落千丈，我们不难想象，像周星驰这样出身草根的"喜剧之王"，大概永远不会有下一个。

"一年一影帝，百年周星驰。"这显然并不是夸张之词，而是事实。更让人不可思议的是,偏偏是在世俗眼光中最不可能成功的他,走得最远。

曾几何时,有一则出自美国成功学大师戴尔·卡耐基之口的金句风靡全国:"一个人的成功,15% 依靠专业知识,85% 依靠人际关系。"如果这个说法是金科玉律,那么我们所知道的周星驰,注定连个四线明星都当不上。毫不夸张地说,80% 以上的香港和内地演员,"情商"都比他高,朋友都比他多,路子都比他广,但偏偏是他,能比肩成龙和周润发,成为香港影坛的超一线明星;偏偏是他,已经从台前走到幕后十二年,其作品依然是国内各大视频平台点播量的第一;偏偏是他,作品至今依然被反复模仿、致敬,并且乐此不疲;偏偏是他,从一个电影明星上升为大中华的文化符号之一,其影响力早就超出了娱乐圈。

在最注重人情往来的国度,一个被视为难交流、不合群的电影人,其知名度和影响力却远远超过了那些所谓的"社交高手",这听起来似乎是一件非常讽刺的事情。因此,相比众多人脉强、人缘好、人气旺的明星,周星驰的演艺之路反而更有现实的借鉴意义,当然,也有更强烈的励志色彩。

周星驰的成功是不可复制的,只因他的表演天赋确实是绝大部分人不具备的。把一项才能提升到极致,当然无法保证你一定会成功,因为机会很可能永远不会接近你,但是,一旦站上了公平竞争的舞台,你就可以凭借自己的才能崭露头角,脱颖而出。你只有像周星驰一样,跑龙套时就以专业的态度对待工作,而演男主角时也能毫不怯场,才叫本事。

拥有让别人取代不了的能力,当然离不了天赋,可后天的刻苦也是非常重要的,甚至更为重要。我们不能光看到周星驰在银幕上的光鲜和洒脱,却忽略他在现实生活中的辛劳与寂寞。

大家都说周星驰的身体里依然住着一个孩子,他依然保持着不合时宜的天真、不切实际的认真、不识时务的率真。所有这些特质,普通人当然无法照葫芦画瓢,因为我们不是他,没有他的底气,更没有他的实力,但周星驰的心路历程,以及他的那些经典电影,一定会让我们有所触动、有所启发,甚至有所警醒。

在不同年龄段看周星驰，会产生不同的感受：

——20岁看周星驰，好奇的是那样古灵精怪的创意，震撼的是那般收放自如的潇洒；

——30岁看周星驰，钦佩的是那坚韧倔强的处世态度，感动的是那无怨无悔的爱情信念；

——40岁看周星驰，欣赏的是那份看淡得失的从容，明白的是那般宠辱不惊的淡定。

是为序。

目录

第一章　青春

　　一　俊采星驰，母爱让他受益终身 - 002

　　二　"龙的传人"，自幼崇拜李小龙 - 007

　　三　风雨同路，朋友一生一起走 - 014

第二章　起步

　　一　《430穿梭机》——巨星从这里成长 - 020

　　二　《黑白僵尸》，一不小心成经典 - 024

第三章　龙套

　　一　请回答1982，香港电影开启黄金时代 - 030

　　二　跑不完的龙套，浇不灭的豪情 - 033

第四章　转机

　　一　万事开头难，《捕风汉子》见证银幕首秀 - 042

　　二　李修贤引路，《霹雳先锋》一举成名 - 047

　　三　《盖世豪侠》，奠定无厘头基础 - 054

　　四　跟着大哥万梓良，《他来自江湖》口碑不俗 - 060

　　五　《龙在天涯》，有遗憾也有收获 - 063

第五章 逆袭

一 《望夫成龙》首当男主角,世界因此不同 - 070

二 十年一剑终起飞,《一本漫画闯天涯》 - 075

三 再度联手张学友,《咖喱辣椒》成绩不俗 - 078

四 跟风之作破纪录,星仔一跃成"星爷" - 082

五 最佳拍档显神威,《赌侠》制霸圣诞档 - 089

第六章 挑战

一 新春档大战何惨烈,《整蛊专家》落下风 - 098

二 功夫台球巧嫁接,《龙的传人》致敬偶像 - 102

三 有《新精武门1991》的"失败",才有《功夫》的成功 - 108

四 穿上校服不违和,《逃学威龙》火遍东南亚 - 111

五 致敬《秦俑》,穿越到上海滩当赌圣 - 117

六 出演《情圣》,群戏照样能出彩 - 121

第七章 神话

一 《家有喜事》联手张国荣,创造合家欢喜剧巅峰 - 128

二 《逃学威龙2》生不逢时,却促成一段情 - 134

三 《审死官》实现表演突破,创造永恒经典 - 137

四 《鹿鼎记》强势大卖，为金庸IP电影改编树立标杆 - 143

　　五 《鹿鼎记Ⅱ：神龙教》成全周星驰的武侠梦想 - 149

　　六 《武状元苏乞儿》，总有一部喜剧让你泪流满面 - 153

　　七 不可思议的"周星驰年"，个人最佳与港片巅峰重合 - 160

第八章　突破

　　一 《逃学威龙3之龙过鸡年》，透支周星驰金字招牌 - 166

　　二 其实，他不只是一个演员 - 170

　　三 神秘编剧加盟，"铁三角"成型 - 175

　　四 《唐伯虎点秋香》，缔造古装无厘头永恒经典 - 179

　　五 《济公》不温不火，有突破更有遗憾 - 186

第九章　转型

　　一 首当监制，《破坏之王》成为最被低估的经典 - 192

　　二 巧蹭热点，《九品芝麻官》口碑爆棚 - 199

　　三 晋升导演，《国产凌凌漆》探索新路 - 203

　　四 虽丢掉年冠，但收获更多 - 208

第十章 创业

一 《大话西游之月光宝盒》出大漠，史上最牛"加长预告片" - 212

二 《大话西游之大圣娶亲》票房惨淡，却成就周星驰最大IP - 219

三 一不小心成文化标签，后现代主义搞蒙周星驰 - 224

第十一章 借力

一 《回魂夜》再度失手，刘镇伟远走加拿大 - 228

二 "王周"合作，《百变星君》捍卫超一线荣耀 - 232

三 《大内密探零零发》，古装科幻一起玩 - 237

四 《97家有喜事》炒冷饭，"周黄"从此渐行渐远 - 240

五 《行运一条龙》致敬初恋，群戏依然鹤立鸡群 - 245

第十二章 星辉

一 《食神》大爆，美食因爱情而无可比拟 - 252

二 《喜剧之王》票房欠佳，却有特殊意义 - 258

三 恋曲1990年代，书写香港电影的最强音 - 265

四 《少林足球》，打造香港电影重工业大片 - 269

| 第十三章 | 内地 |

一 《功夫》,霸气书写新世纪武侠电影最强音 - 282

二 用《长江七号》告别影坛,巨星不留遗憾 - 290

三 《西游·降魔篇》,十八年圆一个梦想 - 297

四 《美人鱼》,票房奇迹难掩尴尬口碑 - 305

五 《新喜剧之王》,只是为前作还债 - 311

六 展望未来,周星驰何去何从 - 318

| 第十四章 | 团队 |

一 周家班,好花也需要绿叶 - 324

二 黄金配角,跟对人才能展现最强演技 - 329

三 星女郎,为电影留下最美瞬间 - 333

| 第十五章 | 爱情 |

一 罗慧娟,还是觉得你最好 - 340

二 朱茵,无可争议的最佳"星女郎" - 345

三 莫文蔚,分手后依然是好友 - 348

四 于文凤,周星驰背后的理想情人 - 351

五 年近六十仍单身,星爷心归何处 - 354

附录	周星驰教会我们的二十条人生哲理 －356
	主要参考文献 －357
后记	世界上最快乐的事情，就是有机会为理想而奋斗 －359

第一章　青春

一　俊采星驰，母爱让他受益终身

从贫民区的普通孩子，到享誉世界的"喜剧之王"，周星驰的成长经历，比世界上绝大部分的电影故事更加精彩、更为传奇。

周星驰的电影，是拍给成年人看的童话，因为无论过多少年，他的内心依然单纯得如同孩子。因此，唯有了解周星驰的童年，才能更好、更全面地了解这个人，了解他的电影。

个体力量极其有限，一个人的成功，必定离不开超高的天赋、自身的努力、机遇的垂青，以及贵人的援手。

周星驰一生中最重要的贵人，到底是哪一个？万梓良、李修贤、刘镇伟、梁家仁、王晶……这些人在周星驰的成长过程中都起到了重要作用，如果没有他们，周星驰可能会永远寂寂无名，但他首先要感谢的是一位女性。

她就是凌宝儿——周星驰的母亲。

1962年6月22日，原本只是日历上普普通通的一天，但对于无数"星迷"来说，这一天是一个值得永久纪念的日子。

这天晚上，从香港破旧的九龙城寨一户普通人家里，传来了一个新生男婴的哭声。

当时，在香港这个弹丸之地已经聚集了近五百万人口，其中大部分是1949年之后陆续迁来的新移民。他们有的怀抱着远大理想，有的屈服于命运，有的一直野心勃勃，有的只能得过且过，毕竟在历史的洪流之中，个体的生命极其脆弱，简直不堪一击。

可这个新生儿的母亲凌宝儿，即便生活在贫民区，也从不愿意让自己变得粗陋浅薄。她是广东宝安人，父亲曾在国民政府中担任要职——这和周星驰日后的老板向华强兄弟类似。因为从小饱读诗书，并曾在广州师范大学就读，所以她深深懂得知识对一个人性格塑造的巨大作用。

此时，她已经有了一个3岁的女儿，名叫周文姬。这名字很容易让人联想起汉末三国时期的才女蔡文姬。这个刚降生的男孩，更让她的无限希望有了寄托。初唐大才子王勃写的《滕王阁序》，是凌宝儿一直特别喜欢的一篇文章。看着眼前初生的婴儿，听着他的哭声，想到"物华天宝，龙光射牛斗之墟；人杰地灵，徐孺下陈蕃之榻。雄州雾列，俊采星驰"，这位年轻的母亲，突然眼前一亮——自己的孩子，就叫周星驰吧。

男孩的父亲周驿尚来自上海，有着"魔都"小市民式的精明，却没有上海人那种自强不息的奋斗精神，更没有上海男人对媳妇体贴到骨头里的教养。

过了两年，周星驰的妹妹周星霞出生了，一家五口挤在破旧的木板房里，睡的是上下铺的架子床，吃的更是毫无营养。谁能想到，未来的巨星会成长于此？

由于文化程度的差异与各自理念的不和，夫妻俩堪称同床异梦。在小星驰7岁的时候，这段婚姻终于走到了尽头。

在他们走向离婚的过程中，周星驰是重要一环。

2006年，凌宝儿在接受记者采访时，透露了事情的真相："记得一次与孩子们到戏院看《埃及艳后》，当时只有几岁的星仔突然指着前排座位大喊，'妈妈，爸爸在那里！'我往前一看，发现丈夫与一名女子在一起。"

凌宝儿可以对丈夫百般迁就，但是绝不能容忍出轨。于是，这对原本就不被人看好的夫妻终于各奔一方。三个子女的抚养权都被判给了母亲。深爱孩子的凌宝儿，知道他们如果跟着父亲会有什么结果，所以她什么都不想要，只想留下孩子的抚养权。

有人认为，缺少父爱的男孩，在母亲的纵容溺爱之下，很可能会缺少阳刚之气，变得自私褊狭，但事实并非如此。更何况，如果没有凌宝儿的照顾与教育、付出和牺牲，恐怕就不会有后来的"喜剧之王"。

离婚后不久，凌宝儿又结了婚，并生下了第三个女儿，但这段婚姻很快就破裂了。从此以后，周星驰一直在单亲家庭的氛围之中长大，但他的童年生活是相当开心和充实的，他甚至没有时间去体会什么"童年阴影"。

为了养活四个孩子，凌宝儿常常要打三份工。无暇照看子女之时，她就将周星驰和周星霞寄养在庙街的母亲家。

庙街因为街上有妈祖庙而得名，和旺角类似，庙街也是香港久负盛名的街道之一，同时庙街还有全港最知名的夜市。许多港片都曾在庙街取景，譬如刘德华主演的《庙街十二少》。

周星驰的外婆和母亲都很勤劳，外婆完全没有舒舒服服安度晚年的打算，依然在摆地摊卖指甲刀。两个孩子跟着外婆的时间长了，也学会了帮她招揽生意。可能正是因为这段经历，后来的周星驰无论怎么大红大紫，对老人都非常尊敬。另外，在周星驰的很多电影作品中，都有男主角热心帮助老婆婆的桥段，如《破坏之王》《喜剧之王》等。事实上，当初的小星驰相当贪玩，经常找借口开溜，留下外婆和妹妹守摊卖货。也许加入这样的镜头，是成年之后的他在表达对外婆的愧疚吧。

庙街的生活没有持续多久，凌宝儿很快就把两个孩子接回来了。她知道老人往往会过度溺爱孩子，这对孩子的成长是没有好处的。

作为一个单亲母亲，凌宝儿的生活是非常辛苦的。有一段时间，她一早就要去医务所上班（做护士），下午下班之后，还要在家为客户裱画，经常要忙到凌晨三四点才能合眼，睡两三个小时，她又要起床准备去医务所上班。靠着这样的劳累与坚持，凌宝儿以一己之力抚养大了四个孩子。更难能可贵的是，她把所有的困难与压力都扛在自己肩上，从不会拿孩子出气，也从不愿意让他们意识到单亲家庭的种种麻烦与不幸。

凌宝儿身上的艺术细胞，更是让周星驰受益匪浅。

和许多香港女性一样，凌宝儿特别迷恋粤剧。当时的社区教堂会组织戏剧聚会，凌宝儿自然也成了其中一员，她还要求儿女们充当她的观众。年幼的周星驰坐在台下，看到母亲那样的全情投入、那样的乐在其中，即便他根本听不明白，即便他希望出去玩，即便他会不合时宜地发出响亮的笑声，他也依然为母亲的认真和热情所感动。

多年之后，在他的代表作《喜剧之王》中，男主角尹天仇和一干好友在社区内免费表演话剧《雷雨》，这显然含有向凌宝儿致敬的因素。

更重要的是，母亲直接影响了儿子对表演的兴趣，激发了他的表演欲望。凌宝儿特别欣赏一位名叫林祥园的歌唱家，经常跟着录音机模仿他的唱腔。林祥园演唱的《蝶恋花》，更是她的最爱。周星驰并没有成为一名歌手，但他对音乐有着不错的鉴赏力，他的很多电影配乐都展示出了很高的水准，有些甚至是他自己哼唱出来后交给乐师谱曲的。所以说，童年时的宝贵经历和耳濡目染，于他而言无疑是一笔巨大的财富。

凌宝儿还持续做了一件事，让周星驰每次回想起来时都非常感动。

在当时的香港，许多收入微薄的家长会给孩子买大码的衣服，为的是可以多穿几年，以减少家庭开支，但凌宝儿从来不这么想。她要孩子穿得大方得体，在学校有自信心。因此，在这方面的开销她从来不吝啬，哪怕她要多打一份工，多熬几天夜。

当周星驰和姐姐妹妹们穿着合身的衣服走出家门时，自然会赢得周遭的赞许目光，他们自己也相当开心，也更能体会到母亲的不易。

童年时代的小星驰相当害羞，家里来了生人，他不敢说话，只是躲在母亲背后；母亲上街时想带着他，他也常常不想去；他喜欢趴在窗台上，看外面的车水马龙、人来人往。凌宝儿一度很担心儿子，希望他多交一些朋友。

不过，小星驰很快就变得贪玩起来，跟别的孩子差别不大了。他结识了一个比自己大几岁的孩子，两人最喜欢的游戏就是打蟑螂。也许是为自己童年的恶作剧反省，在《唐伯虎点秋香》中，演技趋于巅峰的周星驰，表演了一场哭蟑螂的戏，并为它起了个名字——小强。后来，这个名字在全中国都叫开了。

在凌宝儿的悉心照料下，几个孩子的童年生活平淡却不平庸，简单却不失精彩。那段快乐时光永远留在了周星驰的心底，构成了一段最为美好的回忆。不管长到多大，不管他拍过多少作品、走过多少地方，他的心灵依然清澈得如同孩子。

当然，从小就和父亲分开的周星驰，内心也强烈渴望着父爱。在他的作品中，展示父子情的戏份远远超过了表现母子情的。在他出演的最后一部电影《长江七号》之中，他扮演的民工父亲，未尝没有他自己的父亲当年的影子。

二 "龙的传人",自幼崇拜李小龙

7岁的时候,周星驰被母亲送进了太子道的协和小学。这是一所直属于中华基督教会香港教区的学校,以校风严谨著称。

当时,每到课间休息时会响两遍钟。校规要求:听到第一次钟声时,必须停止手头的活动;听到第二次钟声时才可以走动,回到自己的位置。同学们大都做得很好,但有个孩子例外,并一再因此受到惩罚。他总是喜欢做出一些莫名其妙的动作,故意惹大家发笑;别的孩子都停下来了,他偏偏还要继续走;其他人开始走动了,他却又停止不动。

这个小朋友当然就是周星驰了。学校有一支由高年级学生组成的"风纪纠察队",专门负责监督学生的日常举止。周星驰被纠察的次数很多,因此多次受到老师和训导主任的特殊对待,比如罚站、突击考试、用板擦砸等等。这些并不体面的经历,后来变成了宝贵的财富,被周星驰融入那部红遍整个东南亚的《逃学威龙》之中。

老话说:"3岁看大,7岁看老。"成年之后的周星驰性格内敛,其实小时候的他也不是特别喜欢交朋友,没事的时候不是看动画书,就是偷偷去练功夫。后来,他又迷上了看电影。

很小的时候,周星驰就特别爱看一本名叫《小流氓》的漫画。看书名是不是觉得"很黄很暴力"?其实不是的,这是著名漫画家黄玉郎的成名作,后来改名叫《龙虎门》,还被叶伟信拍成了电影。稍微长大后,周星驰又看了《中华英雄》《猫眼神童》《地球先锋号》《铁甲万能侠》等。漫画中展现出的天马行空的想象力与不按常理出牌的路子,让小星驰印象深刻,以至于当他自己拍电影时，作品中也往往带有浓厚的动漫风格，比如被许多"星迷"奉为永久经典的电影《破坏之王》，就是改编自日本动漫。

除了漫画，小周星驰还特别喜欢看电影。

美国有好莱坞，印度有宝莱坞，但在20世纪末之前，亚洲的商业电影中心却不在印度，当然也不在日本和韩国，而是在香港这个面积仅有一千多平方公里的城市中。

如同《天堂电影院》里的多多一样，小星驰没事就往影院里跑。那个时候的电影院大都不在商场，而在街区，不是多厅，而是单厅，票价相当便宜，放映条件也相当简陋，对"熊孩子"也相当客气：即便知道他们逃票，也不会点破，更不会把他们请出去。

长大之后的周星驰回忆道：

> 那时在香港，每晚有很多电影上映。午夜场还会放很多四五十年代的粤语片及六七十年代的老电影。有很多伟大的演员，很多经典电影，我从小就爱看。

有些人，注定是为电影而生的。

20世纪60年代的香港影坛，还是明显的"阴盛阳衰"，各大电影公司都喜欢力捧女星，普通民众喜欢追逐女星，各路媒体也喜欢报道女星的绯闻。

女演员成名的门槛低、曝光率高，炒作容易，更容易得到资本（家）的青睐，片酬也胜过男演员，以至于连胡金铨、张彻和楚原等人拍摄的功夫片都要找女星来出任第一主角。后来，随着王羽、狄龙和陈观泰等硬汉类型的明星扎堆崛起，"大男主"类影片才逐渐增加。

当时香港的影视圈，由邵氏和电懋两家公司二分天下，另有多家活跃的小公司，中文普通话电影处于主导地位，中文粤语片的市场不大。岳枫、李翰祥等一线导演非但从来不拍粤语片,而且他们自己连粤语也不会讲。年轻人想要进入娱乐圈,就得说普通话。

但有一个人出现并彻底改变了香港电影的游戏规则,还拉开了"东方好莱坞"走向巅峰的大幕。因为他拍的是硬汉功夫片,这一类型片从此大行其道;因为他将男性角色表演得异常出彩,此后越来越多的香港影片以男性为第一主角;而他最终的离奇身亡,也为其生涯平添了许多神秘色彩。

他在香港只主演过三部动作片,但每一部都堪称里程碑式的作品,一再刷新香港电影的诸多历史纪录。

他就是李小龙。

李小龙就像一颗最璀璨的流星,在20世纪70年代早期的香港放射出最耀眼的光芒。他的粉丝数以千万计,估计连他自己也不会想到,其中一个叫周星驰的小朋友会因为他而立志走上电影之路。

榜样的力量是无穷的。詹姆斯·卡梅隆在观看了《星球大战》之后,决心成为一名导演;彼得·杰克逊在看了《金刚》以后,立志做一名电影特效师;而李小龙的电影,则让童年的周星驰激动不已。

小星驰生平在电影院看的第一部电影,正是李小龙返港后拍摄的首部动作片巨制《唐山大兄》。当然,小星驰可能并不知道,当时的电影并不能现场收声,而且李小龙本人并不会讲普通话,影片中李小龙讲的普通话,是嘉禾电影有限公司在后期找人配上的。不过,电影中李小龙标志性的叫声,倒的确是他的原声。

在影片中,李小龙饰演的外乡青年郑潮安一直忍气吞声并隐藏武功,但在看到工厂同事接二连三地出事之后,他内心的正义感终于爆发了出来,立志与邪恶势力抗争到底。

平心而论,《唐山大兄》的拍摄手法并不足以构成革命性的经典,故事也偏简单,但李小龙的真功夫与男儿豪情,以及那种拳拳到肉的真实感与瞬间爆发力,让香港观众深为痴迷,大呼过瘾,愿意看了又看。在当年的香港电影票房榜上,《唐山大兄》以 320 万①高居第一,接近亚军《拳击》和季军《新独臂刀》的总和。

第二年,李小龙主演的《精武门》和《猛龙过江》也相继打破香港票房纪录,并成功包揽前两名的位置。整个香港都深深地为李小龙的巨大魅力所折服,并且陶醉其中;整个华人世界都掀起了一股强劲的"李小龙旋风"。

在《功夫》拍摄、宣传期间,周星驰曾于受访时说道:

> 李小龙是我的偶像,(我)小时候在戏院里看的平生第一部电影就是他主演的,那部影片让我感觉心中有一团火在熊熊燃烧,接连又看过几部他主演的电影后,我立志做一个武术家或是一个演员,如今我努力为之奋斗的一切都是因为他。

这番表白,绝对不是溢美之词。

快乐的时光总是短暂的。1973 年 7 月 21 日,刚过完 11 岁生日的小星驰被一则消息惊呆了。人生中第一次,他体会到了死亡带来的无尽悲伤。

周星驰枯坐在床上,久久不愿意相信这是真的。他从母亲那里要来零花钱,生平第一次去买了份报纸。报纸的头版上登着偶像的讣告。

报纸上讲,1973 年 6 月,李小龙在美国拍摄完《龙争虎斗》之后返港,准备完成之前搁置的《死亡游戏》;7 月 20 日,一直身体健康的李小龙在自己家中(后来才搞清楚,是在女星丁佩家中)突然离奇倒下,经抢救无效之后与世长辞。

---

① 本书中的票房数据主要来自香港票房有限公司和猫眼专业版。计数单位为万的数据只保留到个位,并四舍五入;计数单位为亿的数据保留到小数点后两位,并四舍五入。香港地区电影票房的货币单位默认是港元,内地的电影票房的货币单位默认是人民币元,台湾地区电影票房的货币单位默认是新台币元。

这位功夫巨星，当时还不满33岁，正处于事业发展的黄金时期。他只拍摄了三部粤语片，就造成了极为轰动的效应。如果他的辉煌能再持续五六年，那么香港电影的版图一定会有更大、更了不起的改变。

可惜，一切假设都不会成真了，世间再无李小龙。

不过，小星驰对偶像的崇拜一点也没有减弱。李小龙的精神没有死，一直燃烧在他的心里。如果影院放映李小龙的电影，他还是会第一时间跑去观看，即使看过多次，几乎记熟了每个情节，他依然乐在其中。正义、善良、努力、执着，这是偶像的电影传递给周星驰的精神，也是后来他不少作品中男主角的性格特点。

随着年龄的增长，周星驰觉得光看电影已经不够过瘾，他要学武，要走李小龙没有走完的道路，要成为一名动作明星，在大小屏幕上展示中华武术的精髓。

上小学时，周星驰个子不高，模样也算不上"靓仔"，学习成绩不好，见了女生还害羞，当然很难讨到小姑娘的喜欢，不过，他似乎有自己的绝活。

《精武门》中，李小龙扮演的陈真曾有一脚踢碎"华人与狗不得入内"牌匾的高光表演，而周星驰也不含糊。有一次，凌宝儿接到了老师的通知，得知周星驰的所作所为后，她气坏了。

原来，她的儿子当着几个女生的面卖弄武功，一个飞脚把教室门口的班牌号给踢了下来。

这种牌子离地近两米，按说，一个小学生助跑后能用手摸到就算不错了，而周星驰这个看似腼腆的"熊孩子"，居然玩出了凌空踢腿的花样。若说是为了吸引女同学的关注，那可真是够拼的，毕竟一不小心就可能受伤。

从此之后，有些同学不叫他周星驰了，改叫"周小龙"——显然不乏调侃挖苦的意味。不过，周星驰不在乎。多年之后，他主演的电影《龙的传人》中的角色就叫周小龙。

当时，在离周星驰家的不远处，李小龙的师兄黄淳梁开设了一家武馆，教咏春拳，学费一个月一百元。为了不让母亲破费，也是因为担心她不同意，小星驰用自己打零工的钱支付了三个月学费。这也是他孩提时代仅有的接受"专业训练"的机会。

在武馆训练时，周星驰展示出了不错的潜力，但后来他因为一些原因离开了。此后，他只能利用课余时间跑到附近的公园练武。除了咏春拳，他还自学了太极拳、西洋拳、铁砂掌和轻功等。

中华功夫博大精深，但这种自学是相当危险的，周星驰自己也不是不知道。他练习铁砂掌时，要将手插入烧热的绿豆之中，反复戳击。小星驰还算明智，只练右手，他心想万一出现意外，左手还可以保住。母亲很快注意到了他长满老茧的手，并严令其不得继续训练。

到了中四（高一），周星驰似乎一下子开窍了。他决定发奋读书，不再痴迷功夫，不再和别的孩子打架，不再逃课看电影，要和别的孩子一样，将时间花在读书上。就这样，他努力了两年，信心满满地走向了考场。

成绩出来了。除了国文，周星驰其他科目的成绩都惨不忍睹。看来，大学之门对他算是彻底关上了。他必须老老实实地承认，文化学习对他来说是短板。

高中毕业后的周星驰在一家船务公司做助理，每月拿五六百元薪资，虽说日子过得也算轻松悠闲，但这不是他想要的生活。在李小龙的精神鼓舞下，他很快就有了新的目标和动力。

20世纪70年代，香港的电视业发展得如火如荼。无线电视台（TVB）与丽的电视台（后来的亚视，ATV）互相竞争，使广大香港市民成为受益者。武侠和动作剧是当时的主流，与李小龙齐名的动作巨星梁小龙也回归电视，先后拍摄了《霍元甲》《陈真》和《再向虎山行》等热播剧。

李小龙在《精武门》中饰演的陈真是一位血气方刚，竭力维护民族大义的英雄，而梁小龙诠释的陈真则少了几分莽撞，多了一些睿智。更值得称道的是，电视剧的导演为陈真安排了一位日本女友，这令作品闪耀出更多的人性之光。这个设定也被之后的大部分关于陈真的电影继承。

1980年，由新一代偶像周润发、赵雅芝和吕良伟主演的《上海滩》在香港创造了若干收视纪录。剧中许文强头戴礼帽、围着围巾的帅酷造型，以及他义薄云天的英雄担当，着实吸引了很多男生，而三大主角之间的感情纠葛也让无数女观众唏嘘不已。

当时的香港，并没有北影、中戏这样专业培养表演人才的高校，因此无线电视台的艺员培训班事实上就起到了香港"造星工厂"的作用。培训班挑选学员时，不完全看长相，不重名气，更不在乎家庭背景，而是按照自身严格的选拔标准择优录取，严格培训，比如周润发在被第3期培训班录取前，只是一个到处打零工的苦孩子。他的同学林岭东和晚一期的杜琪峰在顺利完成课程之后，则明智地选择退居幕后，最终成了一线电影导演。

1980年，周星驰报考了第10期艺员培训班，但没有被录取。这一期的学员中，名气最大的是日后的影歌双栖天王刘德华。当时的周星驰并没有气馁，反正TVB每年都会招生，而且培训班最为人称道的一点是允许以前考不上的考生继续考。

第二次考试，他准备拉自己的"死党"一起行动。

三　风雨同路，朋友一生一起走

天才总是孤独的。周星驰虽不热衷和擅长交际，但幸运的是他有几个真正的好朋友。

在周星驰的电影中，经常会有一个五大三粗的壮汉跳出来冒充女人，搔首弄姿，并且以抠鼻孔作为自己的招牌动作。最经典的镜头莫过于《唐伯虎点秋香》之中，此人倚在小桥上，用背影诱惑唐伯虎。这之后，他有了一个比本名更响亮的外号——如花。

这个人名叫李健仁，在周星驰的电影中，他只演过一些"贱人"。有人说周星驰最拿手的本事不是拍戏，而是得罪朋友，而他与李健仁的友谊却持续了半辈子。

上中学时，李健仁与周星驰是同桌。周星驰以李小龙"铁粉"自居，有事就练拳习武，没事就和李健仁切磋。李健仁哪里是他的对手，经常被他打得浑身疼痛，但也不敢吱声，否则会被打得更厉害，伤得更重。不过，尽管如此，他依然成了周星驰屈指可数的"死党"之一。

两个小伙伴曾一起到钢琴酒吧当侍应生。在那里，周星驰听了一遍又一遍的《陆小凤》《小李飞刀》等老歌。这些老掉牙的歌曲成了他日后去卡拉OK 的必点曲目。

他是一个很恋旧的人，当然珍惜少年时的朋友。

后来，周星驰结识了一位新朋友，并由此直接打开了后者的巨星之路。

这位新朋友就是梁朝伟。

作为香港影坛屈指可数的超级明星，且从没在大银幕上合作过的周星驰与梁朝伟，居然是多年好友，这让许多人觉得不可思议，但转念一想：香港实在太小了，他们小时候就认识，似乎也不是什么大不了的事情。

关于这两位巨星结识的经过，在影迷当中流传着若干不同版本，其中一种比较流行的说法是：

1978年暑假，年方十六的周星驰在某个工厂打工。一天下班之后，他骑单车赶往戏院，准备观看李小龙主演的美剧《青蜂侠》。因为害怕迟到，年少的他把车子骑得飞快。在一个十字路口，另一辆单车猛地冲了过来。周星驰见势不妙，麻溜地从车上跳下来，然而两辆单车还是狠狠地撞在了一起，那个骑车人也倒在了地上。当时周星驰没有火速逃跑，而是赶忙上前查看对方的伤势，没想到那人很快站起身来，还向他说"对不起"，这让周星驰感到挺不好意思的，也回了句"对不起"。这时他也看清了对方，发现对方长相非常秀气，是个标准的帅哥，只是个头比他略矮一点。

两人见对方没事，便各自离开了。结果，他们居然又在电影院遇到了——原来大家都是李小龙的粉丝啊。这位小帅哥告诉周星驰，他叫梁朝伟，是个电器售货员。共同的偶像让两人成了好朋友。

另一种说法就更有戏剧性了——梁朝伟追求过周星驰的姐姐周文姬。这种可能性有多大呢？周文姬比梁朝伟大三岁，"女大三，抱金砖"，对于15岁就辍学打工的梁朝伟来说，周文姬似乎也是个不错的选择。为了追到姐姐，自然得讨好弟弟嘛。这个说法居然还得到了著名导演王天林的确认，可见并非空穴来风。

周星驰只比梁朝伟大五天。两人都生于1962年6月，同样来自单亲家庭，同样由母亲抚养长大，同样是家中唯一的男孩，同样略为内向羞涩，同样不喜欢交际，同样是李小龙的粉丝，同样能用作品迷住无数少女。

在《武状元苏乞儿》《破坏之王》《喜剧之王》等作品中，周星驰展现出来的那种可以为真爱牺牲一切的恋情观，既让我们怅然若失、黯然落泪，也让我们肃然起敬。这也是那些作品成为永恒经典、被影迷们津津乐道的缘由。但在现实生活中，即便周星驰再低调内敛，透过一些蛛丝马迹，我们也会发现，他的个人表现与银幕角色的魅力并不能混为一谈。当然，无论周星驰在现实生活中是什么样的人，都不影响其作品的伟大。

相比之下，梁朝伟对待婚姻的态度更加传统保守一些，虽然他也经历过与曾华倩和黎美娴的失败恋情，但自 1988 年与刘嘉玲恋爱之后，两人已携手走过三十多年。

当周星驰怂恿梁朝伟一起报考艺员训练班时，后者还只是个售货员。乐天知命的伟仔，真是应了那句老话——"干一行爱一行"，那时的他或许还想着日后当个小主管，迎娶一个打工妹，从而过上平稳普通的一生。

这对好兄弟从来没有在大银幕上合作过，这让无数影迷相当失望。不过，在报考艺员训练班之前，两人曾一起拍摄过一部八分钟的短片。

梁朝伟后来回忆说，短片都是周星驰的点子——他在片中既是编剧和导演，又是演员。故事讲的是一个好人与一个坏人在山里打架。周星驰演好人，经过一番龙争虎斗，将演坏人的梁朝伟打倒在地，以体现正义战胜邪恶的主题。

由此我们不难看出，周星驰在 20 岁之前，潜意识中已经有了成为导演的打算。

对于宝贝儿子的想法，凌宝儿表面上没有表示支持，但默许就是同意，就是无声的鼓励了。梁朝伟则比较惨，他的母亲坚决反对，认为儿子都是被那个叫周星驰的坏小子挑唆的，她甚至愤怒地冲梁朝伟说："衰仔，我一块钱也不会给你的！"

一向听妈妈的话的伟仔将做何选择呢？

几天之后，他向主管递交了辞呈。从此，香港少了一名售货员，却多了一位天王巨星。可以毫不夸张地说，周星驰是梁朝伟通向偶像之路的关键一环。

当时正是香港影视业大繁荣的时期，TVB堪称香港的造星工厂，很多漂亮女孩都想参加其主办的"香港小姐"竞选，很多男孩都想成为其签约艺人，因此每一期的艺员训练班都会收到海量的报名表。在这种情况下，制定严格到近乎苛刻的筛选环节自然是非常必要的。艺员训练班的选拔分为初试、复试和面试三关，每一关都要淘汰大批报名者，堪称"鬼门关"。

路易·巴斯德说："机遇只偏爱那种有准备的头脑。"但命运对周星驰开了个大玩笑。从小就以成为功夫明星为己任的周星驰很快在面试中被淘汰了，而从无表演经验的梁朝伟却因朴实无华的表演被顺利录取。

几年之后，梁朝伟和四位前辈汤镇业、苗侨伟、黄日华、刘德华一起，并称为"无线五虎"。

据周星驰自己透露，他高中毕业时的身高仅有170厘米，以后似乎也没有再长高过，而招考官一般要求学员身高达到175厘米。为了蒙混过关，周星驰花费巨款买了一双内增高皮鞋。这种破费当然没什么用，现场量身高是要求裸足的。不过，据说梁朝伟的实际身高没有170厘米，可见造成周星驰落榜的真正原因并不是身高。

这次失败对周星驰的打击不小，但他岂能轻易放弃？他又连续考了两次，最终进入了第11期的夜间训练班，这样一来，他也算是梁朝伟的同学了。

夜间班类似当时内地的电大、夜大一类机构，与日间班相比，学生整体素质稍差。周星驰的同学中，有不少日后成为明星的，如金马影帝吴镇宇、无线视帝欧阳震华、大帅哥关礼杰、反派专业户李子雄等。吴镇宇也是考了四次才考进夜间班的。

其实，周星驰本来并没有机会读夜间班的，但他有贵人相助，而且这位贵人还是个漂亮姑娘。

后来成为著名演员苗侨伟妻子的戚美珍，当年是无线第 10 期训练班的学员。她家里开了一个眼镜店，她有时会过去帮忙，而周星驰家就在眼镜店对面的楼上。

正值情窦初开的年龄，周星驰对身边的美女自然相当敏感。有一次，为了看看戚美珍是不是如传说中的那般漂亮，他居然冒充客户去她家的店里买墨镜。当时，戚美珍的父母都有事外出了，她一个人看店。因为不熟悉价格，她把墨镜按高于定价近一倍的价格卖给了周星驰，也从此记住了这个略显憨厚的大男孩。

戚美珍也生于 1962 年，但比周星驰大五个月。因为是街坊，她和周文姬成了闺蜜，两人经常一起去看电影、打保龄球，有时也会带上周星驰。

顺利通过训练班的考试之后，戚美珍与 TVB 正式签约，成为台方力捧的小花之一，合作对象都是黄日华、苗侨伟等当红小生。1984 年，她与周润发等人领衔主演的金庸大剧《笑傲江湖》取得了很高的收视率。

周星驰在面试中表现不佳，当训练班主任刘芳刚准备将其淘汰时，戚美珍第一时间找到了刘主任，极力向他说明这个男孩子的优点，比如功夫好、演戏刻苦、有喜剧天赋等。戚美珍说了半天好话，刘芳刚不好意思不卖这个人情，就把周星驰招进了夜间班，打算后续看看他的表现，如果他表现不好的话，就让他收拾东西走人。

不管怎么说，周星驰的明星之路，总算迈出了艰难而极为关键的第一步。在此，每一位星爷的粉丝都应该对戚美珍说声："多谢！"

第二章　起步

一　《430穿梭机》——巨星从这里成长

周星驰是被"破格录取"的，幸运的是，他在训练班的表现还可以。正是在这段时间里，周星驰对表演有了更加全面和到位的理解，对自身的优势与不足也有了更深刻的认识。

训练班的课程并不轻松，需要学习十多门课程，既要训练表演技巧，也要学习幕后控制、才艺技能，甚至是剧本创作。在课程进行期间，学员们都要参与到无线剧集的拍摄当中，做群众演员，也就是所谓的"咖喱啡"（俗称跑龙套），进行真刀实枪的锤炼，从而提高自己的艺能。

尽管学业并不轻松，但周星驰还是修完了全部课程，并得以进入TVB工作。1983年夏天，在做了几个月的杂事之后，他被编导林丽真选中，分派到了儿童节目《430穿梭机》，穿起太空服，当上了主持人。

《430穿梭机》是从1982年开播的一档少儿节目，每天下午4点30分播出，以虚构的外太空生活为背景，首任主持人是张国强和谭玉瑛。

电视节目主持人这样的职业，会对演员的成长起到一定的"催化剂"作用。在周星驰之前，香港最火的喜剧明星许冠文正是凭借与弟弟许冠杰在TVB主持《双星报喜》积攒的知名度，得到了大导演李翰祥的关注与认可。1972年，许冠文主演的《大军阀》票房大卖，排在李小龙的两部电影之后，位居年度第三，其辉煌人生也从此开启。第二年，因李小龙不幸去世，香港电影进入了许氏兄弟的时代。同时，在张彻、楚原等导演的推动下，粤语逐步取代普通话成为香港主流影院的标配语言。

但人与人是不同的。周星驰与梁朝伟太腼腆，在现场主持节目时，个性上的弱点会被暴露甚至放大。他们既没有足够的气场，也缺乏随机应变的技巧，很容易被观众感觉出他们的力不从心。与之相对的，如果面对的是镜头而不是活生生的人时，他们的表现会极其出色。

他们做不好主持人，却成了影帝级的演员，这要感谢电影的发明者卢米埃尔兄弟。他们使演员可以不用面对观众，只对镜头负责。

其实，周星驰一开始并不该是《430穿梭机》的主持人，这个位置本来属于梁朝伟。不过伟仔只做了四个月，就因工作需要被调入戏剧部了。事实上，在主持节目期间，找梁朝伟拍戏的人也络绎不绝。可能人长得帅真是没办法，梁朝伟在哪里都逃不开众人的目光。

梁朝伟参演科幻剧《再版人》，得以首次和刘嘉玲合作。

不久，梁朝伟得到了金牌监制李添胜的欣赏，担纲40集大剧《鹿鼎记》的男一号，刘德华都来给他演配角。后来，他又主演了《家有娇妻》《新扎师兄》《倚天屠龙记》等热播剧，可谓声名鹊起。

好友有这样的成绩，周星驰当然为他开心，但同时也免不了为自己上火。他没有勇气辞掉少儿主持的工作，却养成了"干一行爱一行"的心态。继续留在《430穿梭机》做主持究竟是不思进取，还是逆来顺受？如今，即使站在周星驰已经成功的角度，我们也很难断定他当时的每一个选择是否正确。不过，幸福如人饮水，冷暖自知，人生中的每一段经历，哪怕当时"寂寂无声"，却未必不能成为注入心底的潜在力量。

都说周星驰的心中住着一个孩子，哪怕是现如今，年近六十的他还"不合时宜"地保持着孩童般的天真。在一定程度上，这也可能是当初主持了几年儿童节目成就的。

如果没有那段时间的经历，他后来拍摄的《长江七号》估计会逊色许多。周星驰曾经感慨过，如果小时候能看到更多好看的儿童节目，那他的性格、人生观会有很大的不同，或许他会更好、更聪明。他说："好的儿童节目真的能让孩子变得更聪明，并培养他们的良好性格。"

梁朝伟的首位圈中女友曾华倩，以及传言说周星驰暗恋过的"女神"蓝洁瑛，也和周星驰做过一段时间的同事。作为男主持，周星驰天生不如蓝洁瑛、曾华倩她们受欢迎；作为小个子，他也不像身材高大的帅哥一样受青睐。为了表现出与其他主持人的差异化特色，周星驰改变了主持人一贯亲切随和、如沐春风的主持方式，而刻意采用了搞怪方式。比如组织游戏时，他不但会和小朋友们打闹，甚至还会吓唬他们。

周星驰后来回忆说："这些言行都是在别人的容忍范围之内，如果有小朋友答错了，我会说'好，好，这样都讲得出'这些话，观众反而会觉得好笑。"

他还说，做主持人不一定需要整天装个笑脸，不耐烦的时候就表现出不耐烦的样子，与人相处贵乎坦诚。他主持儿童节目时如此，日后当演员、当老板时依然如故。不得不说，他真是很有个性。

周星驰这种鬼马另类的主持风格居然没有被很多观众投诉，栏目负责人居然也没有因此炒他鱿鱼，这既说明了节目本身受到孩子们喜欢，也显示了台方的宽容大度，毕竟他所处的并不是能对 TVB 的战略发展起重要作用的部门。

未来的"喜剧之王"在这个舞台上折腾了几年，度过了很多个白天与夜晚。

这段经历间接地培养了周星驰当导演所需要的控场能力。这真应了那句话："上帝为你关上了一扇门，就一定会为你打开一扇窗。"

周星驰是个要强的人。据说在那段时间，他曾在心里发誓："一定要成为最优秀的儿童节目主持人！"在今天看来，这样发狠立誓有点像 CBA（中国篮协）国内球员想拿下总决赛 MVP（NBA 评选出的最有价值球员）一样不切实际，又像普通女孩渴望如灰姑娘摇身一变遇到王子一样异想天开。在人生的某些阶段，人是需要有这种"不撞南墙不回头"的狠劲的。对别人狠，你会付出惨重代价;对自己狠一点,算得了什么呢?能闯出一个不一样的天地也说不定。

不过,周星驰很快就在一档室内剧中当起了男一号。这又是怎么回事呢?

二 《黑白僵尸》，一不小心成经典

《增广贤文》里有句古话："有意栽花花不发，无心插柳柳成荫。"谁能想到，一部在1983年年底TVB开播，专门为哄小朋友拍摄的、制作粗糙的喜剧片——《黑白僵尸》，会成为周星驰通向"喜剧之王"的起点呢？谁能想到，片中那个扮演黑僵尸的娃娃脸大男孩，几年之后真的靠喜剧跻身香港超一线了呢？又有谁能想到，那些看起来有些做作的表演，对周星驰表演风格的形成起到了无可替代的铺垫作用呢？

这绝对是中国影视发展史上最不可思议，也最让人感慨的一次"无心插柳"。

很多人认为，周星驰无厘头式表演的雏形来自他主演的古装剧《盖世豪侠》，事实上，《黑白僵尸》才是起点。

《黑白僵尸》正式播出之后颇受欢迎，TVB收到了不少观众的来信和电话，所以后来又断断续续拍了三年，结果一不小心成了经典单元剧。

一心想进戏剧组，却被派去哄孩子的周星驰，当然很珍惜这次机会。

因为《黑白僵尸》是儿童节目，台里高层并不关心，因此给了演员们即兴发挥的机会。在剧中，黑僵尸（僵尸星，周星驰饰）与白僵尸（僵尸基，龙炳基饰）是僵尸一族的最后幸存者。他们平时嬉笑打闹，以互相捉弄为乐，在关键时刻却情同兄弟（这种情节也是港剧惯用的套路）。后来，他们与保护古物研究会主席Beautiful（普通话版译为阿美，曾华倩饰）成了好朋友，并认识了科学会的谭博士及其妹妹谭细妹（均为谭玉瑛饰）。科学会一心想抓捕僵尸，而谭博士在熟悉和了解了黑白僵尸之后成了他们的保护人。

在周星驰的重要作品《功夫》中，棒棒糖是特别重要的道具，而《黑白僵尸》的开篇是两个僵尸看球赛的情景，黑僵尸霸占着椅子手舞足蹈，叨叨个没完；白僵尸为骗他起身，故意拿出棒棒糖丢在地上，自以为"奸计"必然得逞，不想黑僵尸却在捡起棒棒糖后，在白僵尸飞身扑向椅子的瞬间，将椅子拉到自己身旁，让白僵尸坐到了地上。

按王晶的说法，喜剧演员有上把和下把之分，类似相声中的逗哏和捧哏。在《黑白僵尸》中，周星驰显然是做上把的，他也从中受益良多。在《咖喱辣椒》《赌侠》中，导演本来想让他当下把，可他的演技突出，光芒实在隐藏不住，令本性好强的两位天王级男一号演得非常辛苦。

僵尸兄弟和 Big Brother（大兄弟，曾伟明饰）之间的斗智斗勇也玩出了花样。为了电 Big Brother 和他的手下，哥俩跑到楼顶给天线通电，结果把自己搞得满脸黑。

剧中的很多台词都相当搞笑，例如：

白僵尸：我终于找到对僵尸没有偏见的人类了。

黑僵尸：不过我对你就有很大偏见，你压着我斗篷了。

他们设计的连续陷阱也相当有创意：首先是让 Big Brother 坐上一坐就散架的椅子，让他一下摔在地上；接着，说要送给他最值钱的东西——墙上画框后的保险箱，可他刚一拿，画框就砸到了脑袋上；然后，Big Brother 想进里屋去，他们准备用机关打他个半死，可惜等布置好后，来的不是 Big Brother，而是大美女 Beautiful。黑僵尸一见，居然想用西方礼仪亲人家的手，而 Beautiful 既想坐椅子，又想看画框，还想进里屋去，搞得白僵尸被迫不断挨砸，替她受难——这样的设定是不是有一些像《整蛊专家》呢？

剧中 Beautiful 要带母亲来看黑白僵尸的片段更是展现出了周星驰不俗的演技。当时，Big Brother 用万能胶搞怪，把黑僵尸的右手直接黏墙上了，任凭白僵尸怎么拉都拉不下来，后来白僵尸还把自己的屁股也给黏在凳子上起不来了。当 Beautiful 母女俩来到，母亲跟两人握手时，他们简直是手忙脚乱。黑僵尸好不容易从墙上挣脱，可当他端菜时，手又黏到盘子上了，他一使劲，盘子断成两截，其中一半连盘带菜直直飞向 Beautiful 母亲的脸。Beautiful 的母亲生气想走，却被黏在椅子上没法动了。这段鸡飞狗跳的戏份营造的喜剧氛围非常足。

Big Brother 给黑僵尸催眠，让他不停喝水。黑僵尸像机器人一般连续喝了几十瓶水后，肚子胀得厉害，像个孕妇似的倒在椅子上。周星驰的这段表演特别传神，但后面还有更刺激的情节。

Big Brother 扔下一盒具有催眠作用的磁带，白僵尸一回来就打开试听，结果每当他快进时，黑僵尸就像机器人一样做出各种动作：一会儿拿杀虫剂到处喷洒，一会儿戴拳击手套，甚至还拿了绳子打算勒死室友。场面惨不忍睹，表演却堪称演技教科书。

《黑白僵尸》中有一段黑白僵尸两人打算去当"咖喱啡"的剧情，正对应了周星驰的真实经历。剧中有句很扎心的台词，或许是周星驰自己想出来的：

> 这世界没有我，你或许有一丁点机会能做明星，但现在你面对的是我，所以你的机会呢，是零！

这话，孩子听到只觉得好笑，可成人听了，必然会有一种淡淡的忧伤。

《黑白僵尸》的整体风格是鬼马搞怪，而且因为是给小朋友看的，台词相当干净，不可能有某些成人港片中常见的性暗示。剧中的两个僵尸与 Beautiful 及谭家姐妹的友情，也能彰显出一定的教育意义，鼓励孩子们与人相处友爱和善，不要见风使舵。

谭玉瑛一人分饰一对性格、气质差别很大的姐妹，不仅充分展现了自己的扎实功力，也让孩子们见识到了表演的魅力。巧的是，在周星驰后来的好几部影片中，他本人及几位"星女郎"，都有过一人分饰两角的设定。最为成功的，当然是《大话西游之大圣娶亲》中的至尊宝与孙悟空、青霞仙子与紫霞仙子了。

说实在话，多亏这是一档不太考核收视率的儿童节目，周星驰才可以顺着性子"胡来"而没有被炒鱿鱼，而当剧的反响还不错时，TVB 高层们就更愿意"纵容"演员了。感谢他们的包容与大度，否则许冠文之后，香港很可能不会再有"喜剧之王"。

剧集的大结局是相当温馨，甚至催人落泪的：谭博士想放走黑白僵尸，会长却要求她证明两个僵尸已经有了人性。这是对他们两人的终极考验。谭博士出的题目是：只能放一个走，但由他们自己决定谁走。两个平日互相看不惯的僵尸在此时流露出了兄弟般的真情，而黑僵尸想出来的招数，既营造出了不小的悬念，又令观众感动不已。

2004 年，龙炳基在接受 Touch 杂志采访时说："开始时，我和星仔都不听话，因为觉得剧本闷，在没有通知导演和监制的情况下，经常修改剧本，希望撞出一些新东西，试过真的被导演大骂。后来外间的反应越来越好，结果整个剧断断续续做了两三年。"

所以说，在拍摄《黑白僵尸》期间，周星驰就开始不满足于只做个听话的演员。按理说，这不是一个腼腆少年的常规做派，但另一方面，越容易被忽视的人，越渴望与众不同。周星驰并不是绝对内向，他的血液里天生就有不安分的因素。

周星驰的偶像是李小龙，所以他从小就喜欢武术并苦练功夫，立志成为一名大银幕上的动作明星。也许是老天开了个玩笑，成年后的他居然走上了喜剧道路，在镜头面前表现得极为癫狂，与原本的他相比，仿佛"人格分裂"。

可是，大家请想一想，如果周星驰不开创这种表演方式，那什么时候才能轮到他出头？

要知道，别人能演的，你必须演得更好，不然机会就是别人的；别人演不了的，你必须演得到位，不然你一样会失去机会。

如果周星驰直接被分进了戏剧部，甚至直接演上小生，那他的表演潜能会得到这样的淬炼机会吗？塞翁失马，焉知非福。在不同的环境下，做不同的选择，才是最重要的。

当他发现当"李小龙第二"当不成，做偶像剧小生也做不了时，喜剧对他来讲，无疑像沙漠中迷路的旅客发现了甘泉，岂有不痛饮的道理？

人生没有白走的路，每一步都暗含深意。这话用在周星驰身上可以说非常恰当。当然了，普通人可没有他这么幸运，可能稍有出位苗头就会被开除，最终走上弯路、岔路甚至绝路。守着看不到前途的工作，耗着看不到未来的青春，到底应该当机立断地辞职，还是利用有限的平台提升自己？无论做何种选择，都不过是见仁见智罢了。

事实上，即使周星驰演活了《黑白僵尸》，他在 TVB 的职业生涯依旧不顺。

第三章 龙套

一 请回答1982，香港电影开启黄金时代

电影，也许是人类最伟大的艺术发明之一。谁也没有想到，香港会成为电影艺术在亚洲的中心。

1982年，香港年度票房前十名，都被港产片包揽，而在2018年和2019年，前十之中已经没有了香港本土电影。现状越是尴尬，越显得历史上所取得的成就宝贵。

1982年的《最佳拍档》绝对是里程碑式的作品，不但创造了2600多万的票房奇迹，还直接将香港电影带入2000万票房的时代。它的成绩放在近四十年后的今天也能继续排在国产片前十的位置，如果按2020年的香港平均票价折算，则相当于2.2亿港元。它创造的观影人次，更是当时永远不可复制的奇迹。这是一部带有国际化视角的动作喜剧大片，虽说也许模仿了"007"（系列谍战电影）的一些桥段，但讲的还是标准的香港故事，展现的是香港人的生活与幽默心态，弘扬的是香港人的奋斗精神。

同年7月，新艺城上映的另一部作品——由石天和吴耀汉主演的《难兄难弟》以1672万的票房取得亚军。这家在1980年9月成立的公司，俨然取代了邵氏和嘉禾，成了香港影业的"新贵"。

没有强大院线支持的电影公司，很难在激烈的市场竞争中有所作为。此时，香港电影市场为邵氏、嘉禾、金公主和双南四大院线控制（那时江志强家族的安乐，还远不如今天这么辉煌）。新艺城的背后，是强大的金公主院线。

新艺城的决策权控制在"七人委员会"手中，委员会成员包括麦嘉、石

天、黄百鸣、徐克、施南生、曾志伟和泰迪·罗宾,他们都是在香港电影史上占据重要地位的"大佬"。

麦嘉在好莱坞打工的经历,给了他制作《最佳拍档》的信心。他知道自己的光头形象支撑不起一部超级大片,不得不开出香港影史上的最高价,以每部 200 万港元的片酬签下了许氏兄弟公司中的"颜值担当"——许冠文。

后来的事实证明,这笔交易实在太划算了。十年之后新艺城解体,黄百鸣为了请到周星驰拍《家有喜事》,直接开了张 800 万港元的支票。

1982 年,鉴于新艺城的声势太旺,邵氏和嘉禾这两个斗了十多年的死对头为了阻击《难兄难弟》和《小生怕怕》,居然携手联映《如来神掌》和《八彩林亚珍》,但显然效果不佳,两部片子分别只获得 701 万和 461 万的票房。执导《八彩林亚珍》的吴宇森被邵氏雪藏,结果他转年就投奔到了徐克旗下。

令很多人没想到的是,那一年在新春档上映的一部"非主流"功夫片,居然拿下了年度票房第 4。这就是李连杰主演的《少林寺》。影片虽然由香港导演张鑫炎执导,但主要演员全部来自内地,其中很多都是武术精英,因此片中硬桥硬马的场面相当震撼。这部影片也让无数香港人记住了当时年仅 19 岁的北京小帅哥李连杰。七年之后,周星驰飞到美国拍摄《龙在天涯》,便是与李连杰合作的。

《少林寺》晚于《最佳拍档》五天开画①,最终以 1616 万的佳绩名列年度第 4。而同一天上映的另一部动作大片受到了不小冲击。

成龙执导并主演的《龙少爷》的票房仅收账 1094 万,还不及两年前他自己破香港纪录的《师弟出马》,最后仅名列全年第 7。不过,那年 28 岁的成龙已完成了一件人生大事——他与台湾当红女星林凤娇秘密结婚,并在 12 月生下了儿子房祖名。这两件事,成龙都没有让外界知道,非常低调。

这一年,王家卫的剧本第一次被拍成电影《彩云曲》,这也是 21 岁的刘

---

① 开画:指电影首次上映。

德华的电影处女作。六年之后，人称"王墨镜"的王家卫首执导筒，便请来刘德华担任主演，而影片《旺角卡门》一经播映，便奠定了他大导演的江湖地位。

在 1982 年，即使是《投奔怒海》这样的文艺片，也能斩获 1543 万的票房。刘德华因出演此片人气暴涨，更得以担纲主演 TVB 大剧《猎鹰》。片中刘德华身着警服的帅气形象，成为无数女生的美好回忆，也开启了他一火就是很多年的序幕。

1982 年，邓小平在接见英国首相撒切尔夫人时强调，1997 年中国将收回香港。这一年，内地人口突破十亿。

这一年，香港也有了自己的最高电影奖项——金像奖，这比台湾金马奖整整晚了二十年。"冷面笑匠"许冠文拿下首个金像奖影帝，证明了喜剧片在香港本土电影中的重要地位。

这一年，周星驰的年龄开始跨入二字头，并进入了 TVB 艺员训练班，但对他来说，有一句话特别应景："热闹是他们的，我什么都没有。"

这时候的他，完全与电影无缘，即便想拍电视剧也只能通过另一种途径。

二　跑不完的龙套，浇不灭的豪情

周星驰是幸运的，他在自己人生精力最好、拼劲最足的年代，赶上了香港影视行业的繁荣时期；周星驰又是不幸的，在生命力最旺盛、劲头最足的五年里，他只能通过跑龙套来实现上镜之梦，把大把的光阴耗费在了没什么存在感的小角色上。

严格说来，与如今怀柔或者横店影视基地那些专职的"咖喱啡"不同，与他本人饰演的《喜剧之王》中的尹天仇也不一样，周星驰是有主职工作的，他先是TVB的实习生，后来是《430穿梭机》的主持人，虽然他一周只用上三天班。

按外人的理解，跑龙套或许只是他在主业之余为改善生活而从事的第二职业，但在周星驰看来，这是他为自己积累表演经验，实现演员梦的一块跳板。

1982年3月22日，对周星驰来说是一个值得纪念的日子。

他在TVB参演的第一部电视剧《天龙八部》开始正式播映。谁会想到，此时周星驰的一小步，是将来香港影视行业的一大步。

周星驰出道时正好赶上了拍摄金庸剧的热潮。毫不夸张地说，《天龙八部》是当时最受香港市民欢迎的古装剧，而能够成为其中主演的一定是TVB力捧的当红明星。

内地观众最熟悉、口碑最好的一版《天龙八部》，莫过于1997年由黄日华、陈浩民、樊少皇和李若彤等主演的45集大剧，但1982年版的《天龙八部》却有 50 集之多，而且阵容比 1997 年版的更加豪华。三兄弟分别由梁家仁、汤镇业和黄日华扮演，陈玉莲则出演王语嫣。第二年，陈玉莲又联手刘德华，在《神雕侠侣》中饰演小龙女，开创了当家花旦承包两大剧集的先河。黄日华则与苗侨伟、翁美玲联袂主演了《射雕英雄传》。

1984 年，梁朝伟、刘德华、刘嘉玲和毛舜筠主演了《鹿鼎记》。同年，周润发、陈秀珠和戚美珍主演了《笑傲江湖》。1986 年，梁朝伟、黎美娴和邓萃雯主演了《倚天屠龙记》。

这样，在四年时间里，TVB 就完成了金庸最重要的六部作品的改编拍摄，创造了多项收视纪录，也让与周星驰年龄相仿的"无线五虎"得到了很多历练和上位的机会。

由此可见，在当时，谁要是主演了金庸剧，想不红都难。

此时的周星驰却连一个有名有姓的角色都演不上，与那些风头正盛的明星更是无法相提并论。在《天龙八部》（1982 年版）中，这位日后的"喜剧之王"很晚才出场，那时剧中的乔峰已经变成了萧峰，脱离了丐帮，误杀了阿朱，还当上了契丹的南院大王。周星驰饰演的只是跟随萧峰上少林寺的"燕云十八骑"中的一名小兵。当萧峰被中原武林人士指责，陷入被动局面时，这位小兵上前一步想为主子申辩，却被萧峰挥手制止了，于是他只好低头退下，站在萧峰身后。整场戏周星驰连一句对白都没有，但他努力用眼神和情绪配合主角的表演和剧情的发展。

什么叫专业？这就叫专业吧。九年后，万能影业有限公司拍摄《龙的传人》，周星驰是男一号，梁家仁在片中出演他的师叔。十年后，永盛电影公司制作年度大片《鹿鼎记》，周星驰演韦小宝，汤镇业在片中出演吴应熊。三十年河东，三十年河西。当年的主演演上了小配角，当年的龙套却终于成为主演。

这一年，第 11 期训练班的学员参演了《活力十一》，这是由十三个独立短剧组成的单元剧，男一号全部是梁朝伟，展现的是与他有关的各种浪漫爱情、真挚友情故事与别样经历。周星驰在这部剧中的戏份同样不多。

在大银幕上，周星驰与周润发只是在后来的《赌侠》中有过短暂的碰头，但其实在更早之前，周星驰曾参演过周润发主演的电视剧。1982年，三大男神周润发、刘德华和苗侨伟主演的20集动作剧《苏乞儿》开播，当天正好是刘德华的21岁生日。有一种令人惊艳的辉煌，叫做别人的21岁。

剧中周星驰的戏份很少，他扮演的是苏家一个普通家丁，是对主要剧情没有半点影响的角色。整整十年之后，周星驰在大银幕上，在《武状元苏乞儿》中，为海峡两岸和香港的观众奉献出了一版极尽夸张却又浪漫至极的"苏乞儿"。

时至今日，正如甄子丹与叶问、李连杰与黄飞鸿、王祖贤与聂小倩都已在大众心中深度绑定，我们提起"苏乞儿"的时候，一定会想到那个为了向心上人证明自己而不远千里上京考状元，却在武功全失之后不得不沿街乞讨，坠入人生谷底，最后又用降龙十八掌赢回自己的尊严与爱情，还拯救了天下的苏灿。

1982年12月27日开播的20集警匪剧《猎鹰》中，刘德华就已经是男一号了。他凭借帅气热血的江大伟形象，迷倒了不知道多少香港女观众。叶德娴饰演的母亲——江霞也非常出彩。将近三十年后，已是"天王"的刘德华与她合作演出《桃姐》，而且甘当绿叶，被业内传为佳话。

在《猎鹰》中，周星驰扮演的只是个普通警察，连番位都排不上。梁朝伟则出演女一号王嘉琦（陈敏儿饰）的弟弟王文升，可以算作男二号。香港影坛成就最高的三个"60后"，难得地在同一部剧集中相会，只不过在这时，刘、梁二人的地位已经甩开周星驰好几条街了。整个20世纪80年代，周星驰好像一直在后面苦苦地追赶别人，到了1990年，他却能"莫名其妙"地后来居上，在电影圈实现惊天大逆转，简直让人难以相信。

《侠女十三妹》在当时是个武侠大IP，在1983年的《十三妹》中，周星驰第一次演起了留辫子的清朝人。在1992年的"周星驰年"中，他霸占了香港电影票房榜前五的五部大片，除了《家有喜事》，剩下的全是"辫子戏"。不能不说，周星驰的清朝戏真是出彩。

1983年9月，香港娱乐圈有一则重磅新闻：因为郑少秋、谢贤和周润发等人逐步淡出，TVB将推出五位颜值高、演技好、品行正的年轻演员，即"无线五虎"，并希望他们扛起TVB未来十年的重担。

有些人可能会存如此疑问：难道万梓良配不上当"五虎"之一吗？难道是嫌他年纪稍大一两岁？这倒不是。因为比起"无线五虎"，万梓良是要高一个段位的，尤其在郑少秋和周润发淡出TVB之后，万梓良事实上处于TVB"一哥"的地位。

当周星驰被调入戏剧组时，对他帮助最大的正是万梓良。

除了刘德华和梁朝伟，"无线五虎"还包括汤镇业、苗侨伟和黄日华。在当时，恐怕没有一个人敢想象，居然是此时没有任何存在感的周星驰领到了TVB的第一个终生成就奖。

周星驰在龙套时期最有影响力的作品非《射雕英雄传》莫属。

《射雕英雄传》是1983年的TVB年度大剧，主演四人都很年轻：饰演郭靖的黄日华22岁，饰演黄蓉的翁美玲24岁，饰演杨康的苗侨伟25岁，饰演穆念慈的杨盼盼24岁。TVB放手起用新人的勇气，也是值得今天的许多影视公司学习和借鉴的。

平心而论，这部剧中最为出彩的角色不是黄日华出演的郭靖，而是翁美玲诠释的黄蓉。她将女主角的灵动可爱与知性之美饰演得相当到位，让无数男性观众有了恋爱的冲动，而黄日华演的郭靖却是憨气过头，侠气不足。

与20世纪90年代港片巅峰时期的女星相比，很多人觉得翁美玲的颜值要逊色一些，甚至比不了后来同样饰演黄蓉的朱茵。只因这版《射雕英雄传》

火遍了大江南北，翁美玲又早早香消玉殒，她饰演的黄蓉便成了永远无法超越的经典。

剧中出演杨康的苗侨伟将这位小王爷的贵气通透与腹黑狡黠呈现得非常生动，令观众，特别是女性观众又爱又恨。

为什么要特别强调一下苗侨伟？因为他是一位天才演员，更是一位被爱情"耽误"的明星。苗侨伟的妻子正是推荐周星驰进入TVB训练班的戚美珍。

《射雕英雄传》的总导演是王晶的父亲王天林，执行导演则是香港后来的顶尖电影导演杜琪峰和徐克。20世纪90年代与周星驰多次合作、已成金牌武指的程小东则出任该剧的武术指导。当时影视制作条件有限，大量采用棚拍，剧中背景在大漠的戏份则在大屿山完成，视觉效果显然与《新龙门客栈》《东邪西毒》等电影作品无法相比。

1983年2月的最后一天，《射雕英雄传》的第一部《射雕英雄传之铁血丹心》在黄金档播出。《射雕英雄传》长达59集，周星驰虽然在其中扮演了好几个角色，但都是炮灰。

某一集中，在牛家村，周星驰扮演一名宋兵，听命去抓捕郭靖的母亲李萍，结果被郭啸天一枪捅死。

某一集的镜头，则至今为网友津津乐道：当时，杨康抓住了周星驰扮演的死囚，供梅超风练功用。导演杜琪峰本来的设计是让梅超风一掌打死他，但周星驰不甘于此，向在场的副导演提建议："能不能设计成我用手先挡一下，第二掌再死去？"可能是因为这样会显得更真实，而且他还能多亮相几秒钟。不过，如果每个龙套都这么加戏，那《射雕英雄传》估计就不止59集了，副导演不想理他："快点拍，不要话这么多！"

在1999年的《喜剧之王》中，周星驰还原了这一幕。对此，他本人是这么说的："其实，我当时还是感觉演戏是很有趣的工作，即使我的意见不被采纳，但只要能提出来就很开心。之后，我也不断提出自己的看法，当然，还是一再地被否决。"

"积极主动"四个字，在他身上倒是得以生动地体现。按理说，一个内向羞涩的人，是不会也不应该这样的，但他不愿意按部就班。因此，传言说周星驰从不主动，一向逆来顺受，恐怕也不是事实。真实情况可能恰恰相反。

当然，周星驰此举难免会被某些人嘲讽情商低："你真的以为自己比导演高明吗？你有权力修改人家写好的剧本、做好的设定吗？换一百个演员，可能其中九十个都不会这么'自作聪明'。"

在极其有限的戏份中，他尽力将角色诠释得立体丰满，有血有肉；在业余时间里，他也选择看书、看片和琢磨表演，而不是培养更多爱好、积极拓展人脉或抓紧时间找女朋友。

在周星驰后来执导的电影中，每一个配角都熠熠生辉，甚至每一句台词都张力十足。很多人演了一辈子戏，却只在这位"怪咖"的电影中留下了值得回忆的瞬间。这也许与周星驰本人的经历有关：有过失落，才能理解众生的失落；有过执着，才会包容他人的执着；有过梦想，才愿尊重"草根"的梦想。即使那梦想看起来是那样的不合时宜、不切实际，但这些说出来会被人嘲笑的梦想值得我们用一辈子的时间、用所有的代价去争取。

其后五年的时间里（1982—1987年），周星驰还出现在《北斗双雄》《老洞》《哥哥的女友》等剧集中，本分地演着属于自己的小角色，倔强地坚持着自己的梦想。他看着同龄人一步步地走上明星之路，看着他们既拍戏又拍拖，既赚了钱又扩大了影响力，而他自己增长的仿佛只有年龄，增加的只是失落。

有人说，苦难是上天赋予人最好的礼物；那些不能打倒你的，终将令你更加强大；你吃的苦，终将照亮前行的道路……诸如此类的话很多，不过在我看来，这样的毒鸡汤不喝也罢。

无线迟迟未能发现周星驰的表演才华，让他在最好的青春岁月里跑了五年龙套,这是周星驰个人的损失,又何尝不是无线的损失呢?

不过,我们必须承认一点,TVB从来不欠周星驰的。一个成熟的大公司,对于优先选择何种演员,当然要遵循自己的运作经验。即使当时有一百个经验丰富的经理人,能看好周星驰的也不会超过三五个。反过来讲,仅凭经验来判断选择一百个"苗子",可能其中只有三五个会被"看走眼"。我们并不能因此说,人家的经验就是不正确的,经理人就是不合格的,恰恰相反,这样的经理人相当称职,这种方法体系相当合理。

只是我们一定要拼命努力,才能像周星驰一样跻身那"三五个"之列。

这五年,TVB没有任何人拿枪顶着周星驰的脑袋逼他跑龙套。他来去自由,大可选择跳槽到别的地方。可对于天生害羞、不善交际又没有人脉的周星驰来说,离开了公司派发的微薄薪水,他也许会过得更糟。

不过,周星驰并未打算在一棵树上吊死。

影坛"大佬"黄百鸣的《新艺城神话》中就记载了这么一个和周星驰有关的故事。周星驰曾去新艺城的演员招聘处求职。

"我是《430穿梭机》的主持周星驰,我想你们能给我个机会去演电影……"

"请先填表格!"

女制片人的回答透着例行公事的冷淡。显然,周星驰的外形和谈吐根本打动不了自觉"见多识广"的她。周星驰要是经验足够多,当时就应该明白,花时间填表完全是白费力气,和当即就扭头离开的结果一模一样。

黄百鸣回忆说,他们三个老板(还有麦嘉和石天)根本没看到那份表格,显然女制片人自作聪明地处理掉了。

20世纪90年代的"喜剧之王"与20世纪80年代最会拍喜剧片的头部公司就这样擦肩而过。1991年年底,为了让周星驰参演《家有喜事》,黄百鸣欣然开出了800万元的支票。只能说,后来的周星驰,与当初那个毛遂自荐的他早已不可同日而语。

五年间，周星驰每月大概只能领到2000港元的薪水。这个收入对于当时的内地职工来说可能一整年都达不到，但那时候在香港吃碗面就要十几港元，看场电影就要二三十港元。2000港元的工资，在香港也就勉强能解决温饱问题吧，想买房娶媳妇也不是不可能：眼睛一闭，什么都有了，不是吗？

1986年，周星驰离开了《430穿梭机》，调入了《欢乐今宵》，但主持成人综艺节目需要有超强的随机应变能力、把控观众情绪的能力和营造氛围的能力。这些要求对周星驰来说有些高，令他有些力不从心。这也令他清醒地意识到自己只有在镜头前才能放得开，在舞台上并不行。

他一直期望被调入戏剧组，直到1987年，他终于遇到了一位贵人。

第四章 转机

一 万事开头难，《捕风汉子》见证银幕首秀

机会总是垂青有准备的人，在一位贵人的大力推荐下，周星驰终于被调到了TVB的戏剧组，来到了最适合他的地方。这位女士叫冯美基。

顺便提一句，接替周星驰主持工作的，是后来被誉为"第五天王"的大帅哥郑伊健。由此看来，《430穿梭机》这档节目真是"巨星的摇篮"。

周星驰清醒地知道，自己既不是星二代，也不是帅哥，更没有可以炫耀的人脉，他能够倚仗的，只能是超水平地去完成每一次表演；能提升自己竞争力的，只能是做别人做不了的动作，讲别人讲不了的台词，完成别人完成不了的桥段。因此，对每一个机会，他都不会放过；对每一次出镜，他都相当珍惜，就算是去拍"烂片"，他也不愿意让自己的角色烂掉。

当然，不得不说，他的表演天赋就是好，而他也没有挥霍这份潜能。

在剧集总数大多为二三十集的20世纪80年代，敢于拍长篇剧的导演和公司还是不多见的，比如《生命之旅》。《生命之旅》由邱家雄执导，万梓良、郑裕玲、吴镇宇和周海媚等联袂主演。周星驰在其中饰演的角色是男三号，戏份并不算少。

在这部剧中，他和实力明星万梓良有了更多的接触机会，也有了学到更多东西的机会。幸运的是，不知道为什么，大明星万梓良与小演员周星驰一见如故。凌宝儿因此对媒体说过："星仔刚出道时，多亏万子（万梓良）照顾，拍戏拍通宵后他常常开车把星仔送回家，还给他买夜宵吃。"

比周星驰大半岁的吴镇宇，经历和他如出一辙：他们都是TVB第11

期训练班的成员，随后都经历了好几年的"咖喱啡"生涯，而《生命之旅》正好是两人各自在无线首次担任重要角色的一部大剧。

在剧中，万梓良出演男一号沈志豪，吴镇宇诠释反派男二号杜朗贤，他们二人原本是在孤儿院一起长大的好兄弟，但各自成人之后，随着所处境遇的变化与爱情的波折，终于走到了水火不容的地步。周星驰饰演沈志豪的小弟兼合作伙伴赵子龙，一个能力欠佳但用心向上的青年。他在这部剧中演得规规矩矩，并没有发挥什么搞怪潜能，不但让导演挑不出毛病，还得到了万梓良的肯定。所以那些说周星驰演不了正经剧的观点，就跟说林黛玉没有眼泪一样荒唐。

吴镇宇的出色发挥并没有给他带来什么理想的好处。他当然也想和刘德华、梁朝伟一样演小生，可台里自此总安排他演大 boss，而且结局通常一个比一个惨。吴镇宇的心恐怕早已经被"苦"字写满——演不好就没饭吃，演得好却只能被安排演同一类型的角色。

相比之下，周星驰要比他幸运一些，况且在这一年，他还认识了一个对他来说极其重要的女孩。

转眼到了 1988 年，万梓良和大美女李美凤联袂主演金美林公司的爱情片《捕风汉子》，周星驰也得以参与其中，饰演一名警察。

鉴于此前第一次合作时万梓良对周星驰的照顾，我们有理由相信，周星驰获得的这个机会，可能与万梓良有关。

注定要在大银幕上释放魅力的"喜剧之王"终于有了艰难的起步机会。这部电影的上映时间是 4 月 21 日，离周星驰的 26 岁生日大约还有两个月。在同一月的 10 日，他的好友梁朝伟以《人民英雄》拿下了第 7 届香港电影金像奖最佳男配角。伟仔又一次走在了他前面。

1988 年的香港电影正处于最为繁盛的黄金时代。港产片不仅深受香港本地市民的热爱,其魅力更是传播到了亚洲其他地区。在此,我们不妨再一次自豪地宣布,当时亚洲的电影中心,不是东京,不是孟买,而是只有一千多平方公里的香港。

1988年,韩国成功举办了一场让全世界瞩目的盛会——汉城奥运会。而在后来的韩国热门剧集《请回答1988》的开场中,少男少女们聚在崔泽(角色名)的房间,一起观看的是周润发和张国荣主演的《英雄本色》,背景音乐还采用了张国荣演唱的《奔向未来的日子》,由此可见香港电影的魅力。

1988是农历戊辰年(龙年),2月17日是春节。2月11日,香港最大的两家电影公司分别推出了当家影星的重磅作品,用电影人的方式为市民送上了特别的新年礼物。

1987年的新春档,成龙以3547万的票房打破香港影史票房纪录,而缺席这一档期的周润发有九部影片进入了年度票房前二十。1988年,周润发与成龙这对"绝代双骄"首次进行春节前的正面对决,结果明星云集、更有喜庆意味的《八星报喜》连映49天,以3709万的票房打破成龙上一年创造的纪录,成为年度冠军,而成龙的《飞龙猛将》不得不败下阵来,以3358万的票房最终位居年度第3,亚军则是成龙暑期档的《警察故事续集》,票房收报3415万。1988年,"一成一周"牢牢占据着香港电影市场的最高点。

不过那一年的春节,中国电影中最令人瞩目的明星并不是成龙和周润发,而是张艺谋和巩俐。在柏林电影节上,张艺谋导演凭借处女作《红高粱》一举拿下了金熊奖,这是中国电影首次在世界三大电影节中取得如此高的荣誉。更令人感叹的是,影片中饰演女主角的巩俐是之前几乎没有任何影视作品的"素人",拍片时年仅21岁,还只是一名在中央戏剧学院学表演的普通学生。她是第一个,也是名声最大的一个"谋女郎"。不得不说,张艺谋挑选女星的眼光,就算与王晶相比也不落下风,而且但凡能够出演他执导的电影的女星,很快就能红遍内地。

当时的周星驰也不会想到,他与当时这位内地首席女星的银幕缘分会走在所有香港演员的前面。那时的周星驰还一部电影都没拍过，一部电视剧的主演都没当过，他在TVB只是外围演员。谁也不会想到，导演杜琪峰和主演周润发凭《八星报喜》创造的天文数字般的纪录，会在两年半之后就被打破，而打破纪录的作品的主演，却是一个在1990年才开始上位为一番的小演员。这是香港电影史上最大的奇迹，也是香港电影的荣光。这件事也证明了：这个看似封闭保守的行业，门槛远没有普通人想象的那么高，人脉也没有所有人以为的那么重要，只要你的作品确实好，上映时机得当，你就有一鸣惊人、改变命运的机会。成功并不只有理论上的一种可能。

万梓良在电视圈贵为一线，在电影市场上却影响力有限。《捕风汉子》最终票房仅315万，上映7天就下架了，标准的"一周游"，名次列年度第87位。

《捕风汉子》讲述了一个老套的婚外情故事：警探高亦鸣（万梓良饰）因为漂亮少妇程晖（李美凤饰）家中遭遇窃贼，所以奉命前来查案，却无意中拾得了她的一本日记，其中流露的细腻情感、对浪漫生活的憧憬，以及对木讷丈夫的不满，令高亦鸣发现了程晖在冷淡外表下掩盖着的火热内心。

为了接近程晖，高警官居然让同事阿星（周星驰饰）扮成弱智少年，以博取她对弱者的同情，达到自己不可告人的目的。尔后，两人之间的距离越来越近，感情也迅速升温，但高亦鸣曾击毙的一名窃贼的弟弟（成奎安饰）为了替兄报仇杀死了阿星，并掳走了程晖，为救心上人，高亦鸣最终付出了惨重代价。

影片的最大看点可能就是李美凤的绝世美颜了。汤姆·克鲁斯主演的《壮志凌云》的主题曲 *Take My Breath Away*，是该影片的背景音乐。联系情节想一想，其实也挺符合主题的：程晖不是把高亦鸣的呼吸带走了吗？平心而论，万梓良的超常发挥也改变不了影片的命运。

影片中周星驰的戏份不多，但他表现得可圈可点，完全不像一个初登大银幕的新人，特别是扮成弱智少年时的表现简直惟妙惟肖。最后他被勒住脖子，一头栽入鱼缸惨死的画面，也足够令人震撼。这么看来，他总算没有辜负万大哥的信任。

所谓功夫不负有心人，让周星驰更想不到的是，更大的惊喜很快就要到来了。

二　李修贤引路，《霹雳先锋》一举成名

因为在《生命之旅》和《捕风汉子》中的不俗发挥，以及万梓良的直接推荐（可能），万能影业老板李修贤选中了周星驰，让他在新片《霹雳先锋》中担任男二号。为什么不是男一号？男一号的扮演者是李修贤自己。

据《周星驰：做人如果没有梦想，跟咸鱼有什么分别》一书的作者橙花小姐的说法，周星驰某天晚上去 Disco 玩时，巧遇了大导演李修贤，并主动上前与之打招呼，当时李老板筹拍的电影正缺一个年轻角色，于是他自告奋勇："如果是李导演你找我拍电影，不要钱我也去。"

不过，就我本人对周星驰的了解，我觉得这种做法不符合他的性格。作为见多识广的电影人，李修贤也不可能在舞厅里定下这么重要的事情——这毕竟是为影片选男二号啊。所以我对此种观点大大存疑。

当然，也有可能是以上因素共同促成了周星驰与李修贤的携手。

《霹雳先锋》是一部影响和改变了周星驰演艺道路的电影。

李修贤曾是邵氏的实力派戏骨，也很受恩师张彻的欣赏，但他终究没达到姜大卫、狄龙和陈观泰等人那样的咖位，没有成为超一线明星。李修贤非常勤奋和努力，他不满足于仅仅做一个演员，还希望成为全能电影人。1987年，李修贤成立了自己的万能电影公司。公司这个名字就很有深意。

万能主打自己最擅长也最受香港主流观众喜欢的警匪、黑帮、动作和喜剧片，偶尔也拍三级片，就本质而言，万能可以算作嘉禾的"卫星公司"。

李修贤公司出品的电影从来不请一线明星，也不会搞《最佳拍档》这种量级的大制作，但都有着清晰的定位与强烈的标识，因此也出过不少佳

绩，像《八仙饭店之人肉叉烧包》这样的三级片都能把黄秋生送上影帝的"宝座"，而另一位著名影帝张家辉，正是在1989年拍摄了万能的《壮志雄心》后才走上表演之路的。

李修贤的经营思路显然也影响了周星驰，后来，周星驰创立的星辉公司，其经营模式与万能就有很多相似之处。

《霹雳先锋》于6月23日上线，21天拿下了892万的票房，位居年度第46名，成绩可以说差强人意。周星驰在这部影片中的戏份比《捕风汉子》里增加不少，该片甚至可以看作是一部双男主角电影。

探长张铁柱（李修贤饰）是个忠于职守却又特立独行的老警察，被新任督察罗Sir（王俊棠饰）视为"刺头"，两人总是摩擦不断。张铁柱即便辛苦破案也得不到奖励，反而还要被处罚。

小混混伟仔（周星驰饰）不务正业，有着一手偷车绝活。以悍匪"法官"（成奎安饰）为首的犯罪团伙总喜欢坐他的车去作案。有一次，"法官"、狂牛（黄光亮饰）等人犯下了杀人抢劫的重罪，而督察不顾张铁柱作证将伟仔定为嫌疑人。张铁柱想帮伟仔洗清罪名，后者却坚持小混混的江湖义气，不愿意"出卖朋友"，结果让自己越陷越深。在面临同样的困境时，张铁柱和伟仔一警一贼终于走到了一起，联手向陷害他们的人发起挑战……

这部电影并不是标准的李氏硬汉片，带着一些喜剧风格。比如，开场张铁柱为收拾几个走私轿车的，拦住了前面的车，被司机辱骂，他对司机低三下四，转过身来却狂殴走私疑犯，接着还对那司机说："接着骂。"令人啼笑皆非；又比如，"法官"他们砸了赌场，找他们寻仇的老大居然自称"大傻"，有点调侃成奎安的意味；再如，抢写字楼时，狂牛居然让性感的女秘书跪着喂他吃蛋糕，实在是会享受。

这一年的周星驰，外表青春无敌，嫩得出水，演技仍有些生涩。在片中，周星驰出演的是一个表面玩世不恭实则本性善良的偷车贼——伟仔。伟仔没有什么理想和抱负，对他来说，攒点票子、泡个妹子、买个房子，就算走上人生巅峰了。千不该万不该，他不该和"法官"等大奸大恶之徒走得那么近，甚至还帮他们偷车，充当帮凶。不过，面对罗Sir近乎赤裸裸的陷害，良心未泯的偷车贼终于和有正义感的探长联手扫黑除恶、除暴安良，两人最终也成了生死之交。

周星驰在本片中的表现也可圈可点。在影片开篇，伟仔接"法官"一伙出监狱时，居然把偷来的车停在车流中，然后大摇大摆地走了，可谓嚣张至极。他的牛仔服背面，赫然绣着"FUCK"这个英文单词，而且他抖外衣的动作也是相当招摇。

有一场夜晚偷车的戏，更是让周星驰展现得非常灵动。和"马子"跳Disco的他收到传呼后立即复机，然后出了舞厅，手脚利落地从栏杆上一跃而过，靠在栏杆上稍稍观察四周后，他从怀里掏出一把铁钩，三下五除二地打开车门、戴上手套、打火、发动汽车。整套动作流畅自然，似乎他已经偷车偷了很多年一样。

影片中，他和李修贤的两场"打戏"也同样非常精彩。其中一次是伟仔在夜间将偷的车交给"法官"一伙后，被张铁柱发现并追打。周星驰将一个小混混的机灵与无赖演活了——能跑的时候撒丫子就跑，能占便宜时就当即出手，被枪顶着就及时认怂，可谓相当有喜感。

在监狱中，得知自己要被当成匪徒的"替罪羊"时，伟仔把全部怒火发泄在张铁柱身上："你个王八蛋，你和老屈（罗Sir）想整死我？"那种底层小混混的委屈和不甘，被冤枉后的无奈和愤懑，被他塑造得立体又丰满。

伟仔在舞厅和女友跳舞，却被"法官"一伙盯上，一直愁眉苦脸到处躲避的他，却能在见到狂牛时马上换上特别灿烂的笑容："这么巧，跳舞？"表情切换之快之生动，证明周星驰前几年的龙套真没白跑。随后，伟仔被扔在垃圾堆上狂扁，被打得直吐白沫。在这个片段中，小人物的那种无助、辛酸与绝望，让人看着实在痛心。

高潮戏份中，伟仔开车载着两个匪徒四处狂奔，看似惊慌不已，实则是故意将他们引到死胡同让警察抓捕。后来，他被"法官"用枪威胁做了人质。当罗 Sir 不计后果开枪时，伟仔痛苦地倒下，而张铁柱当场落泪，觉得是自己害死了他，气氛一时相当悲惨。谁知剧情又来了个反转，变成了喜剧。周星驰再次展现了他鬼马的一面："偷你的东西怎么能告诉你呢，你真是'九唔搭八'。"

大银幕将演员的表情动作无限放大，略有瑕疵便难逃观众的眼睛，这就是很多电视咖拍不了电影的重要原因，而周星驰可以说是注定为电影而生的。

拍摄《霹雳先锋》时，周星驰对这个难得的出演机会无比珍惜，处处卖力，把"老好人"李修贤都看急了："拍戏不是力气活，干吗像条狗一样拼命呢？"这句话被好事者恶意解读，说是李老板在片场大骂周星驰。事实上，如果李修贤对他不好，他怎么可能在之后的 11 月出现在台湾？如果李修贤对他不好，他怎么可能在《义胆群英》中拿到重要角色？

1988 年 11 月 5 日，对周星驰来说是个终身难忘的日子。

这时的他已经 26 岁，只拍了两部电影，全部都不是主角。《霹雳先锋》能够入围金马奖最佳男配角对他来说是意外之喜，事实上，这部电影在金马奖评选中只获得了这么一个提名。

他万万没想到，自己生平第一次被提名就获奖了，也就是说，在香港电影圈还没有肯定这位未来巨星时，金马奖抢先一步向他慷慨地伸出了自己的橄榄枝。

人生中的第一次，总是特别令人难忘的。第一天上课，第一次开车，第一回接吻，第一宿缠绵……即使是芝麻大的小事，也能叫人记一辈子。这个金马奖最佳男配角带给周星驰的积极意义，可能比之后无数奖励之和还要重要。

当时，为最佳男配角开奖的是香港老戏骨午马和"宝岛"大美女叶全真。当午马老师念出"周星驰"三字时，不自信的他还向旁边的人确认："是我吗？"当时被提名的有三人，另外两个是林正英（参演《七小福》）和金涂（参演《校树青青》），其中《七小福》斩获了此届金马奖的最佳剧情片和最佳导演奖，入围最佳男配角的林正英的呼声很高，很少有人想到周星驰会获得该奖项。

金马奖与他结缘很早，但当时的周星驰并不敢想象，第二次捧起金马奖杯要到何年何月，要等多少春夏秋冬。

周星驰上台领奖时，笑容很腼腆："谢谢李修贤先生给我的机会，还有黄柏文导演、黎纪明先生，还有我的前辈万梓良先生、曾志伟先生给我的帮助，谢谢大会给我这个奖，对我是很大的鼓励，我会继续劳力（努力）。"

能凭借《霹雳先锋》获得这个奖，周星驰真的是非常幸运。以金马奖评委的一贯风格，他们并不会多么欣赏这样一部标准的香港动作片，但他们竟然对周星驰青睐有加，想想真是不可思议。

这份荣誉的价值对周星驰来说真是无法估量，毕竟，不管多么内向腼腆的人都渴望得到业界的承认，都希望获得尊重和鼓励。

这个奖励也让TVB的高层对周星驰有了新的认识，之后给了他更多的主演机会。与此同时，找周星驰拍片的电影公司也多了起来。

金马奖的一小步，却成了周星驰的一大步！人的一生，真的可以因一次意外而改变。

1988年12月17日，距平安夜还有一周，周星驰参演的电影《最佳女婿》在香港上映了。

虽说他在片中只是个男三号，但该片是他出演的第一部喜剧片，对他有着特殊意义。香港电影市场有三大档期：春节前一周左右开始，持续近一个月的新春档最为重要，情人节一般也包含在这个时段；其次是6月底到9月初的暑期档；第三大档期则是平安夜前一周开始的圣诞档。香港一直保留着过春节的传统，而且春节的重要性超过了圣诞节。新春档是各大电影公司全力火并的战场，主打的是适合全家老小一起进场观看的合家欢电影；暑期档则主攻大学生和中学生，注重影片娱乐与新奇的属性；圣诞节则是年轻人狂欢与缠绵的契机，因此圣诞档以浪漫的爱情片、喜剧片为主。

《最佳女婿》敢于"杀入"圣诞节，说明片方对其作品有一定信心。在出演该片的演员中，莫少聪和张学友都是实力与颜值俱佳的偶像级明星，而吴耀汉与沈殿霞两大戏骨则是绿叶，也就周星驰的知名度差点。女主角张敏在当时名气不大，日后却是永成的头牌花旦。

《最佳女婿》的剧情放在当时那个年代是相当大胆前卫的：纪浩仁（莫少聪饰）、陈开心（张学友饰）和赖布丁（周星驰饰）三个阳光大男孩同时喜欢上了新开张的"大上海理发店"老板之女亚英（张敏饰）。一次，三人烂醉误与亚英同睡一室之后，亚英居然怀孕了。三个男人急着认爹，不，是抢着当爹，为了通过亚英父母的考验，营造了各种鸡飞狗跳的笑料，不过结局相当温馨。

该片的笑点比较常见，无法给观众带来强烈的震撼，剧情走势有些平淡，因而没能成为经典作品。不过，对周星驰来说，这是他的第一部喜剧片，而且该片开启了他与张敏的合作之路，因而有着特殊意义。同时，莫少聪和张学友两位优质偶像也让他学到了很多。

《最佳女婿》上映20天，一直放映到了1989年1月5日，最终以581万票房列年度第65名。与《最佳女婿》同档期但是获得冠军的是永盛出品的《最佳损友闯情关》，斩获1688万票房。它同样是一部爱情喜剧片，由王晶导演，刘德华、关之琳、邱淑贞等主演。

一年拍了三部电影，还拿下了金马奖最佳男配角，对周星驰这样的新人来说，成绩算是相当可喜了。金马奖不光帮他得到了更多电影合约，而且直接提高了他在TVB管理层眼中的地位，可谓"雪中送炭"，值得他铭记一辈子。相比之下，2002年的那一堆金像奖上面都只写着四个大字——"锦上添花"。

新的一年，他有底气取得更好的成绩。

三 《盖世豪侠》，奠定无厘头基础

周星驰是由母亲养大的，可在他的电影中，主角大多只有父亲没有母亲。这个设定可能是从《盖世豪侠》这部电影开始的。

1989 年 4 月，是一个值得大书特书的时段。我们的男一号周星驰，可以说双喜临门。

是他娶媳妇了？这倒没有。

凭借 1988 年的《霹雳先锋》，周星驰赢得了第 8 届香港电影金像奖最佳男配角和最佳新演员两项提名，因此周星驰生平第一次可以参与香港顶尖电影人这个一年一度的大派对。

1989 年 4 月 21 日，香港文化中心大剧院星光熠熠，高朋满座。金像奖颁奖礼在此隆重举行。一同竞争最佳男配的，有著名影星曾志伟（入围影片是《我爱太空人》）、去年金马奖给他颁过奖的午马（入围影片是《中国最后一个太监》），以及来自影片《旺角卡门》的万梓良和张学友。

最终，张学友拿到了他生平第一个电影表演方面的奖项。周星驰和这位后来的歌神刚刚合作完《最佳女婿》，对他的演技也相当佩服。获得最佳新演员的是吴大维（入围影片是《今夜星光灿烂》）。虽然两项提名双双落空，但年轻的周星驰对此并没有太过敏感伤怀，毕竟他还年轻，有的是机会。当时的他哪里能想到，自己竟要陪观众度过漫长的岁月，才能有幸捧起当初失之交臂的"小金人"。

同一个月，由周星驰担任男主角，也是他唯一的一部七点档武侠大剧

《盖世豪侠》正式与全港观众见面。虽说它没有成为堪比《笑傲江湖》《神雕侠侣》的经典，但当时的收视率和口碑还是相当不错的。

这部剧集的导演是刘家豪和李力持，后者正是日后周星驰主演电影时的御用执行导演。而吴孟达在剧中饰演了两个重要角色——娘娘腔的大魔头古艳阳和男主角的师伯古峰，因此与周星驰有不少对手戏。这个设定后来被王晶的《赌侠Ⅱ》"致敬"了一回。

继《生命之旅》之后，周星驰与吴镇宇这两个长期被TVB"耽误"的演技派明星接连成了这部剧集的主演，只不过吴镇宇在剧中再度饰演大反派。在之前的《生命之旅》中，吴镇宇的戏份远多于周星驰，但到了《盖世豪侠》中，周星驰却成了男一号。这不能不说是《霹雳先锋》的获奖给他带来的好处。

《盖世豪侠》并非改编自金庸、古龙、温瑞安等名家的小说，而是一部原创作品。在豆瓣上，这部剧集的评分高达8.0（该分数为2020年的记录），但平心而论，它算不上一部好剧。熟悉武侠小说和武侠电视剧的观众恐怕一眼就能看出，它很像是《射雕英雄传》和《绝代双骄》的混搭，从中还能看到很多其他经典作品的影子，这体现了一些香港影视人"拿来主义"的态度。

剧集的年代是架空的，但似乎又有些像是北宋——因为有同时期的大理国，主人公生活的城市是咸阳。

穹苍派掌门人段海（刘江饰）有两个儿子，老大古玉楼（吴镇宇饰）虽是养子，但武功高强、精明能干且很有野心；老二段飞（周星驰饰）是他的亲生儿子，却胸无大志、游手好闲。

古玉楼是段海师兄古峰（吴孟达饰）之子，而古峰的亲哥哥、玄冰宫宫主古艳阳（同样由吴孟达饰）则是江湖大魔头，还因为练"玉女神功"变得不男不女。

随着男主角兄弟两人的身世逐渐被揭开，他们二人与古艳阳的亲生女儿李珠（罗慧娟饰）、养女雪雁（蓝洁瑛饰）也有了微妙的情感纠葛。穹苍派与玄冰宫本就势不两立，后因古玉楼不断膨胀的野心，很多人被其害死，兄弟二人也终究反目，走到了一决生死的地步。

有别于传统武侠剧男一号资质平平却勤奋努力的人设，段飞天资不差却胸无大志，甚至可以说没心没肺。他身为穹苍派掌门的二公子，从不想着好好练武、光大门楣，整天只想着做生意赚钱，还染上了赌博的恶习。打不过人家的时候，他会嬉皮笑脸地说："不如大家坐下来，饮杯茶，食个包，慢慢说。"即便亲爹被害，必须报父仇，他依然相当随性，在练功期间还想着出去玩。"不完美的战士依旧是战士"，经过前辈的指点，段飞在爱人的关心、自身的努力，以及运气的帮助下，终于练成了绝世武功，挽救了穹苍派和天下武林，总算没有辜负"盖世豪侠"四个字。

这样的角色显然不适合刘德华或黄日华，但交给在《黑白僵尸》中浸淫四年的周星驰却是"人尽其才"。

相比之下，大哥古玉楼从各方面看都是一个"根正苗红"的接班人，但此人为了"天下第一"的名头，和岳不群一样偷学邪门武功，导致自己中了天狼咒，进而走上欺师灭祖之路，在罪恶的道路上越行越远。他与雪雁原本可以成为一对神仙眷侣，最后却以最不能让人接受的方式做了了断。

剧集中段飞与李珠、雪雁三人的关系，更是令人唏嘘。

李珠长得其实并不算丑，但因为其大大咧咧的"女汉子"气质并不讨喜，加上性格暴躁不会打扮，完全没有大家闺秀应有的优雅气质，确实很难让身为穹苍派掌门二公子的段飞迷恋。

李珠与段飞因卖酒、赌博等事成了"斗气一族"，一来二去，李珠居然喜欢上了段飞，从此被他牵着鼻子走，而段飞却和他哥古玉楼一样，对雪雁一见倾心，二见殷勤，三见恨不能马上与她共入洞房。没办法，剧中的雪雁身段姣好、容颜精致，性格温柔却不失坚强，举止优雅却掩不住妩媚，明明漂亮得有为所欲为的资本，却还能做到明事理、懂分寸。若有人不喜欢她，大概就等于不喜欢真、善、美吧。

其实，雪雁也曾经糊涂一时，她毕竟是古艳阳的养女，但她得知真相之后就果断与义父划清了界限。她被古玉楼的帅气、勇气与霸气深深吸引，一度难以自拔，而这也注定了她的悲剧结局。李珠则用自己的真情与牺牲感动了段飞，最终与他走入了婚姻。

这不由得让我们想到现实世界中的三人。如今，两位女神已经告别人间，而周星驰依旧孑然一身。

1989年，拍摄完这部剧集后，周星驰与罗慧娟因戏定情，成为男女朋友。在此之前，有传言说周星驰暗恋的人是"靓绝五台山"的蓝洁瑛。

周星驰与蓝洁瑛在《430穿梭机》做过半年同事，后来也都在戏剧部工作，被后者迷住当然合情合理。可惜两人当时的身份地位差距太大，而且周星驰无论身家、外形和气质都不十分出众，蓝洁瑛并没有对他另眼相待。就像TVB迟迟没有重用周星驰一样，这是现实中非常正常的选择。有人将蓝洁瑛疑似"拒绝"周星驰这件事，与她后半生的颠沛流离和红颜薄命结合起来，并流露出幸灾乐祸的意味，这就显得非常不礼貌也不道德了。

在剧集中，段飞即使已经和李珠成亲也难以割舍雪雁，而在现实生活中，周星驰和罗慧娟确定关系之后，却迟迟不结婚，最终两人还是分手了。这样的结果同样令人无奈，而且这个遗憾永远不能弥补了。

对我们普通人来说，是接受爱自己的李珠，还是努力让自己爱的雪雁接受自己？无论做什么样的选择，都是个人的权利，但重要的是，不管你是谁，都必须做出自己的决断，尽量避免伤害两位姑娘，避免给自己留下终身遗憾。

不过，在1989年的时候，这帮正值青春年华的人哪里能想到这么多？

在李力持和周星驰的"肆意妄为"之下，这部剧的大结局简直像一部无厘头电影，从头到尾都是恶搞的桥段。

段飞没练成极乐神功，师父就去世了。他回到家中，看到一直牵挂他的妻子，居然一头扑向儿子。接着，夫妻俩因为师妹争吵不停，闹得钱万里夫妻也各种争风吃醋，与整体的悲伤气氛完全不符。

得知雪雁遇害，夫妻俩去上坟时进行了如下对话：

> 段飞：雪雁这么好的人也居然有这种下场，原来这个世界上好人没好报，我现在很怕！
>
> 李珠：怕？
>
> 段飞：对，因为我也是个好人。

古玉楼抓了段飞的儿子，约他决斗。段飞的师父临终前留下的战衣简直就是超人的制服，只是胸前不是大写的"S"，而是一个"勇"字。

古玉楼让手下去试探段飞，谁知这帮伙计全部临阵倒戈，支持段飞清理门户。兄弟俩终于打了起来，不过他们并没有使出各自的大杀器——极乐神功和玉女神功，反而像两个小混混街头火并一样厮打，简直有点故意给武林高手抹黑的意思。

官府衙役过来巡查，段飞抱住领头衙役的大腿请求帮助，结果被衙役们狂殴。

李珠给段飞送来的"九天金丹"，事实上是强身活络丹。吃过之后，段飞居然来了精神，忘了眼前的危险，对着老婆叨叨个没完："好吃啊，我从来没吃过这么好的药。药味浓度很温和，加上有糖衣包着很容易吃下去。嚼起来不软不硬，非常好吃，吞下去像浑身发烧，好像一股暖流在体内扩散出来……"把李珠都听烦了："好了好了，去打呀。"

看到这里，你是不是觉得有印象？类似的桥段，似乎在他后来的哪部电影中也出现过？

最后，伴随着高昂激越的"闯将令"，夫妻两人联手把古玉楼打死了。按理说，这时候的剧情就应该往拥抱亲吻、少儿不宜的方向发展了吧，结果你猜怎么着?

他们俩顶着满脸血污,都说古玉楼是自己打死的,为此争个没完没了。此后,段飞居然将穹苍派改名为段古母辛派,要求门下弟子不但要习武,也得会做生意,实在是莫名其妙。

显然在该剧的最后一集中,周星驰已经参与到编剧和拍摄中去了。用他自己的话来说就是:

> 我也猜不到观众会骂我神经病骂成什么样,但我觉得没关系呀,因为那时的心态,我就是有一种搏一搏的心理。就是在现在,也是有很多演员像我那时那样,想出位嘛。我那时什么都没有,要让人能认得我,我要引人注意,所以就只能走险招,比较过火,但求博人一笑。即是险中求胜,我宁愿被人骂到遗臭万年,都不愿演完之后完全没反应。我就是要这样去搏一下,将"无厘头"发挥到尽头。

不过,《盖世豪侠》播出之后,既没有多大反响,也没有走向崩盘。因为与它同一天开播的,是由黄日华、温兆仑主演的 50 集时装大剧《义不容情》。《盖世豪侠》比不过太正常了,比过了才不合理。或许正是因为反响平平,那个变态又不合理的大结局才没有被疯狂吐槽。

不过,越来越多的观众开始认可周星驰的表演了。这当然是好现象。

之后,他又成功主演了一部时装剧,虽说在剧中是男二号,但一定程度上获得了超过男一号的风头。

四 跟着大哥万梓良,《他来自江湖》口碑不俗

很多人说,如果生命中没有出现那几个贵人,周星驰最多就是另一个梁炳基,而且八成没有后者混得好。幸运的是,随着周星驰的一路成长,他的贵人总是及时出现。

周星驰说自己运气不好含有谦虚之意,事实上,他的运气好到爆。当然,每一次机遇到来之时,他都能很好地把握住机会,这也是值得其他人好好学习的地方。

周星驰没有什么人脉,也很少参加别人的婚礼,就连好友梁朝伟和刘嘉玲办喜事时,他都没有出席,然而在万梓良和恬妞的婚礼上,他却罕见地担任了一回伴郎。据消息灵通人士透露,在这场星光熠熠的婚礼上,名人大腕随处都是,可周星驰是首席伴郎。这再次证明他和万梓良的关系确实不一般。

正是因为有了万梓良这位大明星的照顾与栽培,周星驰才得以少走很多弯路。

1989年11月13日,两人共同参与主演的《他来自江湖》开始在TVB七点档播出。在剧中,曾经的黑社会"英雄"明天(万梓良饰)因未婚妻(杨宝玲饰)意外身亡而退出江湖,开设经营起了一家联谊会。他与母亲(李香琴饰)、舅父何英彪(吴孟达饰)及表弟何鑫淼(周星驰饰)住在一起。何英彪与明天因以往恩怨关系不睦,但何鑫淼对明天之前的事迹早有耳闻,视这位侠肝义胆的表哥为偶像。

两位漂亮女孩余文骞(恬妞饰)及阮黛玉(毛舜筠饰)先后闯入了明天的生活,令他一时之间不知该如何选择。因为何鑫淼无意中被卷入了文中信

（黄秋生饰）的一桩毒品交易，为救表弟，明天违背了自己当初的誓言，不顾自身前途地重新拿起了枪。

《盖世豪侠》让周星驰与罗慧娟成为情侣，而《他来自江湖》令万梓良与恬妞相亲相爱，两人在三年之后正式携手步入婚姻殿堂。

在《他来自江湖》中，周星驰不是主角，但与《生命之旅》相比他的戏份增加了很多，由男三号变成了男二号，甚至因为大哥万梓良的"纵容"，他得以时不时地展现自己无厘头的一面。

周星驰与吴孟达在《盖世豪侠》中就有不少对手戏，这一次两人更是演上了父子，其实吴孟达只比周星驰大十岁，拍这部戏时吴孟达正值36岁的本命年，这个岁数放在今天不算大，可当时的他得演小伙子的爸了。

周星驰和吴孟达在剧中演的这对父子那真叫一对奇葩，爹没有爹的威严，儿没有儿的德行。两人一路互怼，互相看不顺眼："你认狗公，我不妨就认小狗仔。"现实中，父子之间有这么说话的吗？不过，当母亲要接阿森去美国时，阿森却选择留在父亲身边。有一场父子俩酒醉后相互搀扶的戏，更是让观众感受到了亲情的伟大力量。

让人感慨的是，周星驰在现实生活中是被母亲养大的，但在两部于他而言最重要的电视剧《盖世豪侠》《他来自江湖》中，他演的都是随父亲生活的角色。这一设定也被他后来的电影作品沿用，对此，不知道他的母亲凌宝儿心中会有什么想法。

在这部剧集里，招牌式的周氏无厘头技巧运用得尤其多，比如，在第二集中，何鑫淼看到店员想偷吃菜点，就猛地扑上去做殴打状，还故意如李小龙一般发出怪叫声，可当他转过身时，他自己也把手伸进了盘子里；何鑫淼和女友被绑架，女友将看守打昏时，何鑫淼居然叨叨地数落她："你这不是恩将仇报吗，人家好心好意放我们出来……"甚至还要等看完电视再走；婚礼现场，新郎与新娘一言不合就伴随着《男儿当自强》的音乐干起架来了，让在场的宾客朋友饭都吃不下去……

很多人以为周星驰在《赌圣》里模仿周润发，殊不知，在《他来自江湖》中，周星驰已经穿上了黑色风衣，戴上了墨镜，像慢镜头一样走路，还叫嚷着："三年了，我失去的，一定要亲手夺回来……"

至于剧中小何鑫淼带着母亲"捉奸"的一幕，简直是周星驰对小时候的自己的完美致敬。

剧中各种"金句"满天飞：

"现在我才知道这世上，是不需要认识有钱人的，最重要的是有钱人认识你。"

"你真的很有骨气……活该有今天。"

"苍蝇喜欢停留在马尾巴上，接着怎么样，一拍两散。"

"你戴副眼镜扮树？你见过戴眼镜的树吗？……"

可以说，相比《盖世豪侠》时期的小心翼翼，《他来自江湖》里的周星驰表演起来更加轻松惬意、收放自如。如果剧集中的男主角不是"无线一哥"万梓良，估计周星驰也不敢这么胡来。剧集播出之后，不知道什么原因，观众似乎对一本正经的明天有了审美疲劳，反而更欣赏这个有点神经质的何鑫淼，喜欢上了他那种仿佛自带 BGM 的出位表演，因而《他来自江湖》的口碑相当不错。

2015 年 6 月，TVB 还特意在深夜档重播了这部老剧。

世界上的事情，往往就是这样奇怪。当初特别想拍大剧的周星驰只能得到小龙套的角色，到了 20 世纪 90 年代初，他得到了高层的认可，终于可以多演几部连续剧了，他却彻底放弃了 TVB 的工作。

还是那句话——有些人，是专为大银幕而生的。

五 《龙在天涯》，有遗憾也有收获

1989 年，周星驰的事业重心还在电视剧上，全年只拍摄了几部电影，都是戏份有限的小角色，而且三个角色都不得善终，死得一个比一个惨。

这一年的 9 月 1 日，周星驰和李连杰合作的唯一一部电影《龙在天涯》开始在香港上映。

这是一部两人的粉丝都不愿意提起的电影，因为在 1989 年，它可以说是票房和口碑双输的影片。

一个是中国的"功夫皇帝"，另一个是中国的"喜剧之王"，但两人的这次合作并没有擦出火花。只能说，这样的题材可能不适合他俩，没有让他们发挥各自所长的余地。

《龙在天涯》的投资人可是大有来头，他正是一手捧红李小龙的香港电影大亨罗维。这位罗老板虽说看人很准，但不大会用人。他一心想将成龙打造成"李小龙第二"，却不懂得根据明星的形象气质为其量身定做适合的作品。他投资的那部"致敬"李小龙的《新精武门》（李小龙《精武门》续集）波澜不惊，还有一部耗资二百余万港元的《飞渡卷云山》同样票房惨败，两次"出师不利"的遭遇让成龙一度陷入绝望之中，当然比他更心痛的是罗维，毕竟后者作为老板投入的都是真金白银啊！

与之相对的吴思远却能"慧眼识英雄"。他从罗维处"借来"成龙，让他主演了袁和平执导的另类功夫片《醉拳》《蛇形刁手》，成功激发了成龙的喜剧天赋，并将他送上了巨星之路。可惜罗维并不能从中吸取教训，加上当时年事已高，缺少创意，所以后续也没有取得什么出色的成果。

能同时签下李连杰和周星驰，是让很多人眼红的事，可惜《龙在天涯》最终仅以 681 万的票房名列年度第 51 名。要知道，李连杰还在北京当武术运动员时，他的"少林三部曲"——《少林寺》《少林小子》和《南北少林》，就已经稳居于香港电影票房榜年度前十名之列。

《龙在天涯》是周星驰唯一一部全程在海外拍摄的电影。

在影片中，李连杰饰演来自北京的中国武术队员李国立，称得上是本色演出。他和武术团成员王威（狄威饰）两人自幼共同习武，情同手足。在武术团赴美表演时，王威想要离队留美，却无意中错杀警员，结果反而连累李国立成了嫌疑犯，回不了国，只能到处躲藏。他先是结识了黑帮华人头目 Marco 的情妇 Penny（利智饰），又巧遇货车司机阿友（周星驰饰），并在其叔的杂货店工作居住。阿友因自己的贪心引来了杀身之祸。李国立与王威这对昔日的好兄弟最终走上了对决之路。

在影片中，周星驰饰演的阿友和他早期的很多银幕形象类似，都是没有出息的小混混，都爱吹牛、爱泡妞、喜欢贪小便宜。不过阿友本性还算善良，要不然也不会收留李国立。阿友平日里大大咧咧，在关键时刻却有血性的一面。他看上去胸无大志，其实内心渴望发家致富、摆脱平庸。可惜他在混战中拾走了本不应该碰的东西——黑帮的毒品，将自己卷入危险之中，最终走向了不归路。

这不是一部喜剧片，周星驰的戏份有限，排在李连杰、狄威和利智之后，但他在有限的戏份中将自己的表演处理得极富层次感，展现了不俗的演技。

阿友与国立的相识始于他开车救下被警察盯梢的国立，而阿友最后遇害也是因为他开车救下被黑帮群殴的国立，首尾呼应。

虽然周星驰本人有武术功底，但在这部影片中，导演让李连杰和狄威承包了打戏，而周星驰的角色只负责挨打、逃跑和被杀。

他的无厘头天赋在这部影片中当然也受到了"压制"。周星驰不远万里去美国拍摄这么一部片子，估计是看在报销路费的分儿上吧。在美国，他还特意买了两台最新款手提电话，把其中一部送给了当时的女友罗慧娟，也算不虚此行吧。

不过，尽管《龙在天涯》成绩不佳，但对于周星驰和李连杰来说，这部电影仍然有着特殊意义，这部电影也分别为两人的事业带来了转机。

拍完这部影片之后，周星驰知道自己演不了英雄片，无法散发出像周润发那样的气场，像刘德华那样的帅气，像梁朝伟那样的深沉，所以他只能走自己的路——将《盖世豪侠》中展现的搞怪天赋无限放大，于是不到一年之后，他主演的《赌圣》火爆全香港。

李连杰知道自己不能演好像李小龙那样的硬汉功夫片，也走不了成龙那样的杂耍搞怪之路，必须重新回到古装武侠的路子，于是一年多以后，他主演的《黄飞鸿》火遍全国。

《龙在天涯》也影响了李连杰和周星驰各自的爱情。其实《龙在天涯》这部影片中对感情戏的着墨犹如蜻蜓点水，但现实中李连杰和利智真的因戏结缘，最终走到了一起。1999年，两人走入了婚姻殿堂，而曾经的"亚洲小姐"利智甘愿从此退出娱乐圈，安心相夫教子，只做"李连杰身后的女人"。

相比之下，同一年在《盖世豪侠》中因戏结缘的周星驰与罗慧娟却没能走到最后。他们之间的恋情只持续了三年，罗慧娟后来与别人结了婚，并于2012年告别了人世。

《龙在天涯》上映13天就被迫下架，票房收报681万，可以说与李连杰当时的影坛地位完全不符，但周星驰也无须背锅，因为他只是戏份有限的男三号。

1989年9月14日，周星驰参与的和黑帮有关的电影《义胆群英》上映。

这是为纪念张彻从影四十周年而拍摄的，李修贤的万能为主控方，因此尽管该片明星云集，周星驰的戏份却仅次于姜大卫、李修贤和陈观泰三大巨星。影片中，周星驰饰演一个黑帮小头目小奇，是泰哥（陈观泰饰）的手下，他一心希望大哥阿泰上位，甚至想提着狙击步枪干掉大哥的对头阿修（李修贤饰）。当泰哥遇到麻烦时，小奇果断替他背锅，结果下场相当惨烈。

在这样一部大片中，他的戏份不是主线，演得也算中规中矩、不好不坏，但楚原和陈观泰挺欣赏他的表演，并约他拍摄《小偷阿星》。

1989年11月18日，对周星驰来说是个非常重要的日子。因为他参演的一部电影上映了，该片的导演也是后来改变他一生的贵人。

这就是由刘镇伟执导，吴君如、周星驰和柏安妮主演的动作片《流氓差婆》（别名《贼公差婆》《雌雄双辣》）。差婆在粤语中是女警的意思。

在当时的香港影坛，除了"霞玉芳红"（林青霞、张曼玉、梅艳芳、钟楚红）等少数大明星外，女演员很难在影片中担任绝对主角，但刘镇伟不按套路出牌，拍了这部以吴君如为绝对主角的电影。

吴君如饰演的是行为莽撞的毒品调查科警员冯爱南。她的鲁莽导致父亲被四面佛（方刚饰）杀害，从此她苦练功夫，一心期望为父报仇。线人莫少珍（柏安妮饰）和同事郑丽琛（林小楼饰）都被莫少珍的男友肥七（成奎安饰）杀害，后来冯爱南救下并控制了肥七的弟弟小贤（周星驰饰），逼他供出自己的大哥，可在相互敌对中，两人的关系居然发生了微妙变化。

在片中，小贤一出场就遭到厄运——被四面佛击中大腿，差点丧命，好在他被冯爱南救下并收为线人。周星驰将这个小混混对"流氓差婆"既不满又害怕的心态拿捏得很准，瘸腿行走也表现得相当逼真。

在这部影片中，周星驰灵动的表演给刘镇伟留下了很深的印象，所以当这位导演有机会为思远影业挑选演员时，很快就把周星驰当成了备胎，sorry，备选之一。

我们都是"草根",都希望生命中出现贵人,但如果想要得到贵人的提携,自己身上就必须有闪光点,有别人取代不了的能力与素质,这既需要天赋,也需要十年如一日的努力。

1989年即将过去,随之而来的不光是新的一年,更是一个全新的90年代。在20世纪80年代发展相当不顺的周星驰,当然希望自己会有好运出现。"一分耕耘一分收获"这样的想法,他是根本不敢有的。对他来说,十分耕耘能有一分收获就已经算是上天厚爱了。

他一定不会想到,老天对他的厚爱那么快就会到来,而且力度还如此之大。

第五章 逆襲

一 《望夫成龙》首当男主角,世界因此不同

《流氓差婆》11月18日上映,到12月6日时就收获了562万票房。很快,有导演约周星驰和吴君如再组搭档。这一次,他的戏份明显增加了。

1990年2月15日,这是值得周星驰永远铭记的日子。他在20世纪90年代参演的第一部电影,首次担任男一号的作品《望夫成龙》①,在香港正式上映。影片出品方为德宝电影公司,在当时是仅次于嘉禾与新艺城的一线电影公司。

不知道什么原因,这样一部主打爱情的喜剧电影,却被放在了情人节的后一天,而且一听片名就知道是一部讲述夫妇生活故事的作品。相比《流氓差婆》,周星驰在《望夫成龙》中的地位明显提高,几乎与吴君如平分戏份。

这并不是一部标准的喜剧片,而是一部偏文艺的剧情片,导演找两个外形条件并不出色的演员来担纲主演似乎并不明智,特别是吴君如,那时她的脸胖嘟嘟的,略显普通的五官也逊色于其他艳光四射的女明星,但她在影片中的表演相当出色,令人信服。也许导演要的就是这种本色与质朴吧。

同时,正因为有了她这样的"对手",周星驰才会进步得更快。

《望夫成龙》的主人公是同在香港乡下长大的两个年轻人石金水(周星驰饰)与吴带娣(吴君如饰)。他们的名字就很搞笑,石金水根本没有金,吴带娣也没能带来弟弟,她家只有一个妹妹。他们二人算得上是青梅竹马,

---

① 也有人认为1987年由香港无线电视拍摄上映的《阴阳界》是周星驰主演的首部电影。

并且已经到了谈婚论嫁的地步，然而，和多数爱情片的主角一样，苦命鸳鸯难逃棒打。吴父（成奎安饰）坚决反对这门亲事。私订终身的小俩口决定奋起反抗，私奔到市区过二人世界去。

都说北漂难，港漂的日子也不好过。起初，阿水的事业很不顺，处处碰壁，而且他自己也有些不思进取，两人只能住在廉价出租屋，过拮据的生活。后来，阿水因工作勤奋得到了珠宝公司老板的女儿Nancy（关秀媚饰）的赏识和提携，他的职场之路越走越好，二人也渐生情愫。阿水与妻子阿娣的感情因此面临破裂危机，三人之间的关系也变得十分微妙，直到阿娣伤心离去。

在今天看来，这部影片讲的是一个比较俗套的故事，剧情设置没有新意，拍摄画面也不考究，但由于几位演员的出色发挥，该片并不算难看，某些部分甚至能让人有些感动。

在影片中，阿娣即使做着最苦、最累、最没有尊严的工作，也一心只希望自己的男人能出人头地。当看到阿水在工作的游戏厅无所事事地游荡时，她内心里的伤痛无以言表："我老公努力一点，就不会被人看准一辈子没有出息。"为了给阿水凑到上班的保证金，她不惜去夜总会做舞女。

虽然吴君如比周星驰小三岁，看上去却不如周星驰年轻有朝气，因此在该片中有个情节是，阿娣为了掩人耳目，就说阿水是自己的弟弟，结果让人误会连连。除了相貌在世人眼中不占优势，阿娣后来在冷餐会上的灾难级表现也确实没法给自己的老公长脸，反而让他下不了台。与之相对应的，关秀媚饰演的Nancy却是一个办事干练、有分寸，相貌清秀，举止优雅的都市丽人，可以说是处处都与阿娣形成鲜明反差。

一边是对自己有情义的女老板，另一边是带出去应酬就出丑的老婆，说阿水一点也不动摇恐怕不是事实。周星驰将石金水的矛盾与纠结呈现得相当精准，足以令观众感同身受。莫说男主角阿水，估计戏外的不少男观众也会因此陷入选择青梅竹马还是都市丽人的纠结和思考中。

颇有意思的是，在周星驰20世纪90年代的最后一部电影《千王之王

2000》中，他与吴君如、关秀媚三人又再次聚首，共同参演。

周星驰总计参与拍摄过的几十部电影中，很少出演公司白领的角色。在《望夫成龙》这部影片中，他借金水一角，将求职时的艰辛、有一点机会就抓住不放的执着、参加聚会时对着洗手间的镜子苦笑的无奈、两次与女老板困在电梯时的爽直、面临职务升迁和陪伴妻子时的难以取舍都表现得细腻自然，足以令人信服。

相比之后那些无厘头特征明显的电影，《望夫成龙》的搞笑方式非常收敛，甚至把整个剧情衬托得带有明显的悲剧色彩。最后老木屋前的那段反转，纯粹是为了安抚观众强行煽情，但周星驰把一个心存愧疚、急切寻找妻子的小男人演活了。

在《流氓差婆》中，成奎安演的是周星驰饰演的角色的哥哥，跟吴君如饰演的角色是死对头，而在《望夫成龙》中，他演的是带娣的父亲，一个初看自私暴躁、无比势利，在关键时刻却不光爱女情深，更明晓大义的感人角色。关佩林饰演的妹妹一角也非常不错，遗憾的是，这位童星长大后就退出了娱乐圈。

《望夫成龙》拍摄于1989年年底，当时的周星驰根本没有挑选影片的资格，如果那个时候的他告诉别人，自己会在八个月后打破香港影史的票房纪录，别人一定会认为他吃错药了，建议他立即去看心理医生。毕竟，与同龄人相比，他的起点太低，步子太慢，机遇也太少。

即便是最不起眼的工作，也要投入全部的热情；即使是最不出彩的角色，也要赋予他自己的思考。这就是我们从《望夫成龙》中看到的演员周星驰和演员吴君如。这部一开始不被看好的低成本电影，最终以票房1370万元，位列当年香港电影票房榜年度第16名，这个成绩可以说是相当不错的了。

这也是周星驰参演的首部票房突破1000万大关的电影。新的一年，他确实开了个好头，而接下来他所取得的成就，更惊呆了全香港的制片人。

与吴君如合作的《流氓差婆》《望夫成龙》，打开了周星驰通向天王巨星的道路，当周星驰上升到一线之后，吴君如却在很长很长的时间里再也没有担任过女一号。这也是影视圈既功利现实又无可奈何的事情。

电影是视觉艺术，女主角的形象气质有可能直接决定观众对一部影片的接受程度。在现实生活中，以貌取人当然不对，随便评论女性的身材长相更是非常失礼的行为，但买票进场的观众常常会评价女主角的长相。吴君如带点婴儿肥的脸庞，不够纤细的身材，以及自带浮夸的属性，与周星驰这样的合作者擦出的火花不够多。

1990年9月27日，周星驰和吴君如合作的另一部喜剧片《无敌幸运星》上映，最终收报1880万票房，排在谭咏麟、刘德华主演的《至尊计状元才》之后，位列年度票房第10名。

《无敌幸运星》的立意原本不错，本来或许可以成为一部经典作品，并展现出富有哲理的意境，但吴君如本人的相貌气质与角色不相符，她在片中一人分饰两角，由"垃圾妹"到富家女的精彩反转过程展现得如过家家一般随意，不够惊艳，令观众很难对女主角的遭遇共情，而她和幸运星（周星驰饰）之间的爱情也有些难以打动观众。从这之后，吴君如即使出现在周星驰主演的电影中，也多是配角或者客串。

1990年的春节是1月27日。按照当时香港各大院线的惯例，新春档的电影不像现在会选在春节当天开画，而是会定在除夕前五到十天的日子。相比暑期档和圣诞档，新春档才是一年中最重要的档期。此时上映的影片如果能拿下这一档期的冠军，往往也能成为全年年度第一。

1982年至1984年连续三年拿下年度冠军的新艺城《最佳拍档》系列的前三部、成龙的《师弟出马》《龙兄虎弟》、周润发的《八星报喜》都是新春档电影。由上映影片的类型及人们过春节的喜庆心情可知，喜剧片在这个特殊的时节特别应景。所以，影片也不得不套路化，比如主要的正面角色不能死、男女主角最后不能分手、坏人不能逍遥法外等。

1990年的新春档，票房最高的两部电影是林子祥、郑裕玲主演的《三人新世界》，以及周润发、张艾嘉主演的《吉星拱照》，二者都是喜剧片。在此之前的四年里，周润发参演的电影三夺香港年度冠军，势头压倒了成龙，所以与他的其他电影的票房相比，《吉星拱照》2029万的成绩只能说相当一般。

《三人新世界》1月24日开画，2月22日下线，最终以2328万票房拿下新春档冠军，并将这个荣誉保持了半年多。当时恐怕没有几个人能想到，不久的将来取代它的，是由小公司出品、小明星主演的"跟风"电影。

二 十年一剑终起飞，《一本漫画闯天涯》

1990年，周星驰一口气接拍了10部电影，上映了11部（多上映的那一部很可能是1989年拍的《望夫成龙》）。其中大部分作品的存在感不强，最出名的当然非《赌圣》《赌侠》这两部片子莫属，其次是对周星驰有着特殊意义的《望夫成龙》，此外还有一部电影是绝对不容忽视的，那就是在3月22日开画，由梁家仁导演的《一本漫画闯天涯》。说实话，在周星驰的贵人名单中，梁家仁的名字是必然要加上的。

梁家仁原本也是香港演艺圈很有地位的资深明星，他曾在1982年TVB版的《天龙八部》中出演男一号乔峰。彼时周星驰因在剧中扮演一名契丹小兵与梁家仁有过短暂同框。

巧合的是，《一本漫画闯天涯》的上映日正是八年前那版《天龙八部》的开播时间。八年之久的辛苦，两千多个日日夜夜的坚持与努力，使周星驰终于有了这样的作品。

对周星驰来说，《一本漫画闯天涯》是一部堪称里程碑式的作品，既代表了他奠定表演风格的第一步，也是他迈向超一线的漂亮开端。

在影片中，周星驰扮演的是酒吧侍应生阿星。除了执着地迷恋漫画，阿星没有别的爱好，因此他身上有着与年龄不符的天真，而且很崇拜小马哥似的黑道人物。

在无意中帮助了黑帮老大韦杰（杨群饰）之后，他被其收为手下，并与韦杰的义子、身手不凡的阿俊（林俊贤饰）成为好兄弟。后来，两人在酒吧巧遇漂亮清纯的歌手Ann（柏安妮饰），且都对她一见钟情，而Ann只能选择其中一个。

在影片中，阿星与朱标（成奎安饰）从相互看不习惯到成为朋友。都说成人的世界里没有友谊，只有利益，但星、俊、标三人确实做到了肝胆相照、情同手足，甚至同生共死。片中三人在泰国令人惊心动魄的经历，也让观众看到了些许《喋血街头》的影子。当然，那个年代的黑帮片通常都会不可避免地受到吴宇森的影响。

阿星这样无技能的人混黑社会，与成龙在《奇迹》、周润发在《我在黑社会的日子》中的角色有点类似，但周星驰通过自己的个性化处理，让阿星这一角色血肉丰满。

"无厘头"是个粤语词汇，大致意思是故意将毫无联系的事物进行莫名其妙的组合串联或歪曲，以达到讽刺或搞笑目的。"无厘头"是音译，用普通话来说，最标准的说法应该是"无来头"，但"无厘头"这一说法已经深入人心，也就不好改动了。

如果更进一步去思考，"无厘头"的概念其实有点像我们所说的"发散思维"或"混搭"。比如，大哥大原本是用来通信的，那么用它来砸核桃就是无厘头；扑克牌是用来娱乐的，如果被当成杀人凶器也是无厘头。

其实，香港通俗文化变得强势之后，很多说法也传入了内地，成为我们日常用语的一部分，比如打的、泡妞、曲奇、利是等。

《一本漫画闯天涯》绝对不是一部标准的喜剧片，因为男主角最好的两个哥们儿都死得很惨，而且也不是最终得以报仇雪恨的完美结局，但周星驰自《黑白僵尸》开始出现的夸张不着调的表演在这部影片中形成了鲜明的风格，并且逐渐无人可以代替。很多搞怪动作只有他想得到、做得来，比如在该片中，酒吧里子弹横飞，而他在混乱跌倒之际，居然有闲心去捡拾餐盘上的抹布；他不懂音乐，却一本正经地说："别动，第二只手指的力度不够，D音调低了这么一点点……"即使正提着枪和对手火并，他也有闲情从怀里掏出一盒牛奶大喝特喝，然后装腔作势地比画半天，却不敢开枪；当着女神的面扯下浴巾狂笑,直到女神一脸不屑地走开——原来他还穿着条短裤。

青春是美好的,真爱是无罪的。他和好兄弟,以及两人共同喜欢的女孩子一起游玩,一起打篮球、溜冰、唱歌,便有种青春片的浪漫气息。可惜,女神的爱是不能一分为二的。

最后的高潮动作戏,隐隐有一种和《英雄本色》类似的残酷,但阿星告别女神时找的借口挺无厘头:"俊哥和标哥去了南极,我去找他们。"

在电影中,林俊贤承包了大部分打戏,看起来似乎有一米多的大长腿踢起来真是又帅又有型,而最后他舍生救友那场戏也将影片气氛推到了高潮,但毫无疑问,影片的剧情线完全是围绕阿星展开的,他是绝对主角。

当时,林俊贤在业内的知名度要高于周星驰,他于1987年出演《男儿本色》的男一号时,连"天王"黎明都要给他当配角。林俊贤集硬朗与帅气于一身,他那青春迷人的笑脸让无数女生无力抵抗。所以,"星迷"都应该向林俊贤致敬,感谢他甘当绿叶,让周星驰的演技可以肆意展现。

成奎安在很多电影中饰演的都是智商"欠费"但杀人不眨眼的魔头,但这一次他认真诠释了一个热爱家庭、重视兄弟的好人。在《一本漫画闯天涯》中,他与阿星两人关于"脑筋急转弯"的比试笑点颇多,而他最后的结局也让人难过不已。

4月11日,《一本漫画闯天涯》下映,收报1515万票房,位列当年香港电影票房榜年度第15名。作为第一次在电影中担当第一主角的演员(《望夫成龙》是大女主电影),周星驰的表现可谓相当不错,他极具个人风格的搞笑方式也被越来越多的电影出品人和电影公司老板认可,而这部影片所取得的成绩对他之后接新片约的帮助很大。

三 再度联手张学友,《咖喱辣椒》成绩不俗

《一部漫画闯天涯》之后,周星驰的《龙凤茶楼》和《风雨同路》收获的票房与口碑都比较一般。当然,那时的周星驰只是个小演员,还没有资格挑剧本挑公司。忙到脚不沾地的赚钱才是他最大的快乐。只是如此一来,他便也没有多少时间陪伴恋人罗慧娟,没能在最好的年华留下最美的浪漫回忆。

《龙凤茶楼》的男一号是莫少聪。在当时,阳光帅气的"大眼仔"莫少聪比周星驰更受欢迎。这也是自《最佳女婿》之后,周星驰再次给莫少聪当配角。

《风雨同路》中,周星驰饰演的卧底警察张郎,与老戏骨陈惠敏出演的黑社会人物李云飞不打不相识,最后成为能以性命相托的兄弟。影片中饰演女主角周文丽的演员也叫慧敏,还姓周。她可是无数观众心目中的完美女神。遗憾的是,周星驰走红之后,再也没有跟周慧敏合作过。

之后,周星驰还参演了一部对他相当重要的作品,并与张学友有了更多交集。

在《一本漫画闯天涯》中,周星驰就曾装腔作势地唱过张学友的歌,虽然为了搞怪效果故意破音了。在他后来的《破坏之王》和《国产凌凌漆》中,也都有张学友的歌曲出现,可见从没出过唱片的周星驰对这位歌神是多么景仰。在《最佳女婿》中,两人都饰演"大眼仔"莫少聪的配角,而在电影《咖喱辣椒》中,他们是双男主角——周星驰的角色是辣椒,张学友则演咖喱。

1989年4月的第8届香港电影金像奖,周星驰凭借《霹雳先锋》入围最

佳男配角和最佳新演员，其中最佳男配角输给了在《旺角卡门》中饰演乌蝇的张学友。

1990年5月12日，周星驰与大美女周慧敏主演的《风雨同路》上映，12天后，《咖喱辣椒》就开画了。此时，香港"四大天王"的概念还没有出炉，张学友也还没有成为歌神。特别值得强调的是，张学友与成龙、李连杰一样，是极其罕见的、从未拍过电视剧的一线明星。至于原因，估计是不差那俩钱吧。张学友很早就在香港乐坛出名了，而自从谭咏麟和张国荣淡出歌坛之后，他就成了宝丽金集团公司的"一哥"，拍电影其实只是他的业余爱好。

《咖喱辣椒》由台湾人柯受良执导，当时尚不满28岁的陈可辛出任监制。后来多次出现在周星驰电影中的黄炳耀在影片中出演两大主角的上司，而香港影史上的最矮影帝曾志伟也在片中扮演了一个重要角色。

《咖喱辣椒》采用了香港警匪片中常见的双男主角设置。影片中的咖喱帅气稳重，辣椒却过于张扬浮夸，让人不由得想到《至尊计状元才》中的谭咏麟与刘德华，《摩登如来神掌》中的刘德华与陈百祥，以及《赌圣》等标准周氏电影中的周星驰与吴孟达，这也是香港喜剧片角色设置的标准模式。坦白来讲，陈可辛找周星驰来演辣椒，就是让他来"出洋相"，从而使两个男主角相互衬托的。

咖喱与辣椒从小就是最好的朋友，也是工作多年的好搭档，他们都处在渴望爱情的岁数，却一时都找不到合适的女朋友。漂亮的电视台主持人罗祖儿（柏安妮饰）到警局借调咖喱与辣椒拍专题片，在相处过程中，他俩很快沦陷，并同时爱上了这个女孩。罗祖儿做出选择后，失落的辣椒极其不满。咖喱与辣椒两人从此心存芥蒂，工作的时候也心绪不宁。

影片中，为了立功，辣椒找来小十（曾志伟饰）做线人，希望找到杀手疯狗（柯受良饰），结果却给小十带来了的厄运。与此同时，咖喱也绝望地发现自己与罗祖儿的生活圈子格格不入。两兄弟收到小十临终前寄给他们的喜帖，又被疯狗追杀，终于决定联起手来捍卫香港警察的尊严。这场决战被导演柯受良展现得非常惊险而惨烈，而辣椒最后将疯狗绳之以法的方式也被设计得足够震撼，甚至周星驰后来的《国产凌凌漆》也模仿了这个桥段。

在影片尾声，兄弟俩之间的友谊因共同经历困境而恢复如初，但两人很快又为了女人争吵起来，影片的无厘头风格也因此进一步凸显。

在这部片子中，辣椒的很多台词都是略显轻浮的。

罗祖儿：尖沙咀多长时间会有一宗抢劫案呢？

辣椒：（表面一本正经）每个月都会有，平均28天就会有一次，如果说运动量大的话，就会早一点来咯。

罗祖儿：（叹息摇头）你正经一点行不行啊？

连"死党"咖喱都在罗祖儿面前这么损他："从小到大，他对女孩子有特别的好奇心……"

值得一提的是，影片有一段平行剪辑呈现的效果很精彩。

当背景音乐——庾澄庆的《改变所有的错》猛然响起时，辣椒正独自一人郁闷地走在大街上，吃着盒饭，接着他把烟狠狠地掐灭在饭盒里；另一边，咖喱和罗祖儿正在某奢侈品商店的橱窗外满脸幸福地拥吻。

当辣椒掏出笔，愤怒地在兄弟两人的警服合照上乱画时，咖喱和罗祖儿正在人潮拥挤的街头边走边笑。

当辣椒回到家，无奈地看着写有兄弟两人名字的瓶瓶罐罐时，咖喱和罗祖儿正在夜市上依偎前行。

当辣椒对着镜子郁闷地蒸饭，随即将电饭锅一把打翻时，咖喱和罗祖儿还在闹市中亲得没完没了。

当辣椒一个人心灰意冷地蜷缩在客厅沙发上时，咖喱和罗祖儿正在浪漫的沙滩上出双入对、亲密交谈。

将辣椒的孤身一人，与其最好的兄弟和喜欢的女孩甜蜜约会进行反复对比，更衬出了辣椒的孤独郁闷。如果有人看过《甜蜜蜜》或者《如果·爱》，估计会怀疑这个片段出自陈可辛之手。

早在《一本漫画闯天涯》中，柏安妮出演的 Ann 就对阿星不来电，到了这部电影，罗祖儿再次把辣椒否决了。不过两个来月的时间，柏安妮就"拒"了周星驰两次。

在本片中，罗祖儿送给两人的礼物也是厚此薄彼。

辣椒收到了一个庞大的盒子，里面装的居然是玩具熊；咖喱收到了一只小小的盒子，价值却比辣椒收到的高多了——里面装着一块高档手表，暗示意味极其明显。

因为一个女孩，两个从小一块长大的兄弟渐渐分道扬镳，甚至闹得势同水火，这样的剧情虽然并不是很合理，但胜在很吸引人。

6月29日，这部动作喜剧片下映，收报1578万票房，又创造了当时周星驰主演的电影的最高纪录。它的最终排名是香港电影票房榜年度第13名，可以说相当不错了。周星驰虽说是双男主角之一且人设并不讨喜，但与张学友飙起戏来丝毫不落下风，两人的配合也足够默契。

不过，周星驰真正的辉煌还没有开始。

四　跟风之作破纪录，星仔一跃成"星爷"

1990 年，周星驰的电影片约太多，因此仅拍摄了一部电视剧。7 月 9 日，这部共 15 集的《孖仔孖心肝》在 TVB 播出，正式宣告他的荧屏生涯落下帷幕，不过他的艺人合约依然在邵氏。

十九天之后，由周星驰、董骠和陈德容主演的喜剧片《师兄撞鬼》又杀入了暑期档。

这一年的周星驰，确实忙得脚不沾地。

在 20 世纪 80 年代，邵逸夫已经大幅收缩了电影业务，但集团依然有一个"卫星公司"——大都会影业，由他当时的女朋友，也是后来的妻子方逸华创办。

《师兄撞鬼》是一部有鬼怪元素的喜剧片，也是周星驰在大都会演的第一部影片。五年之后，他在这家公司的最后一部影片也是一部鬼片。

《师兄撞鬼》的水准和格调都不高，既不恐怖也不烧脑，只是一部平庸的喜剧片。该片值得提起的有两点，一是当时年仅 16 岁的台湾女演员陈德容，她在该片中饰演的阿玉是阿星（周星驰饰）爱慕的对象；二是动作指导潘健君，他设计的动作飘逸洒脱，很有写意美感，之后他成了与周星驰合作最多的武指。

《师兄撞鬼》最终拿下 1213 万票房，还 PK 掉了永盛同档期的喜剧片《摩登如来神掌》。

《摩登如来神掌》是由王晶做编剧，黄泰来执导，刘德华、陈百祥和王祖贤主演的。当时的刘德华已经红遍了港台，但他独自担任男主角的电影没有取得太好的票房，难以突破2000万。

在这部影片中，王晶从中国传统相声中的逗哏和捧哏中得到启发，并将其运用于喜剧电影之中。在他的台本中，刘德华负责出风头泡美女，陈百祥负责出洋相泡"土妞"。后来，王晶把这个模式又运用到了周星驰和吴孟达身上。从结果来看，周吴组合的票房号召力要比刘陈大得多。

《师兄撞鬼》下映两天之后，眼看暑期档行将结束，周星驰的另一部影片悄然上映。

这部影片改变了周星驰一生的命运，也直接改写了20世纪90年代的香港电影史。

1989年，由永盛投资、王晶参与执导的赌片《至尊无上》收获丰厚，取得2329万票房的佳绩。之后，王晶创作了风格截然不同的另一个剧本，并力邀新艺城"一哥"同时也是香港超一线男星周润发主演，其他主要演员还包括永盛力捧的两位"60后"新生代明星——刘德华和张敏，资深戏骨吴孟达，以及因《倩女幽魂》走红的宝岛美女王祖贤，全片阵容可谓星光熠熠。

这部影片就是在圣诞档上映的《赌神》，它力压成龙的《奇迹》，以3629万港元的成绩拿下了当年的香港电影票房冠军，也是周润发在四年内拿下的第三个冠军。这部以搞笑为基调的电影将几场赌局表现得如同动作片中的生死较量一般紧张惊险，而周润发则将高进一角起初的自信儒雅、失忆后的呆萌弱智、大结局时的快意恩仇表现得游刃有余、收放自如。

在次年的第9届香港电影金像奖评选中，周润发凭借高进一角顺利入围最佳男主角，却输给了自己饰演的另一个角色——《阿郎的故事》中的赛车手阿郎。

在《赌神》被提名的奖项中，除周润发摘获影帝之外，其他奖项全部落空了，而王晶导演的另一部电影，口碑与票房都不错的《至尊无上》，只获得了最佳新演员的提名。一直标榜公平公正的金像奖似乎对王晶存在很大偏见。都说"一笔写不出两个王字"，王家卫拿金像奖就如同在自家冰箱里拿啤酒，而王晶想得个提名比追求"香港小姐"还难。如果说金像奖对商业片有偏见，同样是商业大片，吴宇森的《喋血双雄》却获得了包括最佳电影在内的多项提名，吴宇森本人更是拿下了最佳导演奖。

类似的偏见似乎也落在了周星驰身上。同样是喜剧演员，许冠文、麦嘉拿奖拿得轻松自在，而周星驰在其表演的黄金时期却没有得过一个小金人。当然相比王晶，他心里应该觉得更平衡一些，毕竟他获得了五个影帝提名。

《赌神》爆火之后，一些嗅觉敏锐的香港电影人自然会适当地紧跟市场潮流。比如，思远影业的老板吴思远也准备投资一部类似的赌片。

吴思远的公司规模并不大，但他在香港电影圈很有影响力，正是因为他慧眼识英雄，起用袁和平执导《蛇形刁手》《醉拳》，才奠定了成龙功夫喜剧的基业，也让袁和平袁八爷成为"天下第一"武指；由思远影业出品的《蝶变》《地狱无门》，则是徐克的成名之作。由此可见，相比罗维，吴思远特别懂得人尽其才。有这样的大佬存在，无疑也是香港电影人的福气。

据说，当时吴思远心目中的男一号人选并非周星驰，而是人气小生梁朝伟，可惜伟仔当时的档期不允许。彼时，周星驰主演的《一本漫画闯天涯》《咖喱辣椒》都取得了1500万以上的票房，TVB大剧《他来自江湖》中他的表现也很出彩，而《流氓差婆》中，他饰演的存在感有限的"男一号"小贤，虽然只有几场戏，却让导演刘镇伟印象深刻。正是因为刘镇伟的力荐，周星驰才得到了这个改变他一生命运的机会。

不过，思远影业虽说因此次合作大赚了一笔，却没有持续开发周星驰的能力，所以后来只能眼睁睁地看他为别的公司大赚特赚。当然，这也是可以理解的，毕竟把公司做大极其艰难，其中利益关系盘根错节，而像邹文怀和向华强那样的"大佬"却是万里挑一。

当时，思远影业联系了李修贤的万能公司，与周星驰签下了拍摄合约。同时，凭借吴思远的人脉，公司不仅向永盛借来了他们的头牌花旦张敏和戏骨吴孟达,还得到了可以使用《赌神》部分片段的授权。

此时的张敏已不再是《最佳女婿》中青涩的丫头片子了,出落得特别性感出挑。此后,张敏和周星驰虽没有在现实生活中成为情侣,也没有传过绯闻,却成了大银幕上的"模范情侣"。两人合作的电影多达十几部,而且其中大部分影片的水准都不俗。

可以说,张敏把自己最姣好的容颜、最妩媚的身段、最靓丽的青春都奉献给了周星驰的喜剧电影,并为其增添了别样魅力。

1990年8月18日,暑期档已经接近尾声,《赌圣》却选择在这样一个很有彩头的日子开画。当时暂列年度冠军的是林子祥、郑裕玲和张曼玉主演的新春档爱情喜剧《三人新世界》——因为成龙大哥没有参与,这一档期的电影票房都略显萎靡。暑期档的领跑者则是已经下映的《倩女幽魂2:人间道》,票房收报2078万,由张国荣、王祖贤和张学友主演。相比之下,《赌圣》中主要演员的咖位要低好几个级别,但香港影史上最不可思议的奇迹上演了。这部事先并不怎么被看好的影片,票房却在上映之后一路走高。六天后,许冠文主演的《新半斤八两》开画,但根本不是《赌圣》的对手。

《赌圣》先是超过了《三人新世界》成为年度第一,接着超过了自己致敬的《赌神》成为赌片第一,随后超过《八星报喜》(3709万票房),改写了香港影史的票房纪录。再后来,更不可思议的事情发生了——这样一部"B级片",票房居然突破了4000万大关。这个在大多数制片人眼中的天文数字,居然被一家小公司实现了,而这部影片的男一号,居然还是当年才开始有机会演男主角的周星驰。

《赌圣》破纪录的步子依然没有停息,甚至每天都在制造新的惊喜。《赌圣》上映33天,最终收报4133万票房,是周润发的《吉星拱照》票房的两倍多。

《新半斤八两》则取得了2635万票房,最终名列当年香港电影票房榜年度第 3 名。在今天的我们看来，这场新老"喜剧之王"的正面较量及其结果正好标志着一个新时代的开端。

那么，该年的年度亚军又是哪部影片呢？这个我们后面会讲到。

《赌圣》的主角左颂星（周星驰饰），不是香港本地人，而是一个来自内地的"土味"青年，他来港投奔三叔阿达（吴孟达饰）。好赌又贪心的三叔发现侄子有超能力之后，一心想让他靠赌博赚钱，结果却给自己惹来了大麻烦。

在与黑社会的一次冲突中，左颂星无意中结识了女神绮梦（张敏饰），并被迷得分不清东西南北，记不住亲爹亲妈。可是，绮梦背景复杂，并非普通少女。

为了在世界赌王大赛中争取到"赌王"的头衔和奖金，香港黑社会老大洪爷（秦沛饰）和台湾帮帮会头目陈松（刘镇伟饰）都试图拉拢阿星，而绮梦的安危取决于阿星的能耐和决定。

这是一部融合了喜剧、功夫、黑帮、爱情和赌博等元素的商业片，在刘镇伟[①]的精心安排下，剧情推进张弛有度，悬念设置精准合理，笑点密集且紧扣剧情，令观众的观影快感贯彻始终。知名武指元奎设置的几场动作大戏也是场面火爆、进程惊险，不但将招招见血的肉搏与子弹横飞的枪战合理搭配，更让娇滴滴的绮梦也能打得英姿飒爽。

影片最巧妙的设定，自然是阿星的内地身份与特异功能，而这些也无意中暗合了香港市民的潜意识，拨动着他们的心弦。1990 年 4 月 4 日，《中华人民共和国香港特别行政区基本法》正式颁布，香港回归中国已成定局。周星驰的"笨龙过江"，加上他已经逐渐成熟且个性鲜明的表演方式牢牢抓住了观众的心。

---

① 编剧时用的笔名是技安。

周星驰的无厘头式表演，在《赌圣》中也有了进一步的发挥。

影片开始，穿着土气的左颂星先是给投币汽水机里塞人民币，然后又被警察"忽悠"，对着机器叫大哥、借汽水；看别人开门时说"我爱你"，他便照猫画虎，其结果当然是笑话百出。

随后，机缘巧合之下，在一场半夜斗殴中，左颂星认识了女神绮梦。绮梦离开时，脖子上的丝巾随风飘落到了他的脸上，从此他就犯上了"花痴"，放下了矜持，当起了情圣，恨不能一天二十四小时和她腻在一起。

乍一看，这是两个身份地位悬殊、志趣喜好迥异的人，何况那时女神旁边还有个又帅又能打又体贴的护花使者。左颂星的独特之处在于其特异功能之强大是世间任何人（除了他姐）都不具备的。对绮梦的爱，成了他施展赌术的唯一动力源泉，只要她在身边，他就可以无所不能，大杀四方；只要没了她的消息，他就变得垂头丧气，功力尽失。

在影片高潮部分，左颂星因为特异功能已经消失，在赌桌上一筹莫展之时，在雄浑有力的背景音乐下，一袭长裙的绮梦悄然现身，艳压全场，美得不可方物。左颂星看到她，一下子来了精神，瞬间告别了苦闷，恢复了功力，使得赌局发生了"惊天大逆转"，其所作所为实在是为"真爱无所不能"做了最好注脚。

当然，作为一部以赌为名的电影，本片的赌局安排相比王晶的《赌神》逊色不少，男主角特异功能的发挥也没有《赌侠》全面，这显然与剧本出台比较仓促，没有仔细打磨有关。

不过，剧情上的短板被周星驰用精湛的演技弥补了，甚至使影片产生了别样的效果。从此之后，星仔成了"星爷"。

"星爷"原本只是个调侃的称呼。想想那时，在香港演艺圈一言九鼎的成龙，也只是被称呼为"大哥""龙叔"，周润发只是被称呼为"发哥"，刘德华和梁朝伟则被称为"华仔"和"伟仔"，周星驰能被媒体称呼为"星仔"，就已经说明他被认可了。"星爷"这个称呼源于《赌圣》。

第五章　逆袭　087

在影片中，吴君如饰演的萍姐知道左颂星有特异功能，就觍着脸来求他发功来帮自己。一开始，萍姐叫他"星哥"，看他没有回应，就直接叫上了"星爷"。随着《赌圣》的热映，周星驰"星爷"的称号便逐渐家喻户晓、深入人心了。在《豪门夜宴》中，连谭咏麟、张国荣这样的天王巨星也大方地称呼他为"星爷"。

很多人都说有人的地方就会有钩心斗角，何况香港影坛本就是论资排辈的地方，但就连成龙、洪金宝等演艺圈大佬也照样叫周星驰"星爷"。在香港电影中，那些既坏又蠢的黑帮老大通常被称为"××爷"，类似的名号落在小青年周星驰身上似乎并不合适，还容易招人骂，但人生苦短，百年不过须臾，何必对一个名号太较真？

在张敏与周星驰合作的全部影片中，《赌圣》的影响最大。后来，无数影迷热情地称呼她为"绮梦"，如同他们称呼朱茵"紫霞仙子"，叫莫文蔚"火鸡"，叫蓝洁瑛"春三十娘"，叫张柏芝"柳飘飘"一样。

绮梦，就是绮丽的梦、多彩的梦、不真实的梦。刘镇伟给女主角起这样的名字，似乎预示着影片中的穷小子跟女神的感情注定只是一场美梦。

五年之后，李力持干脆拍了一部《追女仔95之绮梦》。女主角当然还是张敏，不过男主角换成了颜值稍微逊色于周星驰的刘青云。

《赌圣》中张敏的造型俨然模仿《龙在天涯》中的利智，但戏份要比后者多出不少。相比《最佳女婿》时青涩的造型，此时的张敏不仅美艳大气，演技也大为长进了。与吴君如相比，她和周星驰演情侣当然更吸引观众眼球。

《赌圣》之后，周星驰身价狂涨、片约不断，更重要的是，他得到了一位"大佬"的赏识，两人此后还成了"最佳拍档"。

这位"大佬"是谁呢？

五　最佳拍档显神威，《赌侠》制霸圣诞档

《赌圣》并非百分百原创，更多的是对《赌神》的跟风和戏仿，但导演和编剧玩出了新意。

平心而论，如果没有王晶的创意、周润发的发挥，就没有《赌神》的火爆；没有《赌神》的成功，就没有刘镇伟《赌圣》的出炉；没有《赌圣》的一炮而红，周星驰想要成为一线明星，就不知道还要等多长时间。如果他在小角色或烂片中磋磨到三十四五岁，那时的他真的还能坚持当演员的梦想吗？而那时候实现梦想的机会还能剩下多少？或者说，还能有多大可能实现梦想？

因此，我们似乎可以小心翼翼地推论，没有那时的王晶，就没有后来的"喜剧之王"周星驰。

纵观整个香港电影史，王晶是一个绝对绕不开的名字。

今天的王晶依然是中国最为活跃的导演之一，但他已经成名许久。

和很多人比起来，王晶的起点要高很多。他的父亲王天林也是一名导演，而且在香港影视圈很有地位，曾担任83版《射雕英雄传》的总导演和监制。过去三十年，王晶的作品总票房在香港导演中高居第一。他与王家卫，似乎代表着香港电影的两极。

王晶一人集导演、编剧、制片人和演员于一身，是香港全能电影人的优秀代表。他只比周星驰大七岁，不到26岁就独立执导了《千王斗千霸》，并且凭借该片在1981年取得了香港电影票房榜年度第9名的成绩。

加入永盛之后，王晶深受公司创始人向氏兄弟的信任，更是如鱼得水，成为无可争议的首席导演。后来，他自己也组建了好几家电影公司。

在人们的印象中，王晶拍电影就等于赚钱。事实上，其作品的艺术水准与思想深度长时间被人们忽视。他的《至尊无上》《金钱帝国》等影片都有资格得到金像奖最佳影片和导演的提名。

但是，王晶也有自己的无奈。观众买票进场，其实并不大关心导演是谁，反而更在意主演是谁。所以说，离开了周润发、周星驰、李连杰和刘德华等，他往往也玩不转。这真应了那句"巧妇难为无米之炊"。

1989年的圣诞档，《赌神》以3629万的成绩拿下香港电影票房榜年度冠军，这是王晶和永盛的第一个冠军。他当然想趁热打铁，再做续集，但周润发因为与金公主的合约无法抽出身来，王晶没有办法，只能找刘德华拍《赌侠》。

《赌圣》的火爆程度虽然令人意外，但永盛和王晶很快就有了新的应对招数。

1990年4月，王晶团队拍出了《至尊无上》的喜剧版《至尊计状元才》，由谭咏麟和刘德华继续担任主演，但只取得了1908万的票房。显然，这个IP已经没有多大吸引力了。当时刘德华单人的票房号召力怎么看都让人觉得无法乐观，暑期档的《摩登如来神掌》甚至输给了《师兄撞鬼》。

永盛高层果断拍板，从李修贤手中买下周星驰的大量片约，于是向氏兄弟成了这位"新人王"事实上的老板。

周星驰在永盛的处女作，正是王晶导演的《赌侠》。

1990年深秋，创造了香港电影无数辉煌的邵氏片场，《赌侠》正在紧锣密鼓地拍摄中，其目的就是为了和《赌神》一样，在圣诞档书写新的票房纪录。

赌侠陈小刀的角色由刘德华饰演，他当然是本片的第一主角，但王晶身为导演，特别喜欢在拍摄过程中随时调整剧本，他将这部影片原本由陈小刀一人独大的主线，调整为香港电影常见的双雄模式，给了饰演男二号的周星驰更多的发挥空间，甚至大有与男一号平起平坐的势头。

八年前，在刘德华的成名作《猎鹰》中，周星驰跑过一回龙套，出演刘德华的警察同事；八年之后，刘德华和周星驰均已不再拍电视剧，前者当上了永盛"一哥"，后者成为香港电影票房纪录的缔造者。套用一句烂俗的话：我努力了八年，才有资格和你一起拍电影。

在王晶的指导下，两大巨星虽然是首次合作，但表现出了相当不错的默契。尽管刘德华是永盛"一哥"，周星驰毫无人脉，但前者对后者相当尊重，完全无意排挤打压。

刘周二人可能算不上朋友，却将这种"君子之交"维持了一生。很多唯恐天下不乱之人希望看到永盛内部的"龙争虎斗"，甚至期待这家展露出与嘉禾分庭抗礼之势的影坛新锐企业，从此走上新艺城式的解体之路，但他们失望了。

12月13日，《赌侠》正式登陆香港各大影院，其英文片名是 *God of Gamblers* II。也就是说，它是《赌神》的正牌续集，只是周润发没有参演而已。

在当时的圣诞档，票房最好的居然是一部文艺片《滚滚红尘》。《赌侠》一出，让各路竞争对手知趣地退避三舍，不愿与之正面交锋。两天之后，有一部剧情片，可能是仗着老板敢砸钱，参演的明星多，居然上映了，结果当然是成了被《赌侠》碾压的炮灰。

《赌侠》中的故事线同时延续了《赌神》和《赌圣》的剧情。一方面，自赌神高进退出江湖后，由与他共患难的徒弟陈小刀（刘德华饰）继承事业。刀仔凭精湛赌术换来了"赌侠"的头衔，并继续得到龙五（向华强饰）的辅助；另一方面，赢得世界赌王大赛却失去梦中情人绮梦的阿星（周星驰饰），深知自己只是靠特异功能取胜的，实际赌术不精，所以一心想得到陈小刀的引见，以拜到赌神门下。阿星和三叔（吴孟达饰）一起去找刀仔，可因对方不愿收留，双方经常互展计谋，斗来斗去。

在《赌侠》中，香港赌王陈金城被高进击败后自食恶果，锒铛入狱。该片中陈金城的义子侯赛因（单立文饰）为替义父报仇，刺杀刀仔未遂，就在赌船上打着赌神的旗号设下赌局，想要以此诈骗他人钱财，败坏赌神名誉。同时，他还设下圈套，让长相与阿星痴迷的绮梦酷似的梦萝（张敏饰）去陷害阿星，并从内地找来了特异功能高手大军助阵。

为了赌神的名誉，刀仔和阿星在山穷水尽之际携手作战，以一枚硬币闯游轮，各自施展绝活，向侯赛因及其助手发起了挑战。

影片虽以《赌侠》为名，最重要的故事线却是从阿星试图上门拜师开始，以他的特异功能如何失而复得为最重要的悬念，以他和特异功能高手大军的对决为最大看点。刀仔能在赌场上最终胜出，靠的主要是阿星的特异功能。就爱情线来说，阿星与梦萝这一条也要强过刀仔与龙九（陈法蓉饰）那一条。

相比《赌圣》，《赌侠》的剧本更加扎实，剧情走向更加跌宕，对于阿星特异功能的表现也更为全面——千里眼、障眼法、催眠术都被巧妙地融入剧情之中。

周星驰在本片中的表演也可圈可点，如片中的阿星对着摄影机吃面；"失恋"时提着水壶唱歌；与女神亲热时手撕床单；因特异功能中招时，抱着胖妹大腿唱"笑傲江湖"；跟对手干架时，拎着两个马桶塞当双节棍等镜头，都成为周星驰无厘头式表演的高光时刻。

平心而论，刘德华在影片中的发挥也非常精彩，坐在赌场上处乱不惊，打起架来既帅又狠，发起骚来也没怕过谁。"刘天王没演技"的传言，本身就是一个笑话。演员都是争强好胜的，也是需要好的搭档互相激励的，所谓"遇强则强"。在《赌侠》中，正是最好的周星驰与最强的刘德华相遇，两人共同让该片成为影史经典。

从《赌侠》开始，周星驰有了自己的御用配音。

在台湾市场的成绩，对港片的发展同样有着至关重要的意义。台湾人爱看香港电影，但不喜欢直接听粤语，港片如果想在台湾上映，必须配普通话版，有些还会把故事背景改成台湾，以提升观众的亲切感。

为了让阿星古灵精怪的形象更深入人心，王晶慧眼识英雄，让在《赌神》中给小角色乌鸦（陈小刀好友）配音的石班瑜来给这位赌圣配音。

石班瑜的声音尖细夸张，透着一股浓浓的荒诞戏谑的味道，与周星驰本人偏沉稳内敛的声音其实完全不相同。此前，石老师只能通过配一些小人物，比如太监，来发挥他的优势，虽然他也很想配主角，但总是没人愿意找他。男人的声音尖，其实也不算缺点。全球知名歌星迈克尔·杰克逊的声音也不够粗犷，但那种独特的音色成了他的专属特色。石班瑜可能配不了正剧中的主角，但放在喜剧片里，他的声音反而能成为加分因素。更何况，专业配音对抑扬顿挫的讲究是比周星驰自己还要厉害的。

有人说，石班瑜用自己的声音魅力为周星驰的喜剧增添了喜感并扩大了其无厘头的夸张度，如果没有石班瑜，周星驰在香港之外的粉丝会流失一大堆。当然也有人说，石班瑜"自作聪明"式的加戏，是对周星驰喜剧风格的误解，很容易使观众对角色气质产生误解。星爷诠释的人物本来没那么贱兮兮的，可因为石班瑜的配音衬托，贱得有点出格。

这是个见仁见智的问题，没有标准答案。不管怎么说，两人能合作14年，说明周星驰对石班瑜老师肯定是高度认可的。

《赌侠》在1990年12月13日上映后，直到次年2月2日才正式下线。上映时间之所以长达52天，恐怕也是片方憋着劲想超越《赌圣》的缘故吧。《赌侠》的票房最后定格在了4034万。毫无疑问，这个数字创造了香港圣诞档的新纪录。

有些遗憾的是，虽然冲破了4000万大关，但《赌侠》终究没能超过《赌圣》。刘德华加周星驰两个人的阵容，居然输给了周星驰一人主演的电影，如此一来，也让刘天王的第一个港片年度冠军晚到了很多年。

平心而论，如果没有周星驰的火线加盟及其特殊魅力，仅靠刘德华一个人单扛，《赌侠》的票房能不能破 3000 万甚至 2000 万，都是未知数。毕竟周星驰给电影增添了太多亮点，而在 1990 年，能破 3000 万大关的港片只有两部赌片。在此之前，离开了周润发和谭咏麟的刘德华，其电影想破 1000 万票房都不太容易。

好莱坞电影《人鬼情未了》比《赌侠》晚一周开画，口碑大爆，无疑分走了后者的一些票房。它的最终成绩定格在 3463 万票房，是第一部突破 3000 万的外国电影。

所以说，大概率会发生的一件事情是：如果没有周星驰，1990 年的香港电影票房冠军会被外国电影获得。周星驰以自己的努力将这一进程推迟了好几年。

在这一年里，除了 1 月和 11 月，周星驰每个月都有新片上映。除了 10 月上映、票房最差的《江湖最后一个大佬》，其他都可以归为喜剧片。

这一年，在香港中文电影前二十名中，周星驰主演的作品占据七部。在香港影史上，一位影星主演的作品在当年前二十中占据七部以上的情况共有三次，第一次是 1987 年的周润发，第二次是 1990 年的周星驰，还有一次呢？我们后面会讲到。

这一年，香港电影票房榜前十名中，只有两部外语片，即《人鬼情未了》和《漂亮女人》，而在港片中，周星驰主演的两部赌片票房均破 4000 万，此外再无一部过 3000 万的。这两部作品也是当时香港影史仅有的票房在 4000 万以上的片子。

许氏三兄弟的《新半斤八两》2635 万票房，周润发的《吉星拱照》2029 万票房，两者之和才略高于《赌圣》。

过去三年里，周润发拍了 25 部电影，涵盖动作片、奇幻片、黑帮片、爱情片和文艺片等各种类型。在1990年，也许是因为他真的累了，全年只拍了一部电影，在1991年的新春档上映。

十年前就拿过年度冠军的成龙大哥，这一年居然没有任何新片上映。他的缺席也确实给了周星驰脱颖而出的机会，正如四年前，他的缺位成全了周润发。

历史总有许多惊人的巧合。

1986年，成龙同样没有新片上映，而周润发凭借3465万的《英雄本色》，一举洗刷"票房毒药"的污名，拿下年度第一并打破香港影史纪录，随后他在四年内三夺票房冠军，势头超过了成龙，两人并为超一线的"一成一周"。

四年后，成龙再次零出品，周润发只有一部，两位超一线明星的"打盹儿"，给了周星驰一飞冲天、一鸣惊人、一举成名的机会。

从1991年开始，香港的超一线就变成了"一成双周"，即成龙、周润发和周星驰。1995年之后，因为周润发退出香港影坛，又成了"一成一周"，其中"一周"是指周星驰。至于刘德华、梁朝伟、李连杰和甄子丹等，还没达到"一成一周"的高度。

也许有人说，在成龙大哥没有新片的一年，即使周星驰夺冠，恐怕也不会令人信服。这种质疑之声也不能说完全没有道理，但如果能做到大幅刷新香港电影票房的历史纪录，还能说周星驰名不副实吗？

在《少林足球》中，周星驰借五师兄一角之口说："做人要没有梦想，跟咸鱼有什么区别？"某种意义上来说，说出来会让人嘲笑的梦想，更值得不顾一切地为之努力。

在周星驰的潜意识中，拿下年度冠军的梦想，成为"喜剧之王"的梦想，比肩"成周"二人的梦想，可能早已经萌生，不然，他不会在表演上倾注这么多心血，不会"自作聪明"地干涉影片拍摄；不然，在业余时间，他也不会继续认真看片、看书，钻研表演技巧；不然，有了那么好那么贴心的女朋友后，他不会不向人家求婚。那段感情也许是他一生中最遗憾的事情。

在他最好的年华中，为了全力追逐最重要的梦想，他也许错过了很多美好的人、事。

转眼就是新的一年，"成周"两位巨星的影片都要上映了。作为后辈，他的功底和成绩到底如何呢？

第六章 挑战

一　新春档大战何惨烈，《整蛊专家》落下风

1991年的香港新春档至今依然是无数影迷的美好回忆。

告别香港影坛一年之久的成龙大哥，带着他在非洲拍摄的大制作《飞鹰计划》回归；周润发联手张国荣和钟楚红，奉上了集浪漫爱情与动作喜剧于一体的《纵横四海》。

2月2日，就在《赌侠》下映的同一天，永盛的新年重磅影片《整蛊专家》隆重推出，与同天开画的《纵横四海》正面对抗。五天之后，成龙大哥的影片也加入了竞争中。

从1991年到1994年的四年中，"一成双周"有三次直接过招。成龙讲究慢工出细活，一年只参与制作一两部精良大片，所以新春档是他的首选。

从1991年到1999年，连续九年，成龙与周星驰都会在春节前的新春档正面对决，堪称春晚级别的较量。

虽然在1991年之前，周星驰还是个连担任电影主演的机会都没有的普通演员。

《整蛊专家》的男主角为周星驰和刘德华，女主角是关之琳和邱淑贞，配角有吴孟达、李子雄等，导演依然是王晶。

这是在不到两个月的时间里，周刘二人的第二次携手。在两人第一次合作的影片《赌侠》中，周星驰只是男二号，但他塑造出的角色抢了主角不少风头。这一次，周星驰当上了男一号，他在片中的角色正是"整蛊专家"，该角色也是根据他的气质和表演风格量身打造的。其实，就连这个片名也是

周星驰自己想出来的。毕竟,《黑白僵尸》他可没有白拍,其中的整蛊巧思也是一种经验积累。

刘德华确实是个素质极高的演员,能跟他合作是周星驰的幸运。贵为永盛"一哥"的华仔并没有因《赌侠》中周星驰的"抢风头"而计较,他坦然接受了双男主角的设定,与周星驰在影片中出演了一对好兄弟。

值得强调的是,这是大美女关之琳唯一一次出现在周星驰参与的电影中,虽然在该片中他们二人并没有对手戏。片中和周星驰组搭档的是王晶力捧的邱淑贞。参加过"香港小姐"、相貌不俗的邱淑贞,能演活各类角色,而且有一种古灵精怪的气质,跟周星驰很搭,所以他们后来也有过不少合作。

两部赌片大卖之后,王晶和周星驰都清醒地认识到:赌博的套路就那些,翻来覆去地拍总会坐吃山空,要拍赌片就必须在题材和表演方式上有所突破。可是,当时火爆的港台电影市场根本不可能留给他们太多潜心打造精品的时间,而且投资人那边也不好得罪。

《赌侠》大卖期间,台湾片商希望刘德华和周星驰再拍一部电影,且必须赶在春节档上映。迫不得已,永盛和王晶只能硬着头皮,用一个月时间完成了影片构思、剧本写作、成片拍摄与后期制作等所有事项,并将新片选在《赌侠》下映当天开画。今天的观众不明白其背后故事和工作流程,上来就对《整蛊专家》挑错,虽属正常反应,但也确实有点鸡蛋里挑骨头的味道,忽略和否定了剧组当初的辛苦和不易。从另一个角度看,能在短短一个月的时间内克服各种困难和意外,拍出这种质量的影片,足以说明整个团队是多么高效和专业。如果给王晶他们半年时间,也许《整蛊专家》能成为不亚于《纵横四海》的经典作品,可惜没有如果,市场是由资本决定的。

"整蛊",可以理解为整人、搞恶作剧的意思。在《整蛊专家》中,周星驰出演的男一号古晶是一个手段高超、行为古怪、令人防不胜防的"整蛊专家"。在那个没有网络和自媒体的时代,古晶在香港小有名气,并自封"整蛊界第一高手"，所以收费当然很高昂。

影片开篇，古晶戏弄老伙计大傻的场面把其出神入化的整蛊功力表现得淋漓尽致，也成功吊起了观众的胃口。开个门能差点掉下楼去，喝个水能拉肚子，上个厕所能被压扁，坐个马桶能被弹到商场里让路人免费参观……这种花式整蛊令观众对古晶的"本领"既好奇又害怕。

随后，影片画风一转，又回到王晶《精装追女仔》的节奏。刚刚升职公司副经理的车文杰（刘德华饰）被为他庆祝的同事Banana（邱淑贞饰）等人整蛊，然后一不小心与隐藏身份的老板千金程乐儿（关之琳饰）坠入爱河。

接着，古晶受人聘请，改名车文晶，假扮车文杰的父亲车亲仁（吴孟达饰）一夜风流后的私生子。在进入车家及车文杰就职的公司之后，古晶各种操作猛如虎，搞得车文杰的生活鸡飞狗跳、事故不断，还和Banana各种不对付。

原来，聘请古晶作弄车文杰的幕后黑手正是乐儿的追求者金默基（李子雄饰）。他得知乐儿对车文杰有好感之后，专门找人来破坏车文杰的事业与爱情，企图让车文杰一无所有。就在金默基即将得手，要跟女神订婚之际，全片最大的反转开始了。

《整蛊专家》是新春档大片，怎么可能让反派得逞或以悲剧收场，所以一定是真相大白于天下、坏人逃脱不了审判、有情人终成眷属的美满结局。

《整蛊专家》的剧情节奏快、笑点密集，各种鬼马招数层出不穷，既展现了编导王晶不俗的想象力，也给了男一号周星驰很大的发挥空间。不过，相比周星驰之后那些独立执导的电影，本片格调比较低劣，有沦为闹剧片的迹象。

在影片中，王晶似乎害怕冷落了刘德华，给他安排的基本上都是浪漫帅气的戏份，即便出丑也是点到为止，而扮演"整蛊专家"的周星驰却可以说毫无形象可言，不断整蛊别人，也不断被人整。

影片中，单单闯入女厕所的无聊戏码，古晶就来了两次，沙漠超（王晶饰）居然还拿这个下注。Banana 也被忽悠进过男厕，引来一群男士的集体戏谑。至于古晶装艾滋病人折腾 Banana，夜总会中无故敲别人脑袋导致被群殴，电影院里用"淫贱不能移"整蛊车文杰，使"两大天王"在戏里上演一出"世纪之吻"，都显得品位不高，流于恶俗。至于最后古晶与"整蛊之王"的对决，场面效果与《赌侠》相比，可谓相差甚远。

不过，周星驰最后反串出演的古晶的妈妈曼玉，倒是让人印象非常深刻，感觉与男主角古晶完全不像一个人演的。

《整蛊专家》3 月 7 日下线，票房定格在 3139 万。在它前一天收官的《纵横四海》收报 3340 万票房，而《飞鹰计划》一直上映到 3 月 22 日，最终拿下 3905 万票房。"一成双周"的首次直接对阵，周星驰的成绩即使落在最后也毫不意外。相比那两部制作精良的大片，仓促出活的《整蛊专家》能有这样的成绩其实并不算输。

另外，这部影片绝对称不上烂片，非但没有影响王晶、周星驰和刘德华的口碑，反而让他们片约更多、事业更红。

很快，周星驰又有了新片上映。

二　功夫台球巧嫁接，《龙的传人》致敬偶像

关于龙的传说历史悠久，龙是中华民族的象征，中国人是"龙的传人"。侯德健先生创作的那首经典老歌《龙的传人》一经出世便风靡全中国，感动过每一个黄皮肤、黑眼睛的中国人。

对周星驰来说，"龙的传人"四字还有着另一层内涵，那就是成为李小龙的传人。他从小就苦练武术，一门心思想成为李小龙式的功夫明星，然而造化弄人，他"东边不亮西边亮"，成了喜剧明星。

所谓喜剧明星，意味着他在银幕上痛哭流涕，或者遭遇悲惨事件时，观众会乐不可支。这种寂寞与无奈，又有几人能明白呢？

因此，在1991年上半年，周星驰一气儿接拍了两部品质不算太高的电影，只因它们能帮助他实现一点小心思，同时也算是对他之前的伯乐的回报吧。

3月7日，刘镇伟的新片《赌霸》（又名《赌圣延续篇：赌霸》）上映，该片起用了《赌圣》中除周星驰和张敏之外的原班人马，并请来郑裕玲和梅艳芳两大影后，拍出了一部大女主赌片。

梅艳芳在影片中扮演的是左颂星的姐姐左颂梅，同样来自内地，同样土得冒泡，同样有强大的特异功能，同样喜欢对异性流口水。在她的帮助下，自封赌霸、实为老千的鱼市赌霸有喜（郑裕玲饰）奇迹般地在赌王大赛上胜出。

在特异功能的展现上，《赌霸》明显比《赌圣》更到位，它以1558万票房排名香港电影票房榜年度第18名，正好排在周星驰的《情圣》后面，成绩

可以说相当不错了。

就在《赌霸》上映的同一天，周星驰主演的《龙的传人》也正式登陆各大影院。影片的监制和挂名导演是万能公司老板李修贤，但真正负责拍摄的是执行导演李力持。

《龙的传人》的故事背景在繁荣时尚的香港市中心与风景优美的大澳之间来回切换。大澳是个渔村，虽号称"香港的威尼斯"，但经济落后于市区几十年，在20世纪90年代的香港人眼中，大澳是穷和土的代名词。

周飞鸿（元华饰）在大屿山大澳村经营武馆，他为人正直但非常守旧，与调皮捣蛋的儿子周小龙（周星驰饰）冲突不断。周小龙从小在武馆长大，但并不喜欢习武，反而最喜欢打台球。很明显，这两个角色的名字取自"黄飞鸿"和"李小龙"。

周小龙和师妹毛毛（毛舜筠饰）青梅竹马，但两人似乎谁也不愿先戳破那层爱情的"窗户纸"，原因可能是毛毛嫌小龙不够成熟，或者小龙嫌毛毛不够性感。这对情侣的互动有些类似《盖世豪侠》中的段飞与李珠，是一对欢喜冤家。

平静的乡村生活因周飞鸿的师弟，也就是小龙的师叔毛仁（梁家仁饰）的到来而打断。当毛仁发现师侄精湛的台球技能之后，想利用他去赌球赚钱，于是提出要带他去香港发展。黑社会头目龙哥（龙方饰）请来了世界冠军吉米·怀特（吉米·怀特饰），击败小龙并设计夺走了周家祖田，搞得周家父子流落街头。山穷水尽之际，小龙在毛毛的帮助和鼓励下再次向强大的对手发起挑战。

在周星驰主演的几十部电影中，《龙的传人》虽然口碑不高，但也不妨碍有人喜欢和欣赏它。影片剧情虽然老套但比较完整，虽然笑点不够精妙但效果不差，功夫与台球的结合运用也为周星驰日后拓展题材提供了积极的思路。

今天，我们一遍又一遍地欣赏《食神》《少林足球》和《国产凌凌漆》等作品，却忽视了《龙的传人》。请一定别忘了，这是周星驰与李力持大银幕十年合作的开始，也标志着周星驰已经逐步形成了自己的电影风格，开始打造独一无二的周氏喜剧。

在影片中，李修贤式的硬汉风格已经几乎看不到了，取而代之的是越来越鲜明的无厘头搞怪设计。开篇西方记者过来拍摄时，周小龙与毛毛正在比武，师妹毛毛远远地摆了个造型，师兄周小龙就夸张地做各种中招动作，还把观礼台搞塌了。

片中一到十二点就睡的设计也是一绝，同样贡献了不少笑点。小龙可以睡得像头死猪，哪怕被枪指着头、被别人狂揍一顿也醒不来，而且还会继续以各种姿势打呼噜。可到了时间，他就马上醒来，像李小龙一样生猛，如果要打架，还会边打边维护自己的靓仔形象，同时不忘摸摸鼻子和尖叫。

在最后的大决战中，当周小龙被逼到山穷水尽之时，居然在现场做起了体操。

至于无厘头台词，在影片中也是随处可见：

周小龙（神情激昂）：师叔，这是我第一次来香港。我一定会好好把握住这次机会，大展拳脚，努力开创一番事业，以免辜负爹这么多年来对我的养育之恩。

师叔：你有什么计划吗？

周小龙（神态严肃）：有。首先，我要在香港码头吃一串鱼丸，然后再喝一杯冰水。隔壁阿强教我了一首诗，他说在香港会背，就能换一个汉堡包吃……

师叔只能摇头，无言以对。相信如果此时换成他爹周飞鸿与他对话的话，一定会一个大嘴巴抽过去。

同样是从乡下进城的"土包子"设定,周星驰在《望夫成龙》中的台词一点都不夸张。而在这部影片中,周小龙被人追杀时,嘴里喊的居然是:"糟糕糟糕,我的头发一定会变得乱七八糟……"

这种不着四六的台词如果换个演员来讲,可能会显得极为尴尬,但周星驰完成得相当放松,甚至称得上收放自如。

影片的武术指导是《赌圣》中与周星驰合作过的元奎,他的动作设计集凌厉和飘逸于一体,偏偏与周星驰这种搞怪风格还能兼容。时装片的打斗一般比较写实,不会有太夸张、太玄幻的场面,但从《龙的传人》开始,周星驰的电影中的动作场面便偏漫画风格:一拳打出去,不但能把人打飞,还能飞到半空中梳个头、刷个牙什么的。

台球是标准的绅士运动,讲究优雅得体,本片中打台球的周小龙却是个不折不扣的土包子,这种反差设定本身就有着浓重的无厘头味道。另一方面,它或许也是在告诉观众:台球的门槛没有那么高。不管你出身如何,只要你有运动天赋,有坚持努力永不认输的气概,有爱人的鼓励相助,再加上些许运气,就能在大都市创造奇迹。

周小龙的前期造型确实土到爆,可当他穿上红马甲,站到球桌前时,又确实帅得不行。他与吉米·怀特的两次大战更是比大部分功夫片里终极对决时的拳打脚踢还要精彩。

周小龙最后使出的"剁杆"绝招多年来也一直为粉丝所模仿。一向没正形的他,拿起球杆的那一刻却无比专注,动作更是极其潇洒,威力当然更是大得吓人。不过,周小龙的这一招如果放到现实中恐怕要被判负的。

中国台球界的"九球天后"潘晓婷,正是在小时候看了《龙的传人》才在父母的鼓励下走上职业台球手之路的。潘晓婷向媒体透露过她的秘密:"在我训练比赛任务特别繁重、压力特别大，负面情绪没有地方去缓解的时候，我就喜欢看星爷的所有电影，因为比较无厘头，然后又比较搞笑，比较轻松，说实话给我的比赛减压不少。"

都说普通青年看成龙，文艺青年看王家卫，剩下的才看周星驰喜剧。这一次，潘晓婷让大家伙儿明白了，原来喜欢周星驰电影的人无处不在。

在《功夫》中，元华诠释的包租公"杨过"特别传神，这个角色也可以被称为他的银幕经典。元华与周星驰的合作，正是始于这部《龙的传人》。

影片拍摄时，元华其实只有38岁，却在其中演了周星驰的爹。元华的长相自带沧桑感，30岁时看起来就有点显老，可真到60多岁了，看着反而比同龄人年轻精神。他不光身手了得，还自带谐星气质，且越是一本正经，越令观众觉得好笑。

《龙的传人》中没有周星驰的黄金搭档吴孟达，但42岁的梁家仁在一定程度上发挥了吴的作用。这位昔日的TVB一线明星，从此成了周氏喜剧中的知名"绿叶"。

在《他来自江湖》中，周星驰饰演的何鑫淼一度喜欢毛舜筠扮演的黛玉，但黛玉最终还是成了明天的未婚妻。在《龙的传人》中，周星驰终于与她演上了情侣，不过影片中周小龙和毛毛表达感情的方式是互相殴打，且打得越重显得越关心对方。毛舜筠把一个乡下姑娘的质朴果敢、对爱专一表现得非常到位，与周星驰的对手戏也是笑点满满。

毛毛虽然大部分时间都像个不够妩媚的"假小子"，但被小龙抓手和亲吻之后的反应活脱脱就是一个手足无措的娇羞小女孩，当然也还是带些故意让人捧腹大笑的夸张。毫无疑问，周星驰与毛舜筠的搭档默契满满，一点也不逊色于跟张敏演的情侣。

此时的香港演艺圈阳盛阴衰，外形出众的女星一般都很在乎形象，不太放得开，而吴君如和梅小惠这样的"谐星"演技虽好，相貌却差一点，所以像毛舜筠这样既漂亮又会演，能在"假小子"和俏佳人之间自由切换的演员非常难得。

从1992年到1994年，毛舜筠连续三年主演了黄百鸣的春节档贺岁大片，在最好的年龄，把最美丽的形象、最精湛的表演留在了香港电影史上。她与周星驰在1991年合作的《龙的传人》《情圣》也得到了无数观众的喜欢与欣赏。

相比为了新春档仓促赶工、低俗元素过多的《整蛊专家》，《龙的传人》剧情走向更加合理，起承转合更加讲究，爱情戏份更加感人，功夫与台球的融合相当精妙，也没有加入王晶的那些"恶趣味"。但是，由于演员阵容、发行公司和档期上的劣势，它的关注度并不高。

这部影片只公映了21天就下档，最终票房2376万，名列当年香港电影票房榜年度第12名，而这显然不能令投资方满意，在观众中的口碑也不是特别好。在三十年后的今天，我想，我们似乎可以小心翼翼地说，在1991年周星驰主演的六部作品中，《龙的传人》是被大大低估的一部，它值得我们一看再看。

那么，除了上述的《整蛊专家》和《龙的传人》之外，其他四部影片是哪些呢？

三　有《新精武门1991》的"失败"，才有《功夫》的成功

《龙的传人》正在热映时，3月23日，又一部周星驰"致敬李小龙"的电影上映了。

这就是《新精武门1991》。

1972年3月22日，李小龙主演的《精武门》以443万的成绩刷新当时香港票房纪录。他饰演的"陈真"这一虚构角色，从此几乎比真实存在的霍元甲名气更大。影片中，他飞脚踢碎书写"华人与狗不得入内"的木牌和逼日本翻译吃"东亚病夫"字幅的镜头，成为电影史上永远的经典。

《新精武门1991》由刘镇伟担任编剧和监制。本片讲的并非陈真大战日本武士，而是右臂拥有神力的内地青年刘晶（周星驰饰）为报师仇，在擂台上打败凶手、赢得冠军的故事。

在影片开头，刘晶因为右臂天生拥有神力，所以觉得自己虽然没有正式学过功夫，但靠这条胳膊在香港混口饭吃应该不会太困难。刘晶到香港后与朋友失联，只好暂住在没有正业、不打不相识的潇洒（钟镇涛饰）家。之后二人想参加自由搏击大赛，就拜在了霍家拳馆馆主霍环（元奎饰）门下，因此认识并火速爱上了师父的千金霍敏（张敏饰）。

质朴善良的刘晶赢得了霍敏的垂青，让功夫出色且一直喜欢霍敏的大师兄郑威（尹扬明饰）十分不满，对两人百般刁难，寻隙报复。最终，霍环如同霍元甲一般倒在了擂台上，刘晶也像陈真一样大打出手，为师报仇。

《新精武门1991》汇集了《赌圣》团队的大部分人马，故事套路也与后者大同小异，都是内地青年爱上香港女神（都是张敏出演），都是男主角拼命想证明自己，为了争取跟女主角在一起而努力，最终在大赛中打败强敌，抱得美人归。这种桥段看起来很励志，但难免落入俗套。

另外，本片中还有很多细节与《赌圣》有关。开篇"致敬"了《赌圣》中投币饮料机的一幕，不过《赌圣》中阿星用的是特异功能，该片中刘晶直接用右手把机器给端起来了。

随后，与《赌圣》中一样，男主角同样是在一场群架之中巧遇美艳绝伦的女主角，并对其一见钟情，很快沦陷，而女主角都给傻小子丢下了"定情信物"，只是绮梦留下的是一块丝巾，霍敏则丢下了一条毛巾；女主角身边都有一个金牌打手（都由尹扬明扮演），远比男主角高大帅气、功夫好，但奇怪的是，女主角偏偏火速爱上了土气的男主角。

吴孟达虽没有参演本片，但钟镇涛那个插科打诨的角色其实就是《赌圣》中帅气一点的三叔。都说和优秀的人在一起，自己也会变得更加优秀，由此推论，跟鬼马的人一起演戏，自己也会变得特别搞怪。一向以深情款款的熟男形象示人的钟镇涛，在《新精武门1991》中也算是豁出去了。

影片的动作导演依然是元奎，他还出演了男主角刘晶的师父，所以本片的武打场面自然不差，可惜套路化过于明显。最大的亮点在于结尾的擂台决斗场面。这段对决时间超过了十分钟，几乎与真实的三回合拳赛时间一样。

在此之前，刘晶因郑威诬陷，被逐出师门，结果不得不与师父在擂台上过招，令其受伤。

在比赛即将开始时，刘晶获悉师父遇难，陷入了深深自责之中。面对郑威的凌厉攻势，他完全无心抵抗，想以任人宰割作为对自己的惩罚，结果被打得白色T恤都被鲜血染红了。好在他的心上人霍敏突然出现，告诉他真相，使他恍然大悟，剧情也由此开始了大逆转。

当时，已经被揍得只剩半条命的刘晶骤然恢复功力，而且因为天生拥有神力，把郑威打得满天乱飞，场面惨不忍睹。影片就此在高潮中结束，为快意恩仇做了一段完美注脚。这不就是《赌圣》那一套嘛：阿星见不到绮梦就没了特异功能，任由对手嚣张，直到绮梦再次出现，他才满血复活；刘晶在没见到霍敏之前，也是一副备受打击、没了神力、任人宰割的样子，直到霍敏出现并告知他真相，他才如梦初醒，大杀四方。

在最后的反击过程中，周星驰采用的基本上都是传统武侠片的演法，这证明他如果不是故意搞笑的话，也能和偶像李小龙一样打得过瘾，打得好看，打得热血。

《新精武门1991》于4月17日下映，获得2425万票房，以微弱优势排在林岭东《监狱风云2：逃犯》之后，位列当年香港电影票房榜年度第11名。这个成绩显然不算失败。

《新精武门1991》是周星驰主演的首部主打功夫戏的影片，只不过因为他的加盟，该片融入了大量喜剧元素。在一定程度上，正是因为这部电影不够成功，才催生了周星驰拍摄《功夫》的坚定决心。

只有提到李小龙，才能让他兴奋得像个孩子。什么叫偶像的力量？这就是吧。

四 穿上校服不违和，《逃学威龙》火遍东南亚

1991年4月21日，备受关注的第10届香港电影金像奖颁奖典礼在香港文化中心大剧院举行。

因为主演《赌圣》，生平第一次，周星驰拿到了最佳男演员的提名，得以同香港影坛中那些最有实力的明星比肩。金像奖虽有十余个奖项，但只有影帝是媒体最为关注的，毕竟那时香港影坛"阳盛阴衰"，几乎是男星支撑起来的。除了周星驰，获得提名的还有张国荣、张学友、许冠文和梁家辉，这四人都是顶尖的实力明星，首次入围的周星驰自己也觉得希望不大。

最终，张国荣凭借《阿飞正传》中的出色表演胜出，赢得了他人生中第一个也是唯一的一个金像影帝奖杯。

在前一年的圣诞档，晚《赌侠》两天开画的，正是这部投资号称4000万港元的《阿飞正传》，结果仅上映13天就被迫下线，最后收报975万票房，可以说是赔了个底朝天。

不过，在这次的金像奖提名中，《赌侠》毫无悬念地全军覆没，《阿飞正传》却入围九项提名。

颁奖当天，在全香港媒体的关注下，《阿飞正传》剧组的主创人员一次又一次地走上领奖台，一遍又一遍地发表获奖感言。最终，它赢得了包括最佳电影、最佳导演和最佳男主角在内的五项大奖，成为当届金像奖的最大赢家。

影之杰制作有限公司的老板邓光荣，砸出去4000万港元，就换来了这么些奖杯。

32岁的王家卫在此之前从来没得过奖,他凭借执导的第二部电影就在香港电影最繁荣的时期站上了笑傲群雄的至高位置。从某种意义上说,1990年香港影坛的最大奇迹并不是周星驰,而是王家卫。

20世纪整个90年代,以及此后三十年,香港电影一直有两个极端。周星驰主演和导演的作品,总是能愉快地取得满意的票房成绩,但从来得不到金像奖的青睐,最多得个提名,而王家卫的电影基本是好评如潮、票房惨败。

周星驰大概不会想到自己以后在金像奖上还有能与王家卫正面较量的机会,甚至还有机会获胜。

当然此时的他并不急着羡慕别人,努力做好自己的工作才是最重要的。接下来的新片对他来讲特别重要。

7月18日,正是林岭东的《监狱风云2:逃犯》下映的第二天。这天,带着香港百万观众的热烈期盼,带着永盛高层的强烈期待,由王晶监制、陈嘉上导演、周星驰和张敏主演的校园题材喜剧《逃学威龙》强势杀入暑期档,一直放映到9月10日。

在《逃学威龙》的大势之下,嘉禾的年度巨制《黄飞鸿》明智地选择了8月15日开画,避免与它正面竞争。

在《逃学威龙》中,香港皇家警察、飞虎队队长周星星(周星驰饰)被局长(黄炳耀饰)派往贵族学校"爱丁堡中学"当卧底,以寻找一支丢失的配枪。警队的另一名卧底曹达华(吴孟达饰)则扮成校工从旁协助。

周星星百般无奈地接受了任务,颇有怀才不遇的失落感。起先他在学校状况百出,相当狼狈,直到遇见女神级别的辅导老师何敏(张敏饰)才有了改变,并逐渐适应了学校生活,得到了众多学生的拥戴。在获悉黑社会老大大飞(张耀扬饰)与失枪案件有关时,周星星实施了一系列行动,并努力赢得了何敏的芳心。

对周星驰来说,《逃学威龙》是他真正具有里程碑意义的作品。之前,在《整蛊专家》中，王晶将古晶设计得既下流又猥琐，让他几次闯进女厕所、带着一身泥浆去参加别人的生日派对。这一次，陈嘉上在《逃学威龙》中却把周星驰拍得像谭咏麟和刘德华一样帅气，并且也没有限制他发挥自己独特的喜剧表演风格。周星驰自己在一定程度上也改变了靠夸张表情和肢体语言博取笑点的小丑式表演，表现得冷静克制，注重配合剧情来逗笑观众，用更细腻的表演来赢得观众共鸣。

这一年，周星驰已经将近29岁，比普通高中生大了至少十岁，但因为长着一张娃娃脸，他在片中穿高中校服并不违和，还显得格外精神。其实，据知情者透露，导演在拍《逃学威龙》前原本希望李克勤来演男主角。当时，这位"情歌小王子"刚刚23岁，正是青春无敌的时候，但李克勤觉得自己不适合，于是很明智地推掉了这个角色，这才成就了周星驰的永恒经典。

《逃学威龙》无意走烧脑路线，悬念设置相当简单，动作戏也是点到为止，完全不像《新精武门1991》那样血腥。

因为丢了一把枪，警司便安排飞虎队队长去学校当卧底，这个动机设置相当无厘头。而且，警方并未向学校透露周星星卧底的事情，所以学校里的所有人都被蒙在鼓里。

于是，格格不入的周星星在学校上演了一出出闹剧。片中还有不少戏份是对《学校风云》的戏仿。如上地理课时，被女老师狂丢板擦；上化学课时，被健忘的老师炸成"包公"；每天以各种姿势被罚站，还偏偏在最狼狈的时候看见心爱的女人从自己面前路过。每一次惩处都像一把重锤狠狠地砸在他的头上，每一道警示都如一把利刃直直地戳进他的心口。

为了考试过关，大哥大、传呼机和电子手表都被周星星当成了作弊工具，警局工作人员还群策群力地帮他想答案，真是又夸张又好笑。另一个卧底曹达华也是用心良苦，用苹果（apple）代表选项A、香蕉（banana）代表选项B、模型小车（car）代表选项C，至于选项D，就只好牺牲自己的形象，以模仿狗狗（dog）的声音暗示。

历史考试时，周星星居然拿出语文书来找答案，简直刷新了人类作弊史的纪录，让其他作弊者不屑与他为伍。他和黄小龟（黄一山饰）在相互抄袭时如骑马奔驰一般折腾的画面简直嚣张得过了头。

在展示出自己的功夫后，他无意中发现学校成立了"星星帮"，自己则成了那些人拥戴的小头目，颇有点《搏击俱乐部》似的荒诞。

导演陈嘉上和监制王晶，多少受到了林岭东的《学校风云》的影响，但全片氛围更和谐，也没有走血腥路线。值得强调的是，《学校风云》中的大反派同样由张耀扬出演，同样嚣张得六亲不认。

其实，该影片也可以看成是一部爱情片，甚至可以说有一种文艺气质。在最出丑、最无助、最绝望的时候，周星星突然遇到了自己的"天使"，生活猛然有了动力，生命陡然有了意义。这样一部喜剧片，居然也能让我们感受到真爱的温馨与甜蜜。

周星星其人，沉着稳健中透出一丝狡黠，大方得体中又显露一点好色，是一个很有魅力的男人。周星驰也以此片证明了，刘德华和梁朝伟能演的角色，其实他也一样能演好，还能演出不一样的味道。

另外，周星星与何敏的确挺登对的。有了何老师的辅导，周星星的功课越来越好，上讲台解题抬手就来，进步可谓巨大。这大概就是爱情的力量。

为了与何老师套近乎，周星星处处表现自己，声明自己既不抽烟也没有交女友。在何敏发现了他的真实身份后，为了让她不再生气，他借用了达叔的传呼机向她表白：

如果不是你，我的地理就不会拿到八十几；
如果不是你，那班小子不会对我死心塌地。
你教我人生目标，应该为人不是为钱，

> 那我就告诉你，
> 我的目标，就是你。
> 对不起，因为我以前骗过你；
> 对不起，因为我将会追求你。

片中这段表白虽然老套却非常管用。原来，借助淘汰的设备说情话还可以产生这么打动人心的温馨效果。如今传呼机已经彻底被淘汰，这样的浪漫永远无法复制，但将一直作为电影史上的经典存在。

《逃学威龙》并没有邀请顶级武指来设计动作场面，几场打斗戏也是点到为止、干脆利落，没有过多的扮酷套路，但无论是在天台上教训涉黑学生，还是在住宅外单挑一群滋事流氓，还是驾车单刀赴会解救曹达华，周星驰都表现出了自己扎实的武术功底。

作为高潮部分的迷宫决战也被设计得相当巧妙，既惊险刺激，又有趣搞笑。黄炳耀饰演的局长出场帮着解决反派时，"笑果"强劲，但最终彻底拿下反派、解决问题的，当然还是周星星。他使用的方法别具一格，而且关键时刻是在学校卧底当学生的经验帮了忙，这也巧妙地呼应了电影主题。影片的最后，周星星得偿所愿，获得美人心，可谓是圆满大结局。

9月10日，《逃学威龙》以4383万的惊人票房完美收官，将《赌圣》刚创造的香港影史纪录又大幅提高。

让人刮目相看的是，《赌圣》毕竟是蹭《赌神》热度的跟风片，《逃学威龙》却是百分百原创。更有意义的是，周星驰在片中饰演的是香港皇家警察、飞虎队精英，但拍出了与成龙的《警察故事》风格完全不同的故事，这证明了周星驰其实可以胜任多种角色，也能通过展现其帅气干练、浪漫深情、有担当的一面打动观众。从这一点上来说，他确实应该好好感谢陈嘉上导演为影片付出的巨大心血。

当然，王晶代表永盛公司担任监制，也为影片做出了一定的贡献。后来，王晶又参与拍摄了《逃学英雄传》《逃学外传》《超级学校霸王》等作品，男一号均为据说有望成为周星驰接班人的张卫健。

在票房大爆的同时，《逃学威龙》还收获了第 11 届香港电影金像奖的四项提名：最佳编剧、最佳导演、最佳男主角和最佳男配角。

《赌圣》的成功让原本三四线的周星驰一下子跻身一线，而《逃学威龙》大爆之后，他在香港影视圈的地位，已经不再仅仅是一线明星那么简单。他这个"60 后"，从此得以与"50 后"的两大巨星成龙、周润发比肩并称"一成双周"。

三十年之后，我们盘点香港电影史，发现现在依然和当年一样，"一成双周"依旧站在香港影坛金字塔的塔尖，依然是最耀眼的明星。

虽说《逃学威龙》火得不像话，但周星驰并没有沾沾自喜，也没有满足于现状，当然更没有趁机向女友罗慧娟求婚。很快，他就收获了新的荣光。

五　致敬《秦俑》，穿越到上海滩当赌圣

8月22日，正当《逃学威龙》在暑期档大杀四方时，周星驰的另一部电影《赌侠2：上海滩赌圣》（又名《赌侠Ⅱ之上海滩赌圣》，以下简称《上海滩赌圣》）开始上映。

我们都知道，香港电影之所以硕果累累，是因为早期来自上海的电影人发挥了重要的奠基作用。在很多香港导演心目中，"上海"不是简单的两个字，不仅仅是一个地名，而是一个文化符号。张婉婷、许鞍华、徐克和王家卫等大导演无不有着严重的"上海情结"。在20世纪六七十年代香港经济还不发达的时候，香港普通市民向往上海的眼神，就像20世纪90年代的内地普通人看香港时流露出的羡慕。

1980年，TVB大剧《上海滩》在香港掀起收视高潮。主演周润发、吕良伟和赵雅芝都成了家喻户晓的大明星。周星驰当时应该也看过这部剧，可那时的他大概不会想到，十一年后他会主演一部穿越电影，还请到当年的偶像吕良伟当配角。

其实，早在20世纪80年代末、90年代初，香港已经有过穿越片的尝试。1989年8月，嘉禾推出了元彪、元华、张曼玉主演的《急冻奇侠》，讲明朝锦衣卫穿越到当代香港的故事；1990年7月，永盛的《摩登如来神掌》由刘德华、王祖贤主演，是当代傻小子和元朝公主谈恋爱学功夫的故事，但这两部影片都反响平平。

关于这一题材，最有影响力的是一部比较特别的电影：制作班底全是香港人，但在内地拍摄，主演也全部来自内地。这部电影于1990年4月12

日在香港上映后，以 2099 万票房排名当年香港电影票房榜年度第 5 名，可以说相当成功。次年 4 月，在第 10 届香港电影金像奖上，这部影片入围了包括最佳电影、最佳女主角在内的八个奖项，虽说最后只获得了最佳配乐一项，但也算相当成功了。

这部影片的女一号自然也出席了颁奖典礼，见到了获得影帝提名的周星驰。很快，他们二人就有了合作。

这位女星，就是后来大名鼎鼎的巩俐，她主演的穿越片正是《秦俑》。在内地放映时，片名被改成了《古今大战秦俑情》。

《秦俑》由程小东执导，巩俐、张艺谋和于荣光等主演，讲述了蒙天放与韩冬儿跨越秦朝、民国（20 世纪 30 年代）及 20 世纪 70 年代的绝世恋情，可谓"三生三世"，虐恋到底。巩俐在影片中分别饰演清纯痴情的秦朝姑娘韩冬儿、艳俗势利却不失善良的民国三线女星朱莉莉，以及去秦始皇兵马俑博物馆参观的日本女孩。她的表演很有层次感，对角色的拿捏相当到位，也许正因如此，永盛后来为了打入内地市场，特意邀请巩俐出演《上海滩赌圣》。

《上海滩赌圣》的导演依然是王晶，不过刘德华这次没有参演，这是周星驰参演的第三部由王晶执导的电影。

这一次，王晶没有像之前一样让周星驰演不停犯贱出丑的角色，而是给了他一些扮靓耍帅的机会。

周星驰小时候的偶像吕良伟此次给周星驰当配角。这一年也是吕良伟的丰收之年，之前一直是电视咖的他，主演的《跛豪》连映 60 天，拿下了 3870 万票房。王晶也真是厉害，能把这位迎来事业"第二春"且正大红大紫的明星请来。

《上海滩赌圣》虽然承接的是《赌侠》的剧情，但真正的赌侠刘德华没有出来，周星驰是绝对主角。周星驰扮演的周星祖（以下简称阿星），从 1991

年的香港回到了 1937 年的上海,与巩俐分饰的两个角色玩起了"双重"三角恋。

在邮轮大战之后,不甘失败的大军(程东饰)集结五大高手前来复仇。经过一场大战,阿星无意中来到了许文强被杀第二天的上海,巧遇祖父周大福(吴孟达饰),并结识了黑帮老大丁力(吕良伟饰)。

阿星穿越后第一眼就看到了一个女孩,并且很快爱上了她。阿星错将她认成市长千金、丁力未婚妻如仙(巩俐饰),结果搞得自己爱而不得非常痛苦。事实上,那个女孩是如仙的妹妹,智商只有 5 岁的如梦(巩俐饰)。

日本特工川岛芳子意欲控制上海,一心排挤丁力,还请来法国赌神和大军助战。在阿星行将放弃时,局面却发生了戏剧性逆转,同时,阿星的爱情也遇到了天大的阻力。

与之前偏向闹剧的《整蛊专家》不同,王晶试图给影片注入一些悲剧色彩,以使爱情段落更能打动人,但因为时间关系,剧本打磨仓促,细节做得也不是很到位,另外,周星驰与巩俐之间的默契可能也没有培养好。为了强行制造催泪效果,影片中 20 世纪 30 年代的如梦无法随阿星一起来到 20 世纪 90 年代,只能老死,影片的开头却有把明朝太监带到现代的桥段。另一个大问题是,喜欢阿星的如梦被设计成智商只有 5 岁,这使得男女主角无法真正产生默契和依恋,无法达成真正的刻骨铭心,因而使这段感情看起来像过家家。因此,从总体效果来说,这部影片在剧情方面远不如《秦俑》。

本片的背景音乐倒是值得称道。方季惟清澈哀怨的歌声,为本片增添了不少魅力。如今,她的名字可能已经被大众遗忘,但她那首代表着台湾流行音乐不俗水准的《怨苍天变了心》已成为永远的经典。

同样是赌片,《上海滩赌圣》的赌戏设置远不如《赌神》《至尊无上》和《赌侠》精妙,全场也只有两场赌局,一场是阿星和大军比色子,另一场是和法国赌神决战。相比《赌侠》邮轮决战时的千变万化,这部续集差得不是一星半点,可见王晶对这一类型的影片已经有点"黔驴技穷"了。

就动作设计来说,本片还是相当出彩的。开局是阿星大战五大高手,双方用特异功能对决,互不相让,电光石火,喜剧效果也非常强劲。阿星战胜对手后的感慨"何必要逼我出手呢?何必呢?何必呢?"也成了金句。后面的隔山打牛为许文强报仇,在墓地大战黄金贵一伙人,在监狱外肉搏姿五六郎(周比利饰),一边打电话向1991年的人请教、一边打1937年的日本人,都堪称一绝。

观众看得最为过瘾的莫过于龙五率领1991年的香港飞虎队,带着各种现代化武器回到1937年的上海,打得只有三八枪的日本鬼子鬼哭狼嚎、四处乱跑。王晶确实敢想也敢拍,在1991年,"九一八事变"六十周年之际,这种设定确实能够激发电影观众的爱国情绪。

9月24日,《上海滩赌圣》以3136万的票房成绩收官,排在《整蛊专家》之后,位列当年香港电影票房榜年度第6名。在当年七部票房3000万以上的作品中,周星驰一人独占其三,刘德华有两部(《整蛊专家》是周刘二人共同的作品),成龙、周润发、吕良伟各一部。这也是香港影史上第一次有影星在一年内拿下三部票房都在3000万以上的影片。

不过,千万不要以为这就是周星驰的巅峰,属于他的辉煌还在后面呢。

六　出演《情圣》，群戏照样能出彩

周星驰一心想成为李小龙那样的功夫巨星，并不想成为第二个许冠文，但人世间很多事情并不会按照人们的想法来。

他想在正剧中担任男一号，可那些大导演最多只让他演小混混；他想像李小龙一样靠打戏大放异彩，可根本就没有这样的机会。

周星驰在TVB当儿童节目主持人时曾跑到新艺城报名当演员，当时，制片人完全不欣赏他，只是例行公事一样让他填表。之后，当然是石沉大海，再无音讯。

在周星驰火箭一般蹿红之时，新艺城却因为股权纠纷走到了尽头。不过，在新艺城行将解体之前，周星驰主演了一部新艺城与万能合拍的电影。

这部作品虽然最终票房不高，在周星驰的演艺生涯中却有着不低的地位。

1991年10月10日，《情圣》正式登陆香港各大影院。这个档期显然选得不好，因为永盛大片——由刘德华、郭富城主演的《五亿探长雷洛传2：父子情仇》也在当天开画。当时，9月19日开画的《五亿探长雷洛传：雷老虎》市场反应很好，让刘德华不仅有了第一部单扛的3000万票房的作品，甚至压倒了李连杰的古装经典影片《黄飞鸿》，排名当年香港电影票房榜第7名，所以永盛高层趁热打铁，像放电视连续剧一样放续集电影。《五亿探长雷洛传2：父子情仇》携前作余威，以及"两大天王"的人气，拿下了2314万票房，让刘德华罕见地战胜了同档期的周星驰。

《情圣》的片名与内容有些不符，它和周星驰之后的很多经典影片不同，基本上没有什么爱情元素，而是讲一群江湖骗子彼此骗来骗去的故事。严格来讲，这不是一部高格调的喜剧片。20世纪七八十年代的嘉禾与新艺城拍了一大堆这种颇有点闹剧感的影片，大部分早就被人遗忘了，但《情圣》这么一部烂片气质爆棚的电影，不但不难看，还成了豆瓣高分电影。可以说，主演周星驰在其中的发挥起了至关重要的作用。

这是一个关于"骗中骗"的故事。游手好闲的小骗子程胜（周星驰饰）装瞎行骗，结果遇到了同行女骗子叶圆（毛舜筠饰）。叶圆想从程胜这里捞一把未果，却被追债的贵利王（张耀扬饰）的大哥（元华饰）欺负。程胜一时看不过眼，出手相救，结果也陷入了麻烦。

在贵利王的授意下，老江湖周润发（午马饰）带着旧情人萍姐（恬妞饰）和歌厅小姐Apple（叶子楣饰）一同潜入某个出国的富豪家，准备冒充住户，敲诈来港探亲的阔少Jack。没想到，这个Jack正是来此偷窥的程胜顺水推舟冒充的，他还想反过来敲诈对方。一场阴差阳错、鸡飞狗跳的"骗中骗"，就在这个富户之家展开了。

在《情圣》中，周星驰得以与新艺城"大佬"麦嘉合作，饰演一对骗子师徒，似乎暗合"青出于蓝而胜于蓝"的意思。

在《他来自江湖》中与周星驰合作过的两位女演员恬妞与毛舜筠，也在此片中再度与周星驰会师。毛舜筠一改《龙的传人》中的温婉可人，变成了一个智商不高的女骗子。别人是装傻充愣，她是傻得可爱，还觉得自己骗术过关。

让人有些唏嘘的是，明明才33岁的恬妞，在影片中演的居然是周星驰的阿姨辈，和她对戏的则是49岁的午马。要知道，此时恬妞和万梓良还没有结婚呢。由此看来，香港影坛对女演员真是不太公平，她们的辉煌期实在过于短暂。无论动作片、警匪片还是喜剧片，几乎都由男明星挑大梁，女星更多只能起到陪衬作用，留给她们展现演技的空间真的有限。

同是涉及"骗术"的电影，个人感觉《情圣》不输《整蛊专家》，影片的节奏控制与伏笔铺垫都相当用心，片中也很少有王晶最喜欢用的同性恋和屎尿屁等噱头。更难能可贵的是，周星驰作为实际掌控全局的明星，不光自己出彩，还特别注意分配戏份，让所有人都有高光时刻。这种意识，贯穿了他演艺生涯的始终。

在影片中，程胜一早看到 Apple 在游泳，马上来了精神。他边脱衣服边猛跑，边在楼梯上翻滚边刷牙刮胡子；一个猛子扎向门口，结果脸撞上了玻璃；在游泳池潜水还掏出梳子梳头……这些都成了无厘头的经典动作。

程胜装瞎上了叶圆的车。叶圆为了骗他的钱，愣说自己撞了人，又是扮老太太"卖惨"，又是扮差婆抖威风，甚至还扮成狗要咬人。在这段戏份中，毛舜筠是主演，而周星驰则是配合。

贵利王在门后拿着一把刀说："这把刀，是三岛由纪夫切腹用的。"然后在他举刀做出切腹动作时，门猛地被推开，刀深深插入体内，亲大哥跑过来安慰他："老大，是谁杀你？"镜头一闪，原来贵利王只划破了衣服。这些画面又凶险又好笑。

影片中的那段偷拍戏简直太有创意了。

程胜想骗 Apple 上床，让叶圆躲在房间里偷拍，巧合的是，周润发让 Apple 勾引程胜，他亲自躲在房间里偷拍。

结果，每一边都只拍到了一个人的正脸，还都试图用照片敲诈对方。

众人合伙忽悠贵利王的剧情更是构思巧妙、逻辑严密，同时笑点满满、惊喜连连。最终众人不仅拿到了巨额款项，还狠狠戏弄了那对活宝弟兄，让贵利王从此生活不能自理。这种恶有恶报的结局，绝对是大快人心。

《情圣》票房仅收 1655 万，位列当年香港电影票房榜第 17 名，是周星驰这一年成绩最差的一部，但他实现了与多位明星同台飙戏的心愿，也开始全面掌控一部电影的拍摄节奏与戏份搭配。不久，周星驰就获得了新艺城前老板黄百鸣的认可，为自己赢下了一份大合约。

在这年的圣诞档，周星驰没有新片上映。

从这一年起，他主演的电影没有一部跌出香港电影票房榜年度前二十。这样的成绩，除了一年只出一两部大制作的成龙，只有他做到了。

这年票房最高的三部影片，全都出自永盛旗下。大公司的电影，制作精良，卡司强大，宣发给力，确实不是普通公司出的影片能比的。不过，也是因为周星驰的加盟，永盛才能成为和嘉禾不相上下的香港头部电影公司。这无疑是双赢。

1991年，周星驰成功卫冕了香港电影票房榜年度冠军，让"一成双周"的名号正式确立。名利双收之后的他，似乎还和以前一样，喜欢简单的生活，不喜欢应酬；喜欢读书看电影，而不是放纵自己。

在今天的我们看来，不到30岁的周星驰，居然在最应该折腾的年纪过上了淡泊的生活，似乎有些不可思议。其实，他不是不折腾，只是折腾的心思不在现实生活中，而在摄影机前。也许是拍戏把精力都消耗得差不多了，他在现实生活中反而没有了折腾的欲望。

这样的生活方式到底好不好？人生并没有标准答案，只要遵从内心，不做伤天害理的事情，怎样选择都是自己的自由。

对于演员来说，人脉资源的拓展当然是极其重要的，但对不少人来说，即使花费许多精力到处交友，得到的结果还是一鼻子灰。

如果实力是1，人脉是0，那么你有1时，人脉能帮助你变成10，而如果你没有1，0永远只能是0。

1991年夏天，中国华东地区发生了罕见的水灾，香港与内地血脉相连，为了筹集善款，香港娱乐圈几乎动员了所有一二线明星，拍了一部质量不高却诚意满满的喜剧片《豪门夜宴》，这部电影于 11 月 30 日开画，上映 32 天。

群星荟萃的《豪门夜宴》中，周星驰出演"星爷"，相当于本色演出。当时，香港另外三位最火的电影明星是成龙、周润发、刘德华，人称成龙大哥、发哥和华仔。四人中周星驰年纪最小、资历最浅，但他的外号不是星仔而是星爷。这说明香港娱乐圈当时的竞争氛围良好，且大家都很有娱乐精神，对论资排辈的事情不太计较。在电影里，黄百鸣大喊大叫地开玩笑："我们是阿星，那我们的爷爷，不就是'星爷'嘛！"丝毫不觉得不悦或者吃亏。

在片中，曾小智（曾志伟饰）请求星爷救自己的老婆咪咪（郑裕玲饰）时，伴随着骤然紧张的配乐，星爷做了个《赌圣》中搓牌发功的动作。曾小智在看呆了的同时不忘调侃："又是这种招式，可不可以变一变呢？"

星爷有点不好意思，满脸堆笑地说："你看厌了吗？……不过说起来，我自己也觉得有点腻了。"这大概也是周星驰自己的真实心态，他确实渴望创新。

影片的最后一场戏是曾家在大排档招待街坊。周星驰和许冠文两代笑星在片中坐在同一桌吃饭，而且还不小心同时夹起了一只鸡头。两人争执片刻，星爷将鸡头让给了老许，算是尊敬长辈。这一镜头，似乎也在宣示：香港"喜剧之王"的桂冠，从此顺利移交，由新人继承了。

那么，年轻的周星驰，能否担得起这个重担呢？

第七章　神话

一 《家有喜事》联手张国荣，创造合家欢喜剧巅峰

1992 年，是中国农历壬申年，也是传统的猴年。

恐怕没有多少人想到，香港电影史上的这一年会变成"周星驰年"，特别是当他出师不利的时候。更没有人能想到，此后每隔十二年，他就会携新作品爆发一次，令人不得不刮目相看。

这一年的 6 月 22 日，周星驰将迎来 30 岁生日。古人说三十而立，对他来讲，在生活成本居高不下的香港，"而立"虽然没有问题，但要做自己真正喜欢做的事情，主控自己的作品，并不容易，因为他没有自己独立的工作室或企业，而开公司需要大笔资金，更需要抗风险的能力。

新年第一天（1992 年 1 月 1 日），周星驰的新片《漫画威龙》在香港各大影院上映了。

这是《新精武门 1991》的续集，周星驰在该片中继续出演刘晶。作为一部票房和口碑都不佳的作品，《漫画威龙》在今天可能已经没有多少人记得了，但这是周星驰唯一一次与萧芳芳的合作，也是将影片风格进一步向漫画式夸张转变的一次尝试。不过，这次尝试的效果并不是很好。归根结底，这是因为影片故事过于俗套，制造的笑点过于低级，有很多并不高明的、靠和同性恋话题打擦边球的方法制造的笑料。

《漫画威龙》当然也不是一无是处，周星驰后来的《破坏之王》明显受到本片影响。

周星驰的表演日趋收放自如，甚至可以令一部"烂片"变得好看起来，

这种能力是其他同龄明星不具备的。同时，他也愈发意识到优秀剧本的魅力，自己也开始尝试写剧本，更愿意与优秀的编剧合作。

刘镇伟和王晶的编剧功力当然非常高，不过随着年龄增长和俗事缠身，他们越来越找不到新创意。世界，终究是年轻人的。

不久之后，周星驰读到一个剧本，并对这个编剧大为欣赏。这位编剧就是谷德昭，著名导演高志森的徒弟。将周星驰与谷德昭联系起来的作品就是大名鼎鼎的新春档贺岁片《家有喜事》，出品方是黄百鸣的东方影业。

香港明星中有一个很特别的人，从未因过世多年而被人遗忘，他的影响力从未减弱，他的粉丝甚至还在逐年增长。他叫张国荣。

作为歌坛巨星，张国荣在20世纪80年代与林子祥、谭咏麟、梅艳芳并称"三王一后"，其受欢迎的程度并不比90年代的"四大天王"差多少。

在《家有喜事》中，张国荣与周星驰两人成功实现了首次合作，当然也是唯一一次合作。

在此之前，张国荣因为主演《英雄本色》和《倩女幽魂》等，已跻身一线电影明星之列，但拍完《纵横四海》之后，他就前往加拿大，准备享受"退休"生活。这么一来，他就错过了第10届香港电影金像奖颁奖典礼，而恰恰在这一届，他因为在《阿飞正传》中的表现，为自己赢得了人生中唯一一座影帝奖杯。巧合的是，当届影后郑裕玲也因事缺席。

2002年的第21届香港电影金像奖颁奖典礼，几乎成了周星驰的个人秀，而为他颁发最佳导演奖的，正是张国荣和张敏仪。不到一年之后，张国荣从文华东方酒店24楼一跃而下，将生命定格在了46岁。

在《家有喜事》这部电影里，周星驰和张国荣扮演了一对兄弟。在现实生活中，出生于贫民区的周星驰与富二代出身的张国荣，如果不是因为都成了演员，估计连相遇都很难。

该片出品人黄百鸣最初的打算是，影片中的大哥和大嫂分别请林子祥和郑裕玲出演，他自己演娘娘腔老二，吴君如演"男人婆"表姑妈，张国荣演老三花心情圣，但其后因为种种原因，林子祥放弃了拍摄，郑裕玲也不来了。

黄百鸣急中生智，立马想到了刚给新艺城拍了最后一部大作《情圣》的周星驰，于是第一时间联系了他。令他没想到的是，星仔此时已经变成了星爷，其出演片酬超出了他的预算。不过，考虑到周星驰的表演实力、巨大的市场号召力，加上这部影片档期紧迫，黄百鸣几乎没有任何犹豫，就以"天价"片酬拿下了周星驰。

当时，传闻说张国荣和天马的合约是300万港元一部，而黄百鸣开给周星驰的是800万港元。可以说，周星驰拍这部电影，比在永盛和万能拍十部电影赚的钱都多。如此一来，周星驰快速地完成了个人的原始资金积累，可以买豪宅、娶媳妇，甚至开公司了。

五年之后，黄百鸣再度邀请周星驰出演《97家有喜事》时，据说他的片酬升到了1500万元。因此说黄百鸣是周星驰的另一个贵人显然并不夸张。

1992年的春节是2月4日，这一天正好是立春。有了周星驰和张国荣，黄百鸣信心十足地选择了1月25日跟成龙的《双龙会》同天开画。许冠文和黎明主演的《神算》则提前一天上映，而周润发的台式喜剧《我爱扭纹柴》，选在了2月1日上映。四部大片出战新春档，作为送给香港观众的猴年礼物。

《家有喜事》就像四年前《八星报喜》的第二季，都是富贵之家的三兄弟追女人的故事。黄百鸣继续演老大，不过这次他不再是美食节目主持人，而是公司高管常满。他的老婆程大嫂（吴君如饰）持家有道但不懂打扮，被丈夫当作不用付薪水的女佣，还被嫌弃吝啬、不上道。常满心中对她早有不满，后来便出轨了。

老二常舒（张国荣饰）是个娘娘腔，举止做派比他大嫂更像女人，且对女人没兴趣，只对保养皮肤和维持身段有热情。他们家的表姑妈梁无双（毛舜筠饰）是个大大咧咧的"男人婆"，跟常舒各种不对付，两个"对立面"经常斗气又很快和好。

至于周星驰，此次倒像是完成了他在《情圣》中未能完成的任务，演了一个花花大少，电台主持人常欢。所谓"万花丛中过，片叶不沾身"，他主张博爱主义，整日周旋于众多女人之中。

一次，常欢无意中结识了有些高傲的何里玉（张曼玉饰），被激发起了好胜心。在"拿下"对方之后，常欢无奈地发现，何里玉是"表面上现代，骨子里保守"的活注脚，如橡皮糖一样难甩。后来，因为一次意外，常欢变成了失忆症患者。别人都对他避之不及，只有何里玉不离不弃，于是常欢明白了，只有何里玉对自己是真心的。此后，他收心养性，最终抱得美人归。

另一边，常舒和无双在同时失恋时，居然同时做同样的事情。程大嫂发现丈夫在外有情妇后，便离开家自食其力；常满在外养的情妇变正房后，把好好的家搞得乱七八糟；痛定思痛的常满，在一家人的白眼下，终于良心发现，想到了程大嫂的好；几经波折后，常满与程大嫂重归于好。

从剧情复杂性、笑点密集度和演员表现来说，《家有喜事》胜过《八星报喜》。年纪轻轻的编剧谷德昭，展现出了惊人的天分。《八星报喜》从表演上来说基本上全靠周润发支撑，张学友那条线过于平庸，黄百鸣的表现只是不失分而已，但在《家有喜事》中，周星驰和张曼玉、张国荣和毛舜筠这两对搭档对飙演技，让观众看得非常过瘾。

原本，和四年前的《八星报喜》一样，《家有喜事》最重要的故事线是落在演大哥的黄百鸣那里的，以他花心出轨，然后遭遇婚姻危机开始，又以他找回妻子、回归真心结束，事实上，周星驰和张国荣在影片中的作用要远大于他。

在所有女演员中，张曼玉的咖位无疑是最大的，所以与张曼玉演对手戏的周星驰被一些观众认为是男一号其实也说得过去。

张国荣演的娘娘腔老二，是《八星报喜》中周润发的人设，不过发哥当时的角色是集娘娘腔与花心大萝卜于一体的设定，而在《家有喜事》中，渣男情圣的身份留给了周星驰扮演的老三。这个角色并不好演，特别是对在现实生活中内向羞涩的周星驰来说更是一次很大的挑战。不过，喜欢挑战的周星驰，怎么可能容许自己输给别人呢？无论是说"巴黎铁塔反转""反转再反转""意不意外，开不开心"等台词，还是变痴呆后端着夜壶说"我爱你"，或者被塞进洗衣机，被挂在晾衣竿上呈"十字架"形，把头发弄成爆炸头、穿未来战士装挽回真爱，都为这部影片增添了别样光彩。他和影后张曼玉的互动默契十足，配合几部经典好莱坞影片的桥段与背景音乐，营造出的喜剧效果和浪漫气息，都是之后的爱情喜剧难以超越的。

作为一部新春档合家欢电影，《家有喜事》的结局当然是皆大欢喜。四对"新人"身着结婚礼服贺岁的场面非常温馨和应景，也让香港观众相当受用。

如果这一年，周星驰本人穿上婚服，身边站的不是银幕上的张曼玉，而是现实生活中的罗慧娟，那他的人生就会是另外一个样子了吧？好的爱情，一定是彼此成全；好的婚姻，一定让双方受益。可惜，一切都已经时过境迁。

因为观众喜欢，《家有喜事》一直放映到了3月6日才下映，收报4899万票房，大幅刷新了《逃学威龙》在前一年8月创造的香港电影单片纪录，并触到了5000万票房的天花板。这也是继《八星报喜》之后，新春档再次出现里程碑式的"神片"。

此次"一成双周"的对决，是周星驰赢得最轻松的一次。《双龙会》收报3322万票房，不及去年的《飞鹰计划》，排在了3647万票房的《我爱扭纹柴》和3640万票房的《神算》后面。当然周润发和许冠文，也都创造了各自电影票房榜的新高。

一个新春档,大幅刷新了香港影史纪录,同时出现了四部3000万以上票房的影片,是空前绝后的事情。这预示着香港电影到达了巅峰,盛极而衰,此后的香港电影便开始走向衰落了。不过,周星驰的演艺生涯还将继续书写辉煌。

二　《逃学威龙2》生不逢时，却促成一段情

1991年暑期档，《逃学威龙》横空出世，大幅改写了香港影史的若干个纪录。这部电影如此成功，有想法的人自然会想拍个续集。

按常理说，《逃学威龙2》的最佳档期肯定是1992年的暑期档，一来可以展现对首部的传承，二来暑期也是大学生、中学生观影的高峰，对票房大卖、续写辉煌很有帮助，但遗憾的是，因为投资商的要求，永盛在暑期档只能上映一部古装大制作。《逃学威龙2》作为一部破纪录影片的续集，没能得到合适的档期，实在是一件很无奈的事情。

4月9日，《逃学威龙2》低调上映。在此四天前，第11届香港电影金像奖奖项公布，拥有四项提名的《逃学威龙》一无所获。战胜周星驰赢得影帝的，是主演《双城故事》的曾志伟。

《逃学威龙2》承接了第一部的剧情，周星星（周星驰饰）圆满完成了校园任务，本以为可以升职，却没想到新的女上司（叶德娴饰）不赏识他。周星星有功得不到嘉奖，反而被调为交通警察（这显然是戏仿成龙的《警察故事2》）。

警方收到线报，说一伙国际恐怖分子已潜入香港，并准备在圣诞节制造恐怖事件。重案组安排曹达华（吴孟达饰）到某所国际学校卧底当教导主任，暗中调查与国际恐怖组织相关的案件。为了破案，同时也为了证明自己的能力，周星星不惜变卖家产，花掉女友何敏（张敏饰）用来结婚的积蓄，带着第一部中的三个小弟以个人身份混入国际学校。

在调查过程中，周星星认识了清纯可爱的Sandy（朱茵饰），与阿敏的

感情出现了危机。当恐怖分子如期而至，数百名学生的生命安全受到威胁时，已经被免职的周星星带领飞虎队成员从天而降，展现了香港警察最为热血的一面。

相比轰动一时的《逃学威龙》，第二部的剧情略显苍白，没有了整齐帅气的校服，没有了各种考试作弊的花招，也没有了"校园黑社会"的噱头，但可以看得出来，主创团队花费了很多心思，希望做出不同于第一部的新鲜感。

这部影片中，周星星为了冒充学生，大部分时间戴着眼镜。他与Sandy之间的暧昧，既浪漫又有点凄美。Sandy因为不知道他的真实背景，一头陷进去，而周星星又想利用她问出疑犯的下落，没有拒绝。

在影片中，张敏的角色相比首部大大被削弱，几乎完全沦为背景，朱茵名义上是女二号，导演却慷慨地给了她很多戏份。

楼梯初见，周星星大谈小说分类，让Sandy大为佩服；篮球馆里，周星星一拳打爆迎面飞来的篮球，让Sandy的少女芳心猛然狂跳不止；柔道馆内，两人原本要较量一番，四目相对后，却跳起了恰恰舞；林荫道旁，他向她坦白自己没有近视，她却向他告白，并亲了他的脸颊；餐厅里，他俩与何敏一家不期而遇，周星星马上拿出面具戴上，但终究没有逃脱当众被揭露的下场，何敏甩下一句"那就不用结婚了"之后转头离去，而得知真相的Sandy没有寻死觅活，没有歇斯底里，只是把头埋在桌上不停抽泣。

片中的某些台词，听起来实在让人扎心：

Sandy：你到底有没有喜欢过我？

星星：哈哈哈哈，大家逢场作戏的嘛，心照了。

在今天看来，《逃学威龙2》中的剧情，居然影射了周星驰和朱茵在现实生活中的境况，实在让我们不得不感慨一句物是人非。影片上映之时，周星驰的正牌女友还是罗慧娟，但到年底就换成了朱茵。周星驰在媒体面前过于低调，面对铺天盖地的流言也不澄清，这其实是一把双刃剑，受到伤害的不光有他，还有前后两位女友。事到如今，斯人已逝，已经无法纠结孰是孰非，当年的事实真相也许永远不会为公众所知了。

《逃学威龙 2》的高潮部分是一段长达二十多分钟的消灭恐怖分子、解救人质的大戏。作为昔日的飞虎队精英，周星星当机立断，率领队员们贡献了全片最痛快淋漓的一幕。吴孟达戏仿终结者的造型固然搞笑，警察的素质固然专业，但最关键的时候，当然还得靠男一号解决问题。周星驰徒手接子弹的戏码既有戏剧性又彰显了人物性格。相比《功夫》中关于火云邪神的那个著名桥段，周星星的做法更加聪明，也更符合实际。

最终，这部作品在 5 月 7 日下映，拿下 3164 万票房，成为当年香港电影票房榜年度第 11 名。这个成绩可以说差强人意。放映结束后，似乎也没有人借机拿主角的三角恋说事，要不然王晶也不会想着拍第三部。

作为工作狂，在《逃学威龙 2》上映期间，周星驰正在拍摄一部日后对他来说具有里程碑意义的作品。

三 《审死官》实现表演突破，创造永恒经典

《家有喜事》在香港"大爆"之后，周星驰难得有空休息，可就在这时，一位知名导演的助理联系了他，表示希望能请他主演一部古装片。

之前，周星驰从未在大银幕上演过古装，但他在十年前就认识这位导演了。那时当然是周星驰认识人家，而人家大概率不认识他。

当时，那位导演参与执导了一部 TVB 古装大剧，周星驰在里面扮演了一个可有可无、后来才非常知名的龙套角色。那部剧就是《射雕英雄传》，那位参与执导的导演就是杜琪峰。

杜琪峰转战电影圈后拍摄了不少佳作。他的作品注重将商业性与艺术性结合起来，带有鲜明的个人标签。周星驰凭借《赌圣》破纪录之前，香港电影的票房冠军正是杜琪峰执导的《八星报喜》。他是王天林的爱徒，年龄只比王晶大十来天。在香港娱乐圈，杜琪峰绝对称得上人脉资源大户。他与周润发、钟楚红这些当红一线明星都有过多次合作。

1992 年年初，杜琪峰准备翻拍经典粤语片《审死官》，并请著名编剧邵丽琼写好了剧本。

其实，杜琪峰心目中的最佳人选是能演各种类型电影的周润发，只是发哥因与金公主的合约问题，无暇抽身为邵氏拍片，而周星驰的艺人合约当时在 TVB，联络方便。他原打算邀请颇有喜剧才华，并与发哥合作多次的郑裕玲担任女主角，但因郑裕玲的档期问题，女主角最终换成了梅艳芳。

这部电影和周星驰之前的所有作品都不同。他不用出演贱痞小混混，演的是一名清末的状师（类似于现在的律师），算得上成功人士了。

这是周星驰主演的第一部"辫子戏",他和梅艳芳两人演了一对夫妻。这自然也是对他演技的一种挑战。事实上,永盛那边当时也正在筹划一部故事背景为清朝的影片,后来的情形表明,《审死官》的上映对它的冲击相当不小。

1992年7月2日,《审死官》正式杀入暑期档。邵氏这一举措似乎有点冒险。当时,由徐克监制,程小东导演,林青霞、李连杰主演的《笑傲江湖Ⅱ:东方不败》才热映一周。《审死官》的武指同样是程小东,但视觉效果跟《笑傲江湖Ⅱ:东方不败》肯定无法相比。

同一天,由刘镇伟执导,梁家辉主演的《92黑玫瑰对黑玫瑰》也正式上映了。两年前一起创造了纪录的"刘周"组合打起了擂台。这部cult片虽然没能在票房上与《审死官》相抗衡,但获得了第12届香港电影金像奖的最佳男主角和最佳女配角两个奖项,拿下了2281万的票房,超过梁家辉主演的、明星云集的另一部作品《新龙门客栈》,位列当年香港电影票房榜年度第14名。

《审死官》在一片质疑声中开画,但从上映之日起就牢牢占据着每日票房榜的榜首。它的功夫桥段当然不如《笑傲江湖Ⅱ:东方不败》,但能在笑点密集的同时展现出普通百姓不畏强权的抗争精神及锄强扶弱的人性光辉,引发了香港观众的强烈共鸣。

《审死官》的主角是清朝时期广州当地著名状师(或称讼棍)宋世杰(周星驰饰),他有着一张能把黑说成白、把死说成生、把鸡蛋说成骨头的"铁嘴",且思维缜密、聪明绝顶,善于从对方的言谈举止中捕捉蛛丝马迹和漏洞,乐于替有钱人"大事化了",靠昧心钱发家致富。似乎是"恶有恶报",他的妻子(梅艳芳饰)先后生了十来个儿子,却没一个能养大。

宋夫人有着一身好功夫，是宋世杰最爱也最怕的人。她为了宋家不至于绝后，力逼宋世杰封笔，不做大状。后来，宋夫人遇到从山西逃难过来的寡妇杨秀珍（吴家丽饰），并把她安顿在了自己家中。宋夫人得知杨秀珍是因为丈夫被害，才挺着大肚子逃到广州后，因为同情她，想让丈夫再度出山，替她讨回公道。可这么一来，他们得罪的将不仅仅是广州知县，更有山西布政司和八府巡按。

在封建社会，官大一阶压死人，宋世杰只是一个状师，一介手无缚鸡之力的文人，即便有武功高强的妻子相助，岂能斗得过官员们？但是，宋世杰偏偏凭借伶牙俐齿和过人胆识，以及不畏强权、抗争到底的勇气，一路逃过严刑拷打、牢狱之灾、囚车凌辱，最终凭借自己的机智与坚持，在妻子的力挺与拼命保护下，使杨秀珍沉冤得雪，为小人物赢得了宝贵尊严。

有别于周星驰过去演的那些小流氓、小混混和小无赖，宋世杰是个有地位的文化人，所以周星驰的表演层次和肢体语言也有了明显变化。

开篇，宋世杰替肉贩辩护，帮他免受宾少爷敲诈。这为影片定下了基调，证明男主角虽在黑暗官场沉浮，但良心未泯。

很快，在宋世杰即将封笔之际，富商陈祥富之子陈大文打死张彪之子张小四，陈祥富不惜花费重金请宋世杰为其子翻案。公堂之上，宋世杰巧舌如簧、颠倒黑白，反倒让无辜枉死的张小四成了被告。这段剧情将周星驰扎实的台词功力和情绪感染力充分展现了出来，特别是最后他赢得官司却轻抹眼泪的动作更成了港片中的经典镜头。

在第一次为杨秀珍申冤时，面对广州知县的强势压制，他镇定自若，步步为营。这段戏的台词相当考究，很考验演员的表现力。

宋世杰：你有本事打得我重些，你打得我越重，我就告得你越狠！

何汝大（不屑一顾）：本官有什么让你告的？重打四十。

宋世杰（猛然脱下外衣）：慢着，打我四十，太少了吧。带种就打我八十！

　　何汝大（恼羞成怒）：我就打你整数一百，打！

　　宋世杰：慢着！

　　何汝大：又什么事啊？

　　宋世杰：没事，就喜欢凑凑热闹。

　　在这部电影之中，周星驰要踩高跷装巨人、穿女装扮女人，还要被人满世界追杀，被当堂杖责，要游街受辱，要被扔进监牢，要被暗杀，更要披头散发扮疯子，这些都是对其演技的巨大考验。特别是他倒立装疯，用双脚夹刀杀亲生女儿的那段，让人不但笑不出来，反而感觉无限心酸悲凉，也正因如此，当他在公堂上扮猪吃虎，巧诈山西布政司说出真相，并将一众高官玩弄于股掌之上时，才显得特别痛快淋漓、振奋人心。

　　就在当年，周星驰凭借此片成为第37届亚太电影节的最佳男主角，获得生平第一个表演方面的国际大奖。

　　有句话叫"听你的歌长大的"。周星驰比梅艳芳大一岁，可人家已经在香港歌坛红了整整十年，真是应了张爱玲《传奇》中的那句"出名要趁早"。要搁两年前，他能在梅艳芳的电影中演个配角都很难得了，可现在两人在一部电影中饰演夫妻，这无疑是对周星驰多年努力的极大肯定。

　　如果说宋世杰在片中负责卖嘴，那宋夫人则承包了大部分打戏。这种设置多少能带来一些新鲜感。在程小东出神入化的设计之下，原本没有武术基础的梅艳芳却塑造了从影以来最为经典的打女形象。

　　开篇身轻如燕地利用轻功将宾少爷踢入粪堆，使其免遭楼上坠落的花瓶砸头，其后拉着丈夫飞上牌楼封笔，三下五除二地赶走欺负老公的恶棍，无不潇洒写意，尽显灵动之美。最令人震撼的，肯定当属临产时无畏生死，拖着大肚子勇劫囚车——救老公，然后路边产子的一幕。

夫妻俩的隔空飞吻、麦芽糖暗语等，既温馨又催泪，为影片增添了不少看点。这部电影让我们明白，婚姻不是浪漫的死敌，不是爱情的坟墓，很多事情有没有结果，完全看你用不用心。

相比王晶的"高效"产量，杜琪峰更重视品质，这部电影筹备时间长达四个月，拍摄周期两个月，在当时的香港电影圈属于"慢工出细活"的做法，但这样的时间成本显然收到了理想的回报。

8月9日，《审死官》在上映39天后下线。根据当时公布的数据，影片最终票房定格在了4988万，离五千万大关只有一步之遥，非常可惜。

不过，根据网友找到的香港票房有限公司2019年的最新统计，《审死官》的票房最终被修正为5021万。这么一来，香港电影票房的5000万关口，是周星驰的电影率先突破的。

在《审死官》的冲击下，《笑傲江湖Ⅱ：东方不败》就只能屈居下风了，上映34天收报3446万票房。虽说这部电影超过同年4月上映的《黄飞鸿之二：男儿当自强》，创造了李连杰个人的最好成绩，但在影片中林青霞出演的东方不败抢了男一号令狐冲的风头。

上一个猴年（1980年），成龙大哥的《师弟出马》以1103万拿下当年香港电影票房榜的年度冠军，将香港电影票房带入了"1000万"时代，而十二年之后，第一部票房5000万以上的作品出现了。这个速度不能说不惊人。在香港电影最为辉煌的年代，在群英荟萃的竞争中拔得头筹，周星驰就算再怎么想低调，他的名字也会当之无愧地成为大热点。

《审死官》上映两天之后，成龙、杨紫琼主演的《警察故事3：超级警察》也加入了档期。这样，"成周"二人的较量便从新春档蔓延到了暑期档。不过由始至终，《警察故事3：超级警察》都未能对《审死官》形成威胁，最终以3261万票房收官，正好位列当年香港电影票房榜年度第10名。这样，周星驰在新春档轻松大胜成龙之后，暑期档也赢得非常轻松。

根据网友找到的香港票房有限公司发布的数据，截止到2020年年底，香港中文电影的"5000万票房俱乐部"也不过区区12名成员。台湾片仅有一部，即《那些年，我们一起追的女孩》。11部港片中，周星驰主演或导演的电影居然占了将近一半。

今天提到《审死官》，多数人首先想到的是周星驰，而不是导演杜琪峰，但后者作为影片的导演，其贡献显然是无法否定的。近三十年后，周星驰与杜琪峰依然是香港公认的、最有实力的三大导演之二。另一个是王家卫。

因为是大都会的影片，TVB很多新老演员，如高雄、秦沛和梁家仁等，也在其中出演了角色，共同参与了这部改写香港影史纪录的佳作，也共同目睹了当年那个龙套小子所取得的辉煌得让人难以置信的成就。

碍于对商业元素的考虑，《审死官》的一些镜头流于低俗，时代烙印明显，但瑕不掩瑜，作为周星驰的第一部古装片，《审死官》在他1992年的七部作品中，就算不是最好的，肯定也得排名前列。毕竟，《审死官》不但让周星驰连续三年拿下香港电影金像奖影帝的提名，而且将他送上了亚太影展影帝的宝座。

不要以为杜琪峰导演、程小东武指就是票房保证，影片最终成绩如何还得看出演的演员。同样是在香港电影最为繁荣的1992年，同样是这两位"大神"主创，由梁朝伟、郑则仕两大影帝主演的《踢到宝》却落了个上映6天就下线的结果，最后仅收获183万票房。

《审死官》的"屠榜"，自然令永盛出品的第一部古装片压力巨大。

四 《鹿鼎记》强势大卖，为金庸IP电影改编树立标杆

放眼全球，只要有华人的地方，就有台湾流行音乐，有香港电影，还有金庸小说。

金庸作品文笔大气厚重，角色个性鲜明，故事线复杂曲折，更适合改编为电视剧，而不是电影。20世纪七八十年代，一批改编自金庸小说的电影票房惨败，口碑也欠佳，《射雕英雄传》《神雕侠侣》等TVB大剧却火到家喻户晓，并捧红了以"无线五虎"为代表的一大批实力小生。

但是，香港电影人可不肯轻易认命，更不会轻易认输。在20世纪90年代，只要有大明星、大制作，电影通常都不会赔钱，卖片花和录像带（后来是光碟）都能回本。金庸作品是超级武侠大IP，怎么可能被影视公司和导演们放弃不用？

1990年，嘉禾上映了由胡金铨执导，许冠杰、叶童、张学友、张敏主演的《笑傲江湖》，以1605万的成绩位列当年香港电影票房榜年度第12名，由此掀起了金庸作品电影改编的热潮。市场嗅觉敏锐的永盛向氏兄弟，火速拿下了多部金庸小说的改编权，并决定以《鹿鼎记》打头阵。

之前，永盛出品的电影以小成本喜剧和黑帮片为主，只能算是山寨版的新艺城，永盛拍摄《鹿鼎记》这样的古装巨制，是为了向市场发出自己已是电影圈头部公司的强烈信号。

武侠迷都知道，在金庸的14部中长篇小说——"飞雪连天射白鹿，笑书神侠倚碧鸳"之中，最后完成的《鹿鼎记》极为另类。

金庸小说有着极其鲜明的家国理想，主人公基本上都是胸怀天下、心存

善念的侠义之士。他们武功超群却绝不恃强凌弱，才华横溢却绝不贪赃枉法，异性缘好却绝不朝三暮四。他们都是光明的使者、正义的化身、做人的典范。《鹿鼎记》的主角韦小宝却是个从小在妓院长大的市井之徒。他贪财好色，鼠目寸光，见风使舵，坑蒙拐骗，把封建社会男人中那些不正经的恶劣人性全部暴露出来了。金庸用戏谑的手法，让韦小宝这样大字不识一个，也不会绝世武功的"货色"在朝廷和天地会两边通吃、升官发财，还一不小心娶了七个绝色老婆，最后一起隐匿江湖。

金庸先生创造这个艺术形象的初衷，很可能是在嘲讽表面上讲究礼仪尊卑，事实上暗流涌动、问题多多的封建社会，但是相比金庸其他作品中为国为民的侠之大者，韦小宝这种小人物的成功，可能才是无数男人真正发自肺腑地理解和渴望实现的理想。

1984 年，TVB 拍摄的《鹿鼎记》创造了不错的收视率，还间接促成了两大主演梁朝伟和刘嘉玲的世纪之恋。在决定拍摄影片《鹿鼎记》时，永盛其实也考虑过让梁朝伟和刘德华再度出演，但这样一来似乎不会给观众带来太多新鲜感。相比之下，周星驰在 TVB 时主演过一部无厘头属性的《盖世豪侠》，似乎比梁朝伟更接地气。导演王晶也坚持认为，周星驰是韦小宝的不二人选。另一方面，在金庸的所有作品中，唯有《鹿鼎记》从头到尾都接近喜剧，最适合周星驰。

很多人因为王晶拍的各种流于恶俗的影片，而对王晶本人产生了他似乎没什么文化的误解，认为他不像王家卫那么有艺术修养，其实王晶可是香港中文大学毕业的高材生，对传统文化的理解与把握要好过香港大多数导演，甚至连周星驰都可能无法比拟。

永盛原本希望《鹿鼎记》能拿下暑期档甚至当年的年度票房榜冠军，因此不惜把《逃学威龙2》放在 4 月，但《审死官》的火爆程度让公司高层措手不及。事已至此，也不能一拖再拖错过暑期档了，于是，1992 年 7 月 30 日，在《审死官》的热度逐步下降时，作为永盛的第一部古装大片，《鹿鼎记》强势开画，一跃成为暑期档后半程独一无二的王者，票房和口碑都相当抢眼。

遗憾的是，有类似元素的《审死官》抢了先机，多少影响到了《鹿鼎记》的票房走势。如果《审死官》没有上映的话，这一年最大的赢家恐怕就得属于王晶了。

相比原著，电影版虽说省略了很多情节，却玩出了自己独特的花样。在原著小说中，擒拿鳌拜、揭露假太后都是相对次要的内容，但王晶愣是将这段内容拍得一波三折、荡气回肠，而周星驰的表演更是为电影史留下了永恒经典。

影片中，打小跟着姐姐韦春花（吴君如饰）生活在丽春院的韦小宝，无意中救下了"天地会"首领陈近南（刘松仁饰），从此加入了天地会，并被派到官中窃取四十二章经。

这对一个几乎没有武功的小混混来说，简直是九死一生的任务，但韦小宝误打误撞，未净身就被大太监海大富（吴孟达饰）以太监的身份带入官中，并很快凭借自己的聪明机灵成为康熙皇帝（温兆伦饰）的心腹，得到了建宁公主（邱淑贞饰）的另眼相待。

海公公与假太后（张敏饰）都想得到经书，而天地会和康熙都想铲除大奸臣鳌拜，最终，韦小宝助力陈近南激战鳌拜，揭发假太后，被皇帝封为鹿鼎公。

这部影片从一开始就恶搞个没完：堂堂康熙皇帝居然要在妓院和七位旗主碰头；"丽春院"的门口横联上意味深长地写着"出入平安"；天地会居然大模大样地在豪宅搞聚会。

光天化日之下，韦小宝当众说评书，吹嘘自己与"天地会"首领陈近南的伟大友谊，说什么"斩鸡头，烧黄纸，结为兄弟"，当有人指责他把客人吓跑时，他竟伶牙俐齿地反驳说："召妓有害健康，好事一件。"

影片中，陈近南和韦小宝的一段对话很有深意：

陈近南：小宝，你是个聪明人，我可以用聪明的方法跟你说话，外面的人就不行……对付那些蠢人，就绝不可以跟他们说真话，必须要用宗教形式来催眠他们，使他们觉得所做的事情都是对的。所以反清复明只不过是一句口号……

韦小宝：要反清抢回我们的钱和女人，是不是？复不复明根本就是脱裤子放屁，关人鸟事啊？行了，大家都是聪明人，了解！

陈近南分派任务时，说谁站着选谁，众人赶忙惊慌地到处抢座位，将天地会的组织纪律和众人的贪生怕死讽刺得淋漓尽致。韦小宝本来也想坐下，却被椅子上的一颗钉子扎得跳起来，他惊呼："这是天地会，还是整人会？"

至于韦小宝没净身就能混入皇宫，还能跟公主一度春宵，简直就是只有影视中才能发生的事情。

在这样一部荒诞不经的影片中，没个正形的韦小宝当然是灵魂人物，他将天底下权力最大、武功最高、野心最强的人物全都串联起来，并能在其中混得如鱼得水，简直为"小人得志"做了最好的注解。

周星驰诠释的韦小宝其实不止是简单意义上的小人物逆袭的故事，还呈现出了小宝其人多面的性格。在妓院吹牛混日子时的嚣张、应付海公公时的机灵、跟康熙打架时的无赖、与大小双儿调情时的猥琐、抄鳌拜家时的贪婪，都展现了他市井小人的一面；他在加入天地会跟陈近南交心时的对话，以及其后奋不顾身救下陈近南，都表现出了韦小宝聪明通透、正直、重义气的一面；稀里糊涂被拉去净身，则表现得相当蠢萌；上书房中激斗鳌拜，不失勇敢血性；最后时刻的"助攻"，更显示了其人性中光辉的一面。

此时的周星驰，已经不满足于逗笑观众，他更注重对场面氛围的控制，对荒诞氛围的营造，也知道表演上收与放的取舍。

影片中更精彩的，无疑是与表情动作完美融合的、韦小宝与建宁公主这对活宝的斗嘴戏，比如：

建宁（顽皮）：试试看，扮一个最帅的样子来看看。
韦小宝（严肃）：不需要，现在已经是了。
建宁（得意）：那就扮一个最丑的样子来看看。
韦小宝（无奈）：不行啊，怎么扮也不会丑。
建宁（嬉笑）：或许……那扮一个最淫贱的样子来看看。
韦小宝（憨笑）：那更不用，你照一下镜子就是了。
建宁（狂笑，一拳打出）：大胆！这么好玩……

有些遗憾的是，为了减少情节线，原著中韦小宝的七个老婆在这部影片中只出现了四个，双儿被设计成了双胞胎姐妹。

这部影片中几乎没有爱情戏份，只有建宁公主与"假太监"韦小宝的偷情。然而，韦小宝并没有真的爱上建宁，她的身份让他自卑，也让他没有安全感。

周星驰和邱淑贞这对搭档，倒是继《整蛊专家》之后，在本片中又有了不少精彩的对手戏。影片中两人恶搞清朝皇宫中"翻牌子"的一段戏既能让观众笑喷，又展现了主创们对清朝历史的研究，并不是随心所欲乱拍的。

影片大体遵照原著风格，片中的韦小宝只是个跟着海大富学了点三脚猫武功的小混混，也就能跟康熙过上几招，要是换成其他人，如大小双儿，出手就能让他立刻喊救命。在程小东的精心安排下，鳌拜、海公公、陈近南和假太后四大高手将武侠世界里虚无缥缈的功夫展现得神乎其神。

虽然韦小宝武功一般，但他并非无所作为，几乎所有的动作大戏他都混迹其中，一路靠绝佳口才和对手周旋并存活了下来，甚至能在关键时刻发挥作用。高潮戏份中，陈近南对战鳌拜一伙的金钵大阵，其效果更是天崩地裂一般令人震撼。当然，最后解决问题、获得荣耀的肯定是韦小宝。不得不说，主角光环真的很强大。

9月16日，《鹿鼎记》以4086万的票房成绩收官，超过《赌侠》，创造了王晶导演的电影的最高票房，但这位导演显然并不满意，他还有更高的目标。

五 《鹿鼎记Ⅱ：神龙教》成全周星驰的武侠梦想

《鹿鼎记》刷新了王晶电影的票房新纪录，但在当年的香港电影票房榜上只排到年度第三。按主创团队的预想，第二部会放在圣诞档，与第一部间隔的时间稍长一些，但台湾市场8500万的成绩令当地片商非常动心，他们希望第二部9月就上映。

《鹿鼎记》第一部开画前一天，《笑傲江湖Ⅱ：东方不败》以3446万成绩下映，在与《审死官》的直接"对话"中，能拿下这样的成绩很不容易。该影片风格大气唯美，程小东的动作设计可谓石破天惊，林青霞反串扮演的东方不败更成了影坛上的永恒经典。

王晶一向以会蹭热点扬名，他立即改写剧本，将神龙教教主龙儿设计成第二部的女一号，而把在各版本《鹿鼎记》中最为重要的阿珂放在了次要地位，就是为了凸显林青霞。

王晶带着一众演员紧赶慢赶，一天也舍不得耽误。为了提高速度，他干脆让武指程小东担任第二组导演，把动作戏全部交给他发挥，而他自己和陈嘉上负责文戏。

9月23日，由梁家辉、张曼玉、林青霞和甄子丹等主演的《新龙门客栈》下映，次日，周星驰在1992年主演的第六部电影《鹿鼎记Ⅱ：神龙教》华丽登场。这也是他和林青霞唯一的一次合作。

影片故事承接第一部。假太后龙儿（林青霞饰）逃回神龙教，继承了教主之位，依照教规辅助平西王吴三桂推翻清廷。康熙设宴款待平西王世子吴应熊（汤镇业饰），并宣布将建宁公主下嫁给他，派韦小宝与女扮男装的龙儿护送公主到云南。

为了追到天下第一美女阿珂（李嘉欣饰），韦小宝果断拜独臂神尼为师，但阿珂喜欢的是吴应熊。龙儿被吴应熊及其师父冯锡范（任世官饰）陷害，大难临头之时，不得已委身于韦小宝，却成就了一段佳话，并成了他最得力的助手。

韦小宝派多隆去平西王府捣乱，迫使其提前起兵，而冯锡范选择投靠康熙，并对陈近南下手。韦小宝与冯锡范进行了终极对决，并解开了四十二章经的秘密，最终带着师父和一众老婆退出江湖。

林青霞的加盟无疑成了影片的一大新卖点。她的演技毋庸置疑，但似乎并不太适合周星驰这种漫画风强烈的爆笑喜剧。影片前半部分，她端着架子大杀四方，总让人陷入"东方不败"一角中出不来，这在一定程度上削弱了该片的喜剧色彩。

影片中龙儿与韦小宝"野合"的场面被程小东展现得极为唯美和浪漫。之前一直自命不凡的神龙教教主，此后不光失去了八成功力，还失去了霸道的棱角，在小宝面前变成了娇羞听话的乖乖女，其中反差莫名喜感。

周星驰的其他四个老婆都是"70后"，唯独林青霞生于1954年，与其他四个女演员和周星驰站在一起时，似乎有点不协调，但好在影片中龙儿一角（对应原著苏荃）本身就是成熟大气的设定。

熟悉《鹿鼎记》情节的读者都知道，李自成和陈圆圆的女儿阿珂才是最令韦小宝神魂颠倒的那个，当然这也不乏她貌美如花的缘故。根据原著，韦小宝一生风流快活，算是见过一定世面的"渣男"，但是见了阿珂之后，他像没见过世面的"宅男"一样丑态百出，猥琐之态远胜西门庆。

相比原著，《鹿鼎记Ⅱ：神龙教》中的处理手法显然更有喜剧性，也充分展现了周星驰收放自如的演技。同样是一见钟情，相比很多电视剧版韦小宝的猥琐表现，周星驰版韦小宝自己饮毒酒下套的方式显得更高明一些，喜感也更足，但之后独臂神尼中了"我爱一碌葛"的桥段，似乎太闹了一些。

原著小说中的韦小宝武功平平，也就能跟康熙对打一下，而且还不是人家的对手，但在《鹿鼎记Ⅱ：神龙教》中，因为龙儿和陈近南传给了他功力，他成了绝世高手，还以一己之力灭掉了大魔头冯锡范，上演了全片中最为震撼的一幕。

王晶深谙娱乐片的套路，知道只有让男一号在大结局时力挽狂澜，观众才会看得过瘾，所以只有把韦小宝变成武林高手，大家才爱看。

林青霞饰演的"东方不败"路人皆知，但在该片与冯锡范的对决中，龙儿基本上是退居一旁当军师，由韦小宝负责和对手大战到底。王晶又让清朝的韦爵爷穿戴上了"东方不败"的同款衣饰，装腔作势地手捻丝线，还跟身边的建宁公主挤眉弄眼，大秀恩爱。当然，最后真的动起手来时，一本正经的周星驰演起打戏来也是毫不含糊，毕竟他的偶像是李小龙！

诚然，王晶给了周星驰一个可以实现武侠梦想、在大银幕上表演飞天遁地、无所不能的机会，但效果不尽如人意，因为影片中的那段明显是借鉴和模仿东方不败的戏把韦小宝变成了山寨版的东方不败，而大反派冯锡范又刚好是在《笑傲江湖Ⅱ：东方不败》中出演大魔头任我行的任世官。

两部影片的动作导演都是程小东，但结果似乎是《鹿鼎记Ⅱ：神龙教》的高潮武打戏远远不如《笑傲江湖Ⅱ：东方不败》。从视觉效果和带给观众的震撼程度这两个方面来说，《鹿鼎记Ⅱ：神龙教》确实要逊色一些，仿佛只是一个戏仿版。另一方面，两部影片上映间隔时间这么短，偏偏又是珠玉在前，观众自然看得明白。

其实，王晶如果想将韦小宝打造成天下第一高手，完全可以有另外的选择，不必非得拾东方不败的牙慧，蹭林青霞的热点，使影片失去自己的特色。

无论是在香港还是台湾，周星驰的票房号召力都要胜过林青霞。为了台湾市场的票房成绩，选林青霞出演女一号本不是大问题，但影片前半部分为她加戏，后半部分戏仿东方不败，直接影响了该片的品质，留下了一定的遗憾。

10月29日，《鹿鼎记Ⅱ：神龙教》以3658万票房收官。这样一来，《鹿鼎记》系列在香港一共拿到了近8000万的票房，为金庸小说的电影化树立了成功的标杆。将近三十年后的今天，在所有改编自金庸作品的电影中，它们依然是知名度最高、影响力最大、口碑最好的。

因为拍摄《鹿鼎记》系列尝到了甜头，次年王晶联手李连杰拍《倚天屠龙记之魔教教主》。王晶对原著进行了大改，并将原本心性纯良、宽厚大度的张无忌改造成了一个有城府且有野心的人。

可惜没过多久，马景涛版《倚天屠龙记》收视爆红，而王晶的这部影片却票房惨败，直接导致计划中的续集没有了下文，赵敏那句"来大都找我吧"成了千古绝唱。其实，如果学习梁朝伟拍完电视版《鹿鼎记》，转身就拍《倚天屠龙记》的经验，由票房号召力不错的周星驰来出演这个腹黑的张无忌，可能是更好的选择，而且很可能为武侠电影留下另一部经典。

根据网友收集的台北地区的电影票房[①]数据，《鹿鼎记Ⅱ：神龙教》拿下了9400万的票房成绩，超过了第一部《鹿鼎记》的8500万，由此可见台湾观众对林青霞还是高度认可的，也说明了王晶决策的合理性。

至此，1992年已经过了大半，周星驰凭借不俗成绩横扫票房榜已成事实，但他的脚步依然没有停歇，而且，他这一年的最佳影片还没有上映呢。

---

① 台北地区的电影票房是台湾电影市场的最重要指标，包括台北市、新北市和基隆市。

六 《武状元苏乞儿》,总有一部喜剧让你泪流满面

1992年12月17日,距平安夜还有整整一周时,由陈嘉上执导,周星驰与老搭档张敏、吴孟达等主演的武侠片《武状元苏乞儿》杀入圣诞档,作为永盛的年度收官之作强势开画。

这个时间上映的影片势必要跨年了,但依照惯例,影片票房将全部计入1992年。

这也是这一年之内,周星驰拍了第四部清朝戏。已经有三部清朝戏了,第四部会不会让观众产生审美疲劳呢?答案是不会。这是一部比《鹿鼎记》更为出色的古装武侠片,也是他在1992年上映的几部影片中最为优秀的。论其地位,这部影片能进入周星驰所有作品的十佳甚至五佳之列。

为保证影片效果,《武状元苏乞儿》特意在北京的金山岭长城和圆明园旧址等地取景,那也是周星驰首次前往首都北京。当时年仅6岁的杨幂还出演了片中男主角苏灿的女儿。

巧合的是,四年前的这一天也是周星驰与张敏参演的《最佳女婿》上映的日子。彼时,周星驰在影片中只是个男三号,张敏也还是个青涩的丫头片子,而现在周星驰已经成为香港最有力的票房保证,没有之一,张敏也成长为实力女星,能够驾驭多类角色,更多了几分成熟女性的性感与冷艳。

将近三十年后,《武状元苏乞儿》依然是口碑最好的关于"苏乞儿"的电影,正如我们提起黄飞鸿就想到李连杰,提起叶问就想到甄子丹,提起陈家驹就想到成龙,毫无疑问,提到苏乞儿,我们首先想到的一定是周星驰和这部电影。

感谢导演陈嘉上，为一部喜剧片设计出了这么多泪点，让观众笑着进去，哭着出来，后悔纸巾没带够。更难能可贵的是，这种眼泪是开心的，这种哭泣是欣慰的。当你愿意为一部电影流泪，为男女主角的命运纠结时，说明你内心之中还有对真爱的憧憬、对真情的眷恋，同时也说明这部电影本身有它的闪光处，能打动人心，这难道不值得演员骄傲吗？

从影片开场，苏灿装腔作势地写自己名字开始，各种无厘头桥段就没完没了地上演：搬个家把荔枝树连根拔起，武状元选拔如同开奥运会，睡个觉能睡出绝世武功……周星驰是少数几位可以把恶搞玩得那样轻车熟路，把那些根本不可能发生在现实生活中的、匪夷所思的事情变成令人捧腹大笑还不觉奇怪的欢乐源泉的喜剧演员。

我们都知道，世界上最动听的歌一定是情歌，世界上最走心的文字一定是情书，而世界上最能催泪的电影，当然是爱情片了。爱情正是这部《武状元苏乞儿》剧情发展的主线，也几乎是男主角苏灿一切行为的动力。

周星驰的电影最伟大的地方绝对不仅仅是无厘头地搞笑，也不是动作场面，而是在很多喜剧电影中加了情的味道，最后愣是拍成了爱情片。在这部影片中，男女主角对人生、爱情、责任的见解与领悟，远远胜过了今天的大多数普通人，甚至让生活在今天的我们感到惭愧。

本片的主人公苏察哈尔灿（一般称为苏灿），是广州将军（吴孟达饰）的儿子。25岁生日当天，苏灿本来是去怡红院找乐子的，却顺手打赏了一名老乞丐，并且巧遇了一位名叫如霜（张敏饰）的姑娘。如霜的突然现身，改变了他当晚的计划，也改变了他一生的命运。两人四目相对的那一瞬间，他感觉自己被打动了。佳人已错身走过，但他因为她那从没见过的眼神而心生好奇。一念起，他为了接近如霜与赵无极、僧格林参结下梁子。可就在那个晚上,他有了与她共度一生的冲动。陈嘉上导演似乎在提醒我们:爱情不是权衡各种利弊得失后的取舍,而是听从内心真实呼唤时的抉择。贵为高官独子,苏灿在以为如霜出身青楼的前提下对她一见钟情,并且发誓要娶她。在苏灿这里,爱情可以超越门第身份的界限,可以冲破世俗陋规的偏见,这大概就是真爱吧。在真爱面前,一切的条条框框都显得多此一举,一切的陈规陋习都显得苍白无力。

不过,如霜并非妓女,她有着特殊使命——报仇。苏灿的出现,毁掉了她的计划,为了打发走这个莫名其妙纠缠自己的人,她不得不编造了一番说辞:"我要他(我的丈夫)武功盖世,状元之才,一人之下,万人之上。"最后还略带挑衅地问苏灿能不能做到——显然,她只是将他当作一个无事生非的官二代,想要赶紧摆脱掉他。

这个时候,苏灿并没有立马答应,反而认真思考了一瞬,然后斩钉截铁地开口:"做得到。"于是便有了苏灿上京考武状元的戏码。连自己名字都写不好的苏灿,花了父亲二百万两银子才通过了文试,接着他凭借自己练就的武功杀到了决赛。在决赛中,即便有赵无极等人设下的种种黑幕,但经过一番殊死搏斗之后,苏灿终于拿下了武状元。

这时,有人问苏灿:"你最想感谢的是谁?"他想都不想,脱口而出:"如霜姑娘!"当时,为他花了二百万两银子的老爹还在台下站着。

然而他文试作弊的事情暴露了,皇帝将他贬为乞丐。堂堂的将军之子从此变成了流落街头、以乞讨为生的乞丐,并被仇人打断经脉废了武功,受尽人间屈辱。

苏灿从一个衣食无忧的公子变成天下第一的武状元,又从武状元被贬为乞丐,还连累了老父亲,这已经够让人失落了,后来唯一可以傍身的武功又被废掉了,真是一口气从天堂跌到地狱,谁能承受得了?如果当初没有如霜的那句无心之言,苏灿不会上京赶考,或许一切都还是原来的样子。然而,在苏灿心中,他对如霜没有一丝一毫的抱怨。他只恨自己没好好读书,无法写出自己的名字；只恨奸人狠毒，让自己失去了一切；只恨造化弄人，无法完成自己对如霜的承诺。

他根本不可能忘记她，却也不敢再想她：他已经没有了追求她的资格，也丧失了面对她的勇气。然而，在他最不敢见她的时刻，她却突然现身了。

因老爹病重，平日窝在破庙里"装死"的苏灿不得不自己出马去乞讨了。然而，当一扇朱门徐徐打开，从门里走出来的居然是如霜的妹妹。她给了他一簸箕碎炭。

最爱的人很可能就在里面，要不要见呢？见，对一向心高气傲的他来说，岂不是一万倍的伤害？不见，这辈子恐怕就没有第二次机会了！

当妹妹认出苏灿并拉着他转头叫姐姐时，他无助地回应："不是他，不是他！"但他并没有拼命挣扎着走掉。潜意识里，苏灿显然是希望见到她的。当她真的从里面出来并试图留住他时，他却跑得异常坚决。她追过去，喊他："等一下。"而苏灿果断地把脸埋在碎炭中蹭了几下，然后佯作路人地抬起头问："小姐，你找谁呀？"这大概是全片除了亲情戏之外最催泪的一幕了。

心爱的姑娘近在眼前，而他正是最难堪的时候。周星驰用自己的表演，为"此情此景难为情"做了完美的注脚。唯有用情至深却又落魄不堪的男人，才会做出这样的举动。周星驰把苏灿这个情种演活了。

面对眼前的苏灿，一千个女人可能会有一千种处理方式，那么明显已经认出他来的如霜会如何呢？

如霜平静地答："对不起，我认错人了。"随后，她让妹妹去拿几个馒头，又叮嘱他："你很像我一个朋友。以后没东西吃，就到我家里来拿馒头。"

为什么她不当场指认苏灿？是为了保住他作为男人的最后尊严。

为什么给的是馒头而不是银子？是为了表明她不嫌弃他的身份。

为什么要明确鼓励苏灿以后还来乞讨？是为了表明她不嫌弃他，告诉他如果有需要，她随时可以帮忙。

都说哥们儿可以共贫贱，不能共富贵；女人可以共富贵，不能共贫贱。如果有人假装沦落破产，以此考验姑娘的真心，当然是非常愚蠢且自私的行径；但如果你真的跌入谷底，完全不指望她能为你奉献一丝一毫时，她的所作所为无疑能清楚有力地印证她的人品。

如霜这样的女孩，才是男人真正想得到的精神伴侣，才是男人梦寐以求的完美情人。

其后，如霜邀请苏灿父子加入丐帮，这不仅仅是出于同情，而是有着更为长远的打算——她并非寻常女子，也有一身武功，承担着复兴丐帮的重任。

可惜苏灿一直萎靡不振，完全没有上进心，当然也没有追求如霜的勇气。他真的忘记她了吗？没有。

导演的高明之处在于，他并没有安排那些俗套狗血的戏份，让如霜指着苏灿的鼻子把他骂醒，而是采用了更加有娱乐性也更为震撼的方式。

圆明园断壁前，丐帮选帮主。苏灿原本只是来看热闹顺便睡觉的，但听到如霜被赵无极抓走后，他突然睁开了双眼。

长老提醒他，站上去可能会没命。可是，不站上去，他就当不了帮主；当不了帮主，就救不了如霜；救不了如霜，辛苦活在这世界上会更没意思的吧？况且，如霜都能为丐帮的利益舍身犯险，而苏灿，一个当自己已经死过一次的男人，还有什么可退缩可害怕的呢？

无论是睡梦罗汉拳，还是无敌风火轮，抑或是特异功能，终究还是真爱带来的力量。

影片的尾声，苏灿把降龙十八掌的威力发挥得惊世骇俗，打败了赵无极。他既为自己争了口气，也向如霜证明了：没有她，他当不了丐帮帮主，也干不出救驾那样关系国运的大事，更成不了大英雄。苏灿的境遇看似"苦海无边"，却实现了苦尽甘来；而如霜虽然失去了帮主之位，却得到了更多。

当然，苏灿救心上人才是本意，救皇上不过是顺带的事，在他眼里不值一提。苏灿最后答复皇上的那番话，无疑拔高了影片的境界。和许多香港电影一样，看似极尽荒诞的结局其实是导演故意恶搞：爱一个女人，哪有让她陪自己当乞丐的道理？这无非是对皇权的对抗与讽刺而已。

全片七场打戏，周星驰一人承包了五场，打得那叫一个过瘾。七场风格不同的武打戏串联起全片，每一场的动作设计都十分精妙，尽显中华武术之精髓。紧张刺激的气氛贯穿始终，让观众的情绪一直跟着镜头保持亢奋。即使是说该片是功夫片佳作，也算实至名归。不过，真正考验表演功力的，还是那些情感戏份。周星驰与吴孟达表演出的父子情深自然让人感动，但相比之下，周星驰与老搭档张敏的对手戏更能给观众带来持久的震撼。

周星驰与张敏合作的电影多达十来部，但不是每一部都火花十足，而这一部堪称最佳。

一部笑点密集的喜剧，居然能让人控制不住地流泪，实现喜剧与悲剧的无缝对接。正像著名评论家梁宏达指出的那样：

> 只有用搞笑的方式才能把一个人被侮辱、被损坏的感受推送到极致，然后在反弹的过程中将人物形象猛然确立起来……他是通过喜剧的方式，最终达到一个悲剧目的。

这种悲喜剧对演员的要求很高，多一分就显得做作，少一分则没有力度。过往三十年，模仿周星驰的喜剧演员没有一个成功的。不是说他们不好，不是说他们不够用心和努力，只能说，"喜剧之王"的奖牌，三十年来只颁给了一个天才演员。

《武状元苏乞儿》一直上映到次年1月15日，票房定格在了3742万，超过《鹿鼎记Ⅱ：神龙教》，名列当年香港电影票房榜年度第4名。这么一来，周星驰与陈嘉上合作的三部电影，票房全部超过了3000万，而且票房与口碑俱佳。

周星驰用不着痕迹的表演证明了自己不光能演贱兮兮的角色，不是只能靠演小混混、土包子赢得票房的类型演员，而是能够驾驭好各种职业、各个年代的角色，将他们呈现得有血有肉。

事实上，就算出演百分百的文艺片、悲情片，周星驰也没有问题。在这一点上，他更像周润发，而不是成龙。遗憾的是，周星驰的喜剧片出一部火一部，谁还有心找他演文艺片呢？那些影视公司和导演并不会给自己找不痛快，对他们来说赚钱最要紧。

七　不可思议的"周星驰年",个人最佳与港片巅峰重合

伴随着《武状元苏乞儿》的热映,1992年就这样和香港观众说再见了,年末各种盘点结果也逐渐水落石出了。周星驰主演的电影,有五部进入了香港电影票房榜年度前十,更准确地说,是占据了年度前五名。当然,《家有喜事》这部影片不是仅凭他一人之力促成的,张国荣也有不少贡献。

在香港电影最繁荣、竞争最激烈的时期,一位明星能有一部主演的影片跻身票房榜年度前十都算是相当成功的了,可在1992年,周星驰创造了香港电影空前绝后的纪录,一人包揽了前五名!

1987年,周润发有11部电影先后上映(和周星驰1990年相似),有九部进入前二十,五部进入前十,因此这一年被称为"周润发年"。其中,成绩最好的是《监狱风云》,以3162万票房屈居当年香港电影票房榜年度亚军,而冠军则被成龙的新春档影片《龙兄虎弟》摘走。成龙当年只有两部电影上映,却分别获得年度冠军和季军,也算保住了面子,否则周润发将实现1986年—1989年四连冠。周润发不光票房有保障,更受专业电影人赏识。在1987年11月的台湾金马奖评选中,周润发主演的《秋天的童话》获得最佳剧情片提名,他本人则荣膺最佳男主角。

1988年的第7届香港电影金像奖颁奖典礼上,周润发更是凭《秋天的童话》《龙虎风云》《监狱风云》三部电影同时提名影帝,最后以《龙虎风云》中高秋一角胜出。此外,《秋天的童话》拿下最佳电影奖,执导《龙虎风云》

的林岭东则斩获最佳导演奖。

1992年的周星驰，其表现大有"青出于蓝"之势。这一年，被媒体称为"周星驰年"。

这是香港电影最好的时代，也是周星驰表演的巅峰，幸运的是，这两个时段交织在了一起，因而诞生了电影史上的最大奇迹。

1992年，香港电影的票房也达到了开埠以来的最高峰。港产片在本地创造了12.4亿票房，占比达到78.8%，为多年以来的最高纪录。全年出产175部，基本上为粤语片，数量固然无法和20世纪五六十年代中每年动辄两百多部相比，但影片的投资与制作水平早已经超过当年太多。

1980年，成龙的《师弟出马》拿下1102万票房，将香港电影带入千万时代；1985年，洪金宝执导并主演的《福星高照》拿下3074万票房，是香港首部破3000万的电影；1992年，香港有12部影片的票房破3000万，即使是第12名，放在1999年都能夺冠。

从1984年到1988年，香港电影单片票房纪录年年被刷新，但荣耀分别属于四人，没有人能连续两年创新高。从1990年到1992年，原本名不见经传的周星驰却能连续三年，用自己单扛的作品的票房四次改写香港影史纪录（包括港片与非港片），并将港片先后带入了"4000万"和"5000万"时代。1993年年底，票房超过4000万的港片仅有七部，全部都由周星驰主演。

周星驰的成功得益于良好的香港电影环境，得益于制作公司的高效专业、电影市场的成熟、观众对于本地制作影片的偏爱。1997年临近造成的特殊心态，也助推了香港电影业"最后的疯狂"一般的繁荣。

26岁时，周星驰才出演了第一部电影，而其他巨星完成各自的电影首秀时的年龄如下：成龙8岁（《大小黄天霸》），周润发20岁（《投胎人》），李连杰18岁（《少林寺》），刘德华20岁（《彩云曲》），梁朝伟21岁（《疯狂83》）。相比之下，周星驰起步较晚，如果不是万梓良和李修贤，他甚至可能永远与电影无缘。

将近28岁时，周星驰才在《望夫成龙》中首次担纲男主角，同年，他靠《赌圣》《赌侠》两部电影占据了香港电影票房榜前两名。为此，他应该感谢刘镇伟、吴思远，更要感谢王晶。没有《赌神》，就不可能有《赌圣》，更不可能有他的扬名时刻。

29岁时，因为《逃学威龙》的大热，他跃升为同成龙、周润发平起平坐的超一线明星，将张国荣、刘德华、梁家辉和梁朝伟等一线明星远远甩在身后。虽然四五年之前，他只能在这些人主演的电视剧里跑个龙套，饰演完全没有存在感的角色。

30岁时，他创造了垄断年度票房榜前五名的神奇纪录，甚至让成龙和周润发两位前辈也倍感压力。当然，成龙和周润发他们二人那时已经有了进军好莱坞的打算，对于香港市场的得失，或许不是特别看重了。

有人说，如果周星驰不是表演天才的话，他的人生肯定会很惨，这种说法有些极端，但平心而论，没有背景又不会拓展人脉的他，也许真的只能在不那么重视门第与出身的电影圈才有出类拔萃的可能，也许真的只能靠李修贤、刘镇伟和王晶的赏识，他才能充分展现自己的天赋。

这一年的成就，还表现在与他合作的女星的咖位。

对男演员来说，合作女星在娱乐圈的排位也直接体现他本人在圈子里的身价地位。三四线男星就算做梦也不敢想象和一线女明星演情侣。在1992年，周星驰和香港四大一线女星"霞玉芳红"中的前三个成功实现了合作，演的还都是情侣或夫妻。在两年前，这还是他根本不敢想的事情。林青霞、张曼玉和梅艳芳，对一个小演员来说，在她们主演的电影中当个小角色都是可以拿来吹嘘、晒朋友圈的大事，可这三位都和周星驰拍过对手戏。

周星驰从来没有和钟楚红合作过。年初拍完《纵横四海》之后，刚过30岁的她就宣布息影，过相夫教子的生活去了。没能与周星驰合作拍片，当然不是她看不上他。钟楚红和永盛是有过合作的,1988年,她和张敏主演了《火舞风云》,主要作用似乎就是带新人——张敏。只能说,周星驰火得太晚,跟永盛合作得太晚。

不过,自1992年之后,周星驰却和张艺谋及成龙一样,不太喜欢与一线女星合作了,反而更热衷于从素人中挑选女主角。也许他们觉得,"一张白纸好描画",找素人来表演也许不但能找到自己想要的表演风格,说不定还能得到惊喜。

1992年,刘德华、张学友、郭富城和黎明正式成团,组成了娱乐圈空前绝后的"四大天王",但是如果单论在电影方面的影响力,四位天王加起来也不如周星驰。

那个年头,拍不好电影的歌星绝对不是个好天王。歌影双栖的"四大天王"肯定把他们的较量从唱片界拓展到了电影圈。刘德华和张学友在电影圈也耕耘了些年头,分别和周星驰合作过两部电影。郭富城和刘德华同属于百代唱片(EMI)公司,后者出演的很多影片都带上了前者,而黎明则选择与老戏骨许冠文合作。王晶也很欣赏黎明,在《城市猎人》中给他安排了一个新的角色。

1992年,恰逢TVB成立25周年,"香港小姐"竞选20周年。这一年的港姐竞选晚会注定让人难忘,这天不光有"大姐大"邓丽君出席,更有"四大天王"联袂献声,与上届"港姐"郭蔼明同台跳舞,更有周星驰难得一见的亮相。

这一年,万梓良和恬妞大婚,邵逸夫老先生亲自主持婚礼,虽没有半个香港娱乐圈出席那么夸张,但也是绝对的星光熠熠。万梓良重情重义,让自己的兄弟周星驰担任首席伴郎。

周星驰自然希望他们能白头到老。不过,这段婚姻仅仅维持了4年。

在这一年,如果他和罗慧娟结婚,可能会比万恬恋更让媒体关注,更让狗仔队抓狂，遗憾的是，两人非但没能走入教堂，反而选择了分手。朱茵，成了周星驰的第二任女友。如果说周星驰此生辜负过某位女性，那人一定姓罗。在之后的作品中，周星驰一再提起初恋，显然不是没有用意的。可惜，一切都不能重来。更不幸的是，20年后的6月30日，就在周星驰忙着拍摄《西游·降魔篇》时，罗慧娟告别了人间。

周星驰在香港的成功是空前绝后的，但在台湾市场，他还是输给了成龙。

《警察故事3：超级警察》以1.195亿的票房成绩夺冠并破了纪录，《鹿鼎记Ⅱ：神龙教》以9400万的票房屈居亚军，而林青霞主演的另外两部电影《笑傲江湖Ⅱ：东方不败》和《新龙门客栈》，在香港成绩一般，在台湾却排在了第三、第四位。也就是说，林青霞在台湾的票房前四名中独占三席。

《鹿鼎记》排在第五名，《逃学威龙》排在第八名，这也是2004年之前，周星驰电影在台湾地区的最好成绩了。

成龙在1980年到2001年的二十二年里拿到了十几个台湾年度票房冠军，周星驰则一无所获。2001年，《少林足球》在香港的票房是《特务迷城》的两倍，但在台湾，后者依然是年度冠军。成龙作为"台湾女婿"的影响力不可低估，周星驰的御用配音石班瑜老师当然也无可奈何。不过，从2004年开始，成龙再未获得过台湾票房的年度冠军。

风水轮流转。如今台湾市场的港片纪录属于哪个明星呢？后面我们会讲到。

第八章 突破

一 《逃学威龙3之龙过鸡年》,透支周星驰金字招牌

拍完《武状元苏乞儿》之后,忙碌了一年的周星驰给自己放了个假,带着"死党"李健仁飞越太平洋,来到了世界电影圣地好莱坞所在的洛杉矶市。

在这里,他第一次看到了好莱坞,认识到了香港电影与其之间的巨大差距;在这里,他结识了一批美国电影人,对他们的工作效率与创作理念印象深刻;在这里,他参观了著名的星光大道,看到印有自己的偶像李小龙名字的星星,他非常激动;在这里,他还与"美国电影之父"大卫·格里菲斯的雕塑合了影。

短暂的洛杉矶之行,似乎让周星驰的心灵受到了一次洗礼。这一年,香港知名导演吴宇森已经来到美国,准备筹拍自己的首部美国电影,并积极劝说周润发来美国发展。两大"功夫巨星"成龙与李连杰也在酝酿他们的好莱坞之旅。

对于英文很不灵光的周星驰来说,他暂时不会有进军好莱坞的打算,但是他清楚地意识到了港产片与美国大片的巨大差距。回到香港后不久,当王晶向他讲述了《逃学威龙3之龙过鸡年》的策划时,他表现出了浓厚的兴趣。

《逃学威龙》是周星驰真正成为香港超一线巨星的里程碑式作品,直接引发了港台多家电影公司掀起"逃学热"。正因为这个金字招牌吸引人,永盛高层才特别上心;正因为周星驰的票房号召力,向氏兄弟才坚定地要继续打造这个品牌。用今天的话讲,它已经成了一个超级IP。

相比之下,1992年的《逃学威龙2》是一部可有可无的作品,拍摄意义

不大。虽然当时拿下了3164万票房，但影片本身了无新意，还让男一号背上了"出轨"的黑锅。该片唯一的作用可能就是发掘出了朱茵这样一位有潜质、有灵气的新人，为之后《大话西游》的选角奠定了基础。

而王晶对《逃学威龙》这个招牌抓着不放，他很快为第三部创作了一个全新剧本，并请来了一个堪称豪华的明星团队——女主角是周星驰在《审死官》合作过，而且配合效果不错的梅艳芳，张敏、黄秋生、陈百祥、梁家仁和周海媚等也参与了演出。不过，周星驰的"御用男配"吴孟达并没有出演。

在这一集里，周星星（周星驰饰）不必再进入校园扮学生，但依然延续了卧底的人设。

富家子弟王百万（周星驰饰）离奇被杀，他的长相与周星星一模一样。为找出凶手，梁警司（梁家仁饰）安排周星星冒充死者王百万，去调查其妻汤朱迪（梅艳芳饰）。为此，星星的女友何敏（张敏饰）相当不满，居然也去接近女扮男装的汤朱迪。

王百万生前的好友林大岳（黄秋生饰）形迹可疑，很快成了周星星怀疑的重点对象，而周星星的卧底身份也随时有暴露的危险。汤朱迪似乎很喜欢周星星，王百万公司的高级职员程文静（周海媚饰）好像和汤朱迪有着说不清道不明的关系。随着剧情推进，真正的凶手最终浮出水面，并试图杀死周星星，而周星星平时练就的绝招终于派上了用场。

《逃学威龙3之龙过鸡年》是王晶第六次执导以周星驰为主演的电影。这部影片也是周氏喜剧作品中少有的带悬疑元素的。当然，影片烧脑程度适可而止，主打还是周氏喜剧，相信多数人还没看到一半就能猜到真凶了，但who care？只要观众看得高兴就好。

显然，王百万根本不可能是汤朱迪杀的，不然周星星从一开始就穿帮了。不过，在警方眼中，汤朱迪却是头号嫌犯。另外，周星星要查出凶手，完全不必假装死者，可以采用其他更专业的调查方法。从这个意义上讲，《逃学威龙3之龙过鸡年》的剧情设计从一开始就是有问题的。

作为一部在新春档上映的喜剧片,周星驰依然保持了自己一贯的搞笑水准,新加盟的梅艳芳的表演也相当精彩,所以这部电影充满笑点却不乏温馨。比如:周星星随汤朱迪回到王百万家中,忽然发现前面有个胖女人望着自己抽泣。

汤朱迪:你知不知道她是谁啊?

周星星:妈?

管家:少爷,你干吗骂我啊?

汤朱迪:她是我们的日本管家,摩芳侧子(朱咪咪饰)啊!

周星星:茅房厕纸?

汤朱迪:这是她的日本名字。

小孩(跑向周星星):爸爸,爸爸……

周星星(佯装欣喜):乖儿子!乖儿子!

汤朱迪:他是园丁的儿子啊。

周星:那他为什么叫我爸爸?

汤朱迪:他见到谁都叫爸爸的。叫人啊……

小孩:爸爸,爸爸……

(周星星蓦然把小孩扔到一旁,镜头外传来一声"哎呀"。)

这种极具个性化的表演比比皆是,搞笑指数也相当高。"周梅"两人彼此猜疑又相互被打动的桥段,也给观众带来不少温馨感。两人扮演中学生玩戏中戏,以各自超过三十的年龄演出了初恋的感觉,确实相当不容易,这个桥段后来也被人不断提起。不过,虽然有这些亮点,影片整体依然非常平庸。

九十分钟的影片,模仿《赌圣》桥段的赌戏就占了近十分钟,且这十分钟对于烘托主题的帮助不大,因而显得有点拖沓。一些无聊浅薄的玩笑也完全没必要加入其中,强行引进的"女同"元素,以及对《本能》的戏仿,更是显得刻意。说白了,王晶拍这部电影,是在消费《逃学威龙》,消费周星驰和梅艳芳。

《逃学威龙3之龙过鸡年》于1993年1月14日开画,2月11日下映,是新春档的季军,最终位列当年香港电影票房榜年度第8名,其实也算差强人意了,但一心以全能电影人为努力方向的周星驰,内心想必一定是失落的。

那么,是谁战胜了上一年主宰香港电影票房榜的周星驰呢?

二 其实，他不只是一个演员

《逃学威龙3之龙过鸡年》在新春档只拿到2577万票房，是周星驰三年来成绩最差的电影，也创造了王晶与周星驰合作影片的票房新低。之前的五部电影，票房全在3000万以上，有两部甚至超过了4000万。

不过，王晶并不是春节档的输家。成龙主演的《城市猎人》拿下3076万票房，该影片的导演还是王晶。知道那时候的王晶有多辛苦吗？每天6点到12点，他在邵氏影棚拍《逃学威龙3之龙过鸡年》，12点开车去嘉禾，拍《城市猎人》拍到天亮。这是他自己对媒体讲的。

这时候的王晶才37岁，正是精力体力最旺盛的时期，敬业得可怕。不过，平心而论，这两部作品都差点意思。

在那之前三年，成龙大哥的票房成绩都牢牢地被小弟周星驰压制，眼看星仔成了"星爷"，他找到最会拍周星驰电影的王晶，主演了一部最无厘头的成龙电影。

成龙和周星驰都主打功夫喜剧，可成龙的重点在功夫，周星驰的重心在喜剧。在王晶的指导下，《城市猎人》中的成龙一改过去的正义朴实形象，成了一个花心大萝卜，从头到脚透着一股贪财好色的劲头，还穿女装卖萌，简直酷似穿时装的韦小宝。尽管《城市猎人》的市场反应挺好，但王成二人从此再无合作。

1993年拿下新春档冠军的，是取得3548万票房的《花田喜事》，由黄百鸣的东方影业出品。后面我们将详细讲述它，因为没有这部电影，很可能就不会有《唐伯虎点秋香》的"小强"和"旺财"。

这一年，第12届香港电影金像奖颁奖典礼在香港文化中心大剧院举行。这年，王家卫没有作品入选。对此，很多人都应该松了口气，因为没有王家卫，他们就有了拿奖的希望。

尽管上一年拍了七部大卖的影片，但周星驰只得到了一个提名。

我坚持认为，跨年上映的《武状元苏乞儿》是周星驰的最佳作品，可以列入他的作品十佳甚至五佳。金像奖评委似乎也是这么想的。这部影片入围最佳电影，陈嘉上获得最佳导演提名，但均不敌张之亮的《笼民》。

在港片繁荣的年代，一部商业大片能够入围金像奖名单，其实挺不容易了。

周星驰获得这一届最佳男主角提名的角色，是《审死官》中的宋世杰。该片的女主角梅艳芳同样获得了提名。

公平地说，《武状元苏乞儿》和《鹿鼎记》中周星驰的表现也都配得上提名，但似乎没人愿意让周星驰和当年的周润发一样风光。

31岁的周星驰，已经是第三次入围影帝了。此次，他志在必得，因为全香港人都知道过去那一年是"周星驰年"嘛！

最佳男主角及其作品入围名单如下：

梁家辉《92黑玫瑰对黑玫瑰》
梁家辉《棋王》
成龙《警察故事3：超级警察》
向华强《蓝江传之反飞组风云》
周星驰《审死官》

成龙大哥是金像奖的常客，不过他过于套路化的表演方式，可能让评委有了审美疲劳；永盛老板向华强，在香港电影最辉煌的一年居然能拿到提名，

第八章 突破

多少有点荣誉奖的意味。因此，这届的影帝主要是周星驰和梁家辉两位实力明星竞争。

梁家辉比周星驰大四岁，早在1984年的第3届香港电影金像奖颁奖典礼上，26岁的他就凭借出演《垂帘听政》中咸丰皇帝一角，第一次获得提名，并成功摘得了最佳男主角桂冠，成为金像奖历史上最年轻的影帝。当时，22岁的周星驰还在TVB担任少儿节目主持人。

在前一年的第37届亚太电影节上，周星驰就已经凭宋世杰这一角色获得最佳男演员奖，此次金像奖，他自然是最大热门。另一方面，梁家辉有两部作品，难免会受选票分散的影响。

最终，梁家辉凭《92黑玫瑰对黑玫瑰》中的吕奇一角获奖。周星驰再度与金像奖大奖擦肩而过。

苦命的周星驰，就算躲过了王家卫，依然躲不过评委的偏见。

《92黑玫瑰对黑玫瑰》留给梁家辉的表演空间其实并不大，四位女星邵美琪、冯宝宝、毛舜筠和黄韵诗在影片中都有大量戏份，甚至可以说，这是一部和《流氓差婆》类似的"大女主"电影。

对此结果，不少人为周星驰鸣不平，他自己也相当失望。不过，这也不是他个人能改变的事情。王晶这样的导演，执导十年，居然没得过一次最佳导演提名，这不是更加不可思议吗？

作为和周星驰合作最多的导演，王晶自然教会了后者很多。这位"导二代"能有这样的商业成就，主要原因不是靠他爹王天林，而是他自己。

2017年，王晶在《追龙》上映时接受媒体专访。谈及自己的身份时，他如是说道："其实我最厉害的，第一是编剧，第二是监制，第三是演员，第四才是导演。在初期我甚至觉得自己导演好屎（烂），但后来发现大把人屎（烂）过我，才慢慢建立了信心。其实，我是站在一个制作人的角度去拍戏，能用十元拍出来的东西，我不会用十一元，所以水平长期处在七十五分。我会尝试在导演生涯的最后十年改变这一点。"

在被认为带有周星驰自传性质的《喜剧之王》中，当舞女柳飘飘（张柏芝饰）嘲笑尹天仇（周星驰饰）是个"死跑龙套的"时，后者略带腼腆，然而态度坚定地反驳说："其实，我是一个演员。"这句话被许多人看成周星驰本人的心声。

事实上，从1991年拍《龙的传人》开始，周星驰就不再仅仅是一名简单的演员。他想成为导演的野心很早就展露出来了。

与周星驰合作了《流氓差婆》《赌圣》《新精武门1991》的刘镇伟是最早建议周星驰走导演之路的人。他一眼就看出，这个人根本不满足于只做一名演员。

周星驰独一无二的表演风格是在过去几年的演艺生涯中逐步积累的。在《一本漫画闯天涯》《咖啡辣椒》《无敌幸运星》等影片中，他慢慢摸索出了一些个性化的表演方式。周星驰知道，自己没有刘德华、梁朝伟的精致容颜，没有成龙、李连杰的真功夫，更没有周润发、梁家辉的大哥气场，如果只是简单模仿别人，注定没有长远出路。

在《逃学威龙》火爆港台地区，引发多家电影公司跟风拍片之时，周氏无厘头风格也日趋成型。作为事实上的永盛"一哥"，周星驰在拍摄过程中也逐步获得了话语权，拥有类似于导演的权威地位。他对剧本、台词、配乐和武指等方面的"干预"，也越发变得明显。于是，一顶"帽子"也落在了他的头上。

有人在背地里诉苦，说周星驰在片场简直就是个"暴君"，而且还总是越俎代庖，做一些不属于自己分内的事情。也有人说，这个姓周的，不但对其他演员指手画脚，甚至还要和导演争辩一番；不但喜欢对细节评头论足，还想"擅自"加戏；如果他是普通演员，导演想的肯定是换角；如果没有他电影一样能大卖，老板估计恨不能永远不再用他。

可他偏偏是全香港最火的喜剧明星，最大的票房保证之一。一部电影的票房，如果主演是梁朝伟，期望值是500万；如果主演是刘德华，期望值是1500万，可如果换成周星驰，片商的预期直接就提到了3000万！只要是他主演的影片，连放出的片花也能收到很多钱。谁会跟钱有仇？

三 神秘编剧加盟，"铁三角"成型

1993年的新春档，全明星阵容、大制作的《逃学威龙3之龙过鸡年》票房屈居第三，冠军居然是一部非"辫子戏"的古装喜剧片。毫无疑问，这是香港电影史上的现象级作品。

这部出尽了风头的影片《花田喜事》，出品公司正是黄百鸣的东方电影出品有限公司。

《花田喜事》基本上沿用了上一年《家有喜事》的原班人马，最大的区别是黄百鸣将息影多时的许冠杰请出山，出演"小霸王"周通。因而该片的三大男主角是张国荣、许冠杰和黄百鸣，三大女主角则为关之琳、毛舜筠和吴君如，许冠杰的哥哥许冠英也在影片中担任了重要角色——许冠杰和吴君如饰演的兄妹的母亲。

以许冠杰45岁的年龄，出演这样的角色显然不是特别合适。明眼人不难看出，周星驰才是最佳人选。

其实，黄百鸣原本打算找周星驰，但后者在忙着拍《逃学威龙3之龙过鸡年》，所以没有达成合作。

《花田喜事》净收3548万票房，如果不是一部带有"跟风"性质的影片出现，它其实可以稳坐1993年香港年度电影票房榜冠军宝座。

为什么相比时装片，古装片制造的喜剧效果更加强劲？因为穿着古代服装的各路明星，说话却是现代人的腔调，做事是现代人的派头，制造的反差与滑稽感是时装片难以企及的。

"功夫皇帝"李连杰也察觉了这个动向。他请来刘镇伟当编剧，拍出了与《黄飞鸿》系列风格大为不同、无厘头色彩浓厚的《方世玉》，拿下3067万票房，位居当年香港电影票房榜年度第5名，这也是李连杰四年来取得的最好名次。

市场嗅觉高度敏锐的永盛，立马决定开拍一部非清朝的古装喜剧，由公司头牌周星驰领衔主演。鉴于过往吴孟达和张敏与周星驰合作了太多次，为避免观众产生"审美疲劳"，永盛这次决定不再继续用他们二人，而是为周星驰寻找新的搭档。

至于导演人选，向氏兄弟首先想到的当然是王晶，可王晶在拍完《城市猎人》之后，很快又接手了李连杰主演的《黄飞鸿之铁鸡斗蜈蚣》，一时分身无术。另一人选陈嘉上也因个人事务脱不开身。

这时，周星驰向公司推荐了一个人选。两个老板考虑过后，很快就同意了。

他就是TVB大剧《他来自江湖》及电影《情圣》的导演李力持。事实证明，李力持是周星驰最好的助手与合作伙伴。随后，周星驰又秘密邀请了一个王牌编剧为新片创作剧本。

毫不夸张地说，没有这位仁兄，就没有后来《唐伯虎点秋香》的成功。《家有喜事》《花田喜事》两大"神片"，都出自他的笔下。

这位年轻编剧正是谷德昭，他当时还是高志森影业的员工，给永盛写剧本的事肯定不能告诉老板，但纸里包不住火，被高志森知道后，谷德昭只好收拾东西走人。

谷德昭在新片中也客串了一个小角色，表现也相当惊艳。就是那个和唐伯虎对诗，最后吐血不止的"对穿肠"。

此后，谷德昭不仅成了周星驰的御用编剧，还经常客串出演。在《食神》中，他扮演的唐牛气场十足，给周星驰饰演的男主角制造了不少麻烦。

此前，因为在《赌圣》中，周星驰、吴孟达和张敏的组合大获成功，之后短短两年间，他们三个一起合作拍摄了近十部作品，所以被称为"铁三角"。实际上，周星驰、李力持和谷德昭的组合，可能才是真正意义上的"铁三角"。

周星驰是电影的灵魂，既是男一号，又是事实上的导演，把控着整部电影的风格，决定着作品的高度。在周星驰此后的一些影片中，只要片头字幕上"导演"的头衔写李力持，我们都可以认定，他不过是事实上的执行导演或者副导演，真正的导演是周星驰。

相比其他人，李力持能更好地领会周星驰的真实意思，能跟上他天马行空的想象力，并将各方面的关系处理得井井有条，让各部门的协作顺畅到位。

在李力持的协助之下，周星驰的电影可以锦上添花，细节处更加精益求精。一旦离开了周星驰，李力持独立指导的作品质量就如过山车一般直线下降，《唐伯虎点秋香2之四大才子》就是明证，这和刘镇伟完全不一样。

李力持自己也很清楚，没有周星驰的深度参与，他就会玩砸。他说："'周星驰'三个字已经代表一定是好笑，现在是在好笑之余要好看。……在许多电影里，周星驰已经是个'笑话指导'，这个岗位就和动作指导、美术指导、摄影指导一样。当了这些年的'笑话指导'，也应该是时候做'笑话导演'了，这就跟一个动作指导熟悉了一切之后，也会尝试做一部动作片的导演一样。"

早在1992年8月，在接受《电影双周刊》的采访时，周星驰就直言不讳地说："讲真，我是好想做导演，多过演一部文艺片。我的兴趣是可以兼做幕后，有机会的话希望再兼顾编剧、监制之类，导演是最后目标。"

在拍摄过程中，周星驰除了演好自身角色之外，还会和李力持一起坐在监视器后面观看演员的表演效果，并示范该如何表演。遇到不满意的时候，他甚至会毫不客气地喊"cut"。导演李力持对这一切并不在意，他乐得当个事实上的副导演。

说话一向不遮遮掩掩的王晶这样评论道："……向华胜先生想开拍我跟他建议了一年的《唐伯虎点秋香》，我就推辞了导演的职位，后来向先生再找《逃学威龙》与《武状元苏乞儿》跟他合作不错的陈嘉上,但陈嘉上也推了,最后导演的位置定为李力持。那是1993年,片子出来颇受欢迎,但明眼人一看便知真正的掌舵人是周星驰而非李力持。后来我用过李力持拍《整蛊王》及《爱您爱到杀死您》,也表现平平,更肯定了我的看法。"

谷德昭是影片的编剧,在周星驰确定的大方向下,他既可以赋予剧本天马行空的想象力,也能使其足够专业与严谨。如此一来,剧本就摆脱了简单和低俗的恶作剧模式,呈现出一定的思想深度和社会洞察力。这是周星驰自己一直希望做到但无法做好的事情。

从《唐伯虎点秋香》开始,周星驰的电影能够在娱乐性与艺术性上做到一定程度上的平衡,让作品有更持久的生命力,谷德昭功不可没。

不过,离开了周星驰的谷德昭,似乎也有些"能量"不足,特别是到了21世纪的第二个十年,更是烂片不断。正因如此,我们也特别怀念两人合作的那些作品,特别是堪称古装无厘头巅峰之作的《唐伯虎点秋香》。

四 《唐伯虎点秋香》，缔造古装无厘头永恒经典

20世纪90年代后，香港和内地合拍电影成为风潮。其中，徐克的《新龙门客栈》《黄飞鸿之三：狮王争霸》，陈凯歌的《霸王别姬》都取得了很大的成功。

《唐伯虎点秋香》寄托着永盛高层的太多希望，不容有任何闪失。在与中国电影合作制片公司签订合约之后，这部影片被允许在内地公映。因此，邀请巩俐出任女主角是一个很明智的选择。

也许有人会说，片中的秋香换王祖贤或李嘉欣来演或许会更惊艳，因为跑龙套的蓝洁瑛、饰演冬香的温翠苹都比巩俐美。可是，巩俐的表演经验是这些美女无法相比的。她将秋香对"9527"从鄙夷、同情、欣赏到爱慕的转变过程诠释得相当准确，让人信服。

"铁三角"团队搭建之后，三人达成了共识，绝对不能走《三笑》那种"才子佳人"的老路，要拍出特色和新鲜感，要比《花田喜事》更加夸张离谱，笑点更加密集，更有反讽精神。

除了周星驰和巩俐这对Super Star，《唐伯虎点秋香》中还有很多明星大咖，比如陈百祥、梁家仁、宣萱、苑琼丹、温翠苹、蓝洁瑛、郑佩佩、刘家辉等。

陈百祥是香港喜剧片一线明星，梁家仁是曾经的无线红星，他们都和周星驰在《逃学威龙3之龙过鸡年》中有过合作。宣萱是后来的无线"一姐"，苑琼丹也有不凡经历，温翠苹刚刚参演了成龙的《城市猎人》并表现惊艳，大美女蓝洁瑛则出演了唐伯虎的八位老婆之一，不仔细看还真认不出来。

至于郑佩佩和刘家辉这两位老戏骨就更不用说了，他们可是20世纪70年代邵氏武侠片的当家巨星，是周星驰那代人的偶像。两人愿意在电影中为周星驰当配角，足见其扶持后辈的饱满热忱。当然，永盛公司的号召力也起到了一定的作用。

《唐伯虎点秋香》是周星驰电影中唯一一部将女主角名字写进片名的作品，两人的爱情发展也是故事主线，所以也可以将其称为爱情片。在豆瓣上，它的评分为8.6（2020年12月的记录），在周星驰主演的电影中仅次于《大话西游之大圣娶亲》《大话西游之月光宝盒》和《喜剧之王》这三部，稳居豆瓣电影TOP250之列。

无论从剧情的完整性，还是故事的精彩程度、悬念设置及演员发挥上来说，《唐伯虎点秋香》都远胜《喜剧之王》。一个能够大打出手的唐伯虎，显然比历史上只会舞文弄墨的唐寅更适合商业大片的需要。当然，也可能比让孙悟空谈恋爱更现实一些。

1993年4月，周星驰跟随永盛制作团队来到上海，开始实景拍摄。

内地人口是香港人口的几十倍，如果打开了这个庞大的市场，港片的发展潜力将会是不可限量的。

作为先行者的周星驰当然异常兴奋，对影片也投入了大量心血。

开场时，唐伯虎以祝枝山的身体为画笔创作字画，就为这部电影定下了极致恶搞、极尽耍宝的基调。紧接着，各种匪夷所思的桥段接踵而至，各种让人颠覆三观的段子没完没了，当然更让人惊艳、更冲破观感的，无疑是一众香港明星甩掉偶像包袱，无所顾忌地搞怪卖萌。

不过，周星驰和李力持无心拍摄一部从头到尾充满无厘头情节的闹剧。一部荒诞夸张的喜剧片中如果出现一些暖心的镜头、温馨的桥段和催泪的台词，才会更加出彩。

秋香对唐伯虎"三笑留情"的典故,在民间传说和邵氏老电影中都已经被诠释过多次了,但那些都不过是佳人对才子的爱慕,是女生对男生的欲说还休。《唐伯虎点秋香》的高明之处,是为其设置了更有创意也更加感人的场景。

影片开端,唐伯虎已经有八个老婆,且个个相貌出众、身姿婀娜,但他终日不开心,只因这八位老婆没有一个跟他心心相印,根本不是唐伯虎想携手走完下半生的理想伴侣。他借故跑出去游玩,然后在茫茫人海中遇到了那个对的人。

第一笑,在城隍庙外。秋香随夫人去进香,挤在人流中的"江南四大才子"大喊:"秋香!"她本能地回头,看到了衣着光鲜、模样帅气的唐伯虎,随即嫣然一笑。秋香的表现自然得体、落落大方,完全没有普通女生看到富家公子时的羞涩或谄媚。这当然不能让唐伯虎马上动心。

第二笑,在秋香为灾民散发食物时。一身华服的她,给了装成乞丐的唐伯虎两个馒头,将脏兮兮的小姑娘抱在怀中,亲昵地摸她的脸,还跟一帮衣衫褴褛的乞丐一起开心地跳舞。无意间,秋香回眸看到了待在一边,手捧两个馒头的"乞丐"唐伯虎,对他一笑。整个过程中,秋香没有害怕和嫌弃,只是温柔地行善。

唐伯虎完全被震撼了,两个馒头当场掉在地下。随后,几只鸽子在他周围飞起,背景音乐响起——居然是西式教堂的赞美诗。周星驰的独白适时出现:"原来,当今世上最美丽的笑容,就是充满爱心的笑容!天哪,我终于找到了我的理想,她就是秋香!"唐伯虎的心,就此彻底沦陷了。

第三笑,在华府门口。唐伯虎假装卖身葬父、跟人比惨,经过一番争斗,秋香被感动了,打算买下他。当她跨入大门时,唐伯虎在后面喊:"秋香姐,辛苦你了!"秋香再次转过头来,露出恬静的微笑。

秋香的"三笑"原本都是在当时情景下的自然表现,但在被爱情冲昏头脑的唐伯虎眼中,就成了对自己的暧昧挑逗,成了"回眸三笑,情定终身"。

秋香的"三笑"，面对的是三个不同身份的唐伯虎，但在她的眼中，无论是鲜衣怒马的富家公子、满身污垢的乞丐，还是走投无路的穷苦人，都是一样有血有肉的普通人。对她来说，所有生命都是生命。

秋香身上所表现出的真善美情怀正是周星驰想向观众传达的，这大大提升了影片的格局，使它不再是一部简单的古装喜剧爱情片。

唐伯虎虽然出生于大富之家，但同样有一颗悲悯之心，要不然，他不会产生如此强烈的共鸣。他知道，这就是他多年来苦苦追寻的精神伴侣，是他愿意执手一生、付出一切的佳人，是他来到世间最重要的使命！

按理说，唐府和华府门当户对，唐伯虎就算想娶华太师的女儿都没多大问题，更何况是华府的一个丫鬟？他为什么不直接提亲呢？按影片的设定，唐伯虎开始的时候可能并没有求娶之意。

作为"四大江南才子"之首的唐伯虎，为了对秋香一探究竟，变成了华府的低级下人，这原本是不现实也不可能发生的事情，在该片特殊的剧情安排之下，却显得合情合理，并且特别感人。

为了追求爱情，堂堂的江南第一才子变成了"9527"；为了接近秋香，他拿出了看家本领；为了表现自己，他连命都可以不顾。可惜，秋香心里只仰慕唐伯虎，对眼前这个唐伯虎假扮的下人完全没放在心上，只觉得他人品低下，甚至怀疑他和淫贼是一伙的。

唐伯虎为什么不直接告诉她，自己就是她心中仰慕之人，然后和她一起私奔呢？

因为他想让秋香知道：虽然我才华过人，但我的才华只会用来帮助你、保护你，绝非"逼你就范"；因为他想让秋香知道：我虽受万人青睐，但也和普通人一样渴望真爱；因为他想让秋香知道：我会用自己的诚意、努力甚至牺牲，真正赢得你的心。

唐伯虎化装成下人，只是为了一步步接近她，而不是为了试探她的人品。

秋香绝非普通女生，她知书达理、爱憎分明，且很有主见。一个诗画水平高超但人品有问题的唐伯虎，也许能让不知内情的秋香成为粉丝，但不会令她产生与他共度一生的愿望。

在影片的高潮，秋香的选择也证明了，就算她爱唐伯虎，但因为华夫人，她可能不会和他私奔。

爱情固然可贵，但未必高于一切。这样的秋香，才真正配得上唐伯虎。

此时，我们不得不赞叹编剧谷德昭的才华。原本一个简单的才子追佳人的故事，愣是被他描写得一波三折、险象环生，而且妙趣横生。显然，他对明朝的诗词歌赋、音乐绘画和风俗做过不少功课，绝非随意杜撰。

一部商业片必须具备的节奏、悬念、高潮、反转，周星驰都能够精准控制，而他本人的演技也在这部影片中得到了淋漓尽致的发挥。用内功改变脉象、"江南四大才子"的模特步、化身"爆裂鼓手"的信口胡诌，以及与"对穿肠"（对穿祥）的对对子较量、跟华夫人的毒药广告比拼等片段，都成了日后无数影片模仿的对象。一会儿像个无赖，一会儿又是英雄，时而癫狂时而深情，状态随意切换……周星驰对于表情层次和肢体语言的合理运用，完全可以作为教科书，呈现给如今的那些所谓的流量巨星。

在影片开始和最后的两场动作大戏中，他面对刘家辉这样的巨星也丝毫不落下风。特别是在最危急关头，唐伯虎及时赶到，上演英雄救美的一幕时，他将一杆霸王枪的招式耍得炉火纯青、招招致命，实在让人倍感痛快。对此，动作导演潘健君同样功不可没。周星驰不按常理出牌的鬼马做派，与他匪夷所思的动作设计结合起来，可以产生震撼人心的"笑果"。片中几场动作大戏都呈现得极浪漫，尽显中华武术之精妙，并且与剧情结合得相当紧密，绝不是为打而打。

作为一部爱情喜剧，本片中周星驰与巩俐的合作才是最重要的。从开始的假山上使诈、闺房中吟诗、一起偷看假唐伯虎出丑、"还原靓靓拳"的情深拳狠,到最后的深情相拥,两人的配合相当默契。

在一部"众人皆癫狂"的喜剧片中,巩俐饰演的秋香是唯一显得正常的人。尽管后来有人因为该片对她的表演多有指责,但如果巩俐真的和苑琼丹一样恶搞,这部影片又会成什么样子呢?

一些严肃的电影学者对《唐伯虎点秋香》中严重背离真实历史,把男女主角塑造得比现代人还前卫的改编和表演很有意见,对片中那些极致恶搞,连最后一秒都不肯消停的桥段更是不以为然,但这部笑点超密集、场面超火爆的喜剧片,能让一代代的年轻人对人生、公义、爱情产生思考与感悟,这难道不是它的价值所在吗?对该片,有一则离谱的批评是这样讲的:

> 影片严重脱离生活实际,内容虚假荒诞,演员表演肤浅,人物形象完全失真,令人恶心的镜头比比皆是,缺乏应有的美感。

还有人通过考证《明史》等权威文献,指出周星驰是在胡说八道,可影片的定位就是爱情喜剧片,而非历史传记片。好在普通香港观众的想法,跟较真严肃的专家并不一样。

7月1日,《唐伯虎点秋香》在香港开画,四周后收报4017万票房,成为当年香港电影票房榜中唯一跻身"4000万票房俱乐部"的本土电影。这也是周星驰连续四年第四次拿下香港电影票房年度冠军。值得强调的是,这四个冠军全部来自暑期档。

不过,在当年的香港总票房榜上,周星驰输给了史蒂文·斯皮尔伯格。史蒂文·斯皮尔伯格的《侏罗纪公园》连映119天,拿下了6189万票房,让香港本地片商有些不寒而栗。

《侏罗纪公园》的开画日期定在7月29日,也就是《唐伯虎点秋香》下线的第二天。6000万票房对粤语片来讲是遥不可及的梦想,好莱坞大片却轻易地突破了。直到2016年,《寒战2》的香港票房才超过了《侏罗纪公园》。

1997年,《泰坦尼克号》又将香港电影票房带入了亿元时代,收报1.15亿,这一年也标志着港片全面衰落的开始。2009年,《阿凡达》创造了1.78亿的新纪录;2019年,《复仇者联盟4:终局之战》又达到了可怕的2.2亿,且放映首日便收获1861万的成绩,是绝大部分电影根本不敢想象的。

让人遗憾的是,精心制作的《唐伯虎点秋香》,票房却不及将周星驰推上一线地位的跟风之作《赌圣》。平心而论,巩俐确实不太受香港观众青睐。相比《大话西游》系列中的朱茵和蓝洁瑛,她在《唐伯虎点秋香》中的表现也确实不算特别好。好在曾经的武侠皇后郑佩佩奉献出了教科书一般的演技,与周星驰对飙演技不落下风。两人一起做毒药广告的镜头更是成了电影史上的永恒经典。

从1990年到1993年这四年来,票房超过4000万的港产片只有七部,全部由周星驰主演,《唐伯虎点秋香》只排第七。

因为有巩俐出演,《唐伯虎点秋香》也成为极少数可以在内地影院公映的港片之一。1993年,它跻身上海十大卖座影片之列。

就在这年的10月7日至14日,上海举办了首届国际电影节,这也是中国唯一的A类电影节,徐克被聘为评委。此时的周星驰大概不会想到,同在香港电影圈,他和徐克却要到23年后才会有紧密合作吧。

他应该更不会想到,他和另一位大导演此后近三十年没有再合作过。

五 《济公》不温不火，有突破更有遗憾

7月28日，《唐伯虎点秋香》正式收官，意外地只上映了28天。第二天，周星驰的另一部新片接棒上映。不过，它收获的鲜花和掌声并不多，更多的是争议和质疑。

这就是由杜琪峰执导，周星驰与张曼玉主演的《济公》。

不久前的一天，杜琪峰和周星驰说起了济公，并问星仔有没有听说过。周星驰虽然读书不多，但济公肯定是知道的，因为这个和尚的知名度实在是太高。杜琪峰直言不讳，说他打算拍摄一部关于"济公"的电影，问周星驰是否愿意来当主演。

周星驰没有立即表态。这种古装奇幻类型片，他此前并没有接触过，不知道自己能否胜任。

不过，最终他还是答应了，因为他认为这个题材不错。

后来，杜琪峰是这么说的：

> 选用周星驰来演济公，理由最鲜明易见，他是最容易吸引观众进场看电影的演员，又可以说周星驰是一件"工具"，透过他，向观众诉说的东西，其相信程度会自然的相应提高。这次的《济公》对周星驰的观众来说，可能会深了一点。①

---

① 师永刚，刘琼雄：《周星驰映画》，北京：作家出版社，2006年，p.169-170。

济公是中国民间相当有知名度的传奇人物。1985 年，著名演员游本昌主演了电视连续剧《济公》，而同一年，香港的亚洲电视台也推出了由林国雄主演的同名剧。

杜琪峰是很有思想深度与人文关怀的导演，他根本不想拍一部闹剧，这当然与周星驰的观点不谋而合。

古装魔幻类电影的制作难度令追求"短、平、快"的香港导演望而生畏，过去许多年，只有徐克的《倩女幽魂》三部曲和《新蜀山剑侠》等少量作品有不错口碑。不过，杜琪峰并不是毫无经验，他在 1993 年拍摄的《东方三侠》也有很重的奇幻味道。

在《济公》中，降龙罗汉（周星驰饰）在天庭是个"是非精"，整天折腾一些让天界众仙无法容忍的事情。他乱牵红线，擅改阎王生死册，甚至让牛郎织女天天相会，最终惹得天帝发怒。

降龙本应受到重罚，但在观音大士（梅艳芳饰）的劝说下，玉帝将降龙贬下人间，并宣布，如果他在不使用法力的情况下，能感化注定做九世娼妓、九世乞丐及九世恶人的三名凡人，就可以免去对他的责罚。

降龙投胎变成凡人李修缘，并先后遇见了他需要度化的三个人。他收了九世乞丐朱大常（黄秋生饰）为徒，千方百计地让他重拾对生活的信心；他苦苦劝说九世妓女小玉（张曼玉饰）回头是岸，甚至愿意为她做出违背佛理之事；他试图感化九世恶人袁霸天（黄志强饰），由此引出了邪魔黑罗刹，让自己陷入绝境之中……

可以看出，杜琪峰在影片中为济公设置的三重任务，难度不是一般的大，障碍不是一般的多，且任务之间相互影响，互为掣肘。

在计算机动画（CG）技术还不成熟的 1993 年，拍摄这样的古装奇幻剧情似乎过于超前，因而很不讨观众喜欢。比如，片中无比简陋的南天门，注定会被观众吐槽。此外，"只要有爱，哪里都是天堂"的主题也显得有些俗套。

这可不是说《济公》是部烂片，实际上它是一部明显被低估的作品。影片中周星驰的表演收放自如，嬉笑怒骂都很带感情，尤其是大结局的自我牺牲精神更是感人。张曼玉和黄秋生等人也献出了不俗的表演，程小东写意的动作设计也很适合这样的奇幻片。

更重要的是，该片剧情推进相当流畅，笑点也足够强劲，更有着香港电影普遍缺少的人文关怀与思想深度。毫不夸张地说，没有它的试水，就不会有《大话西游》系列的诞生和《西游·降魔篇》的巨大成功。

《济公》上映三周就宣布下线，以2156万的票房在1993年香港电影票房榜排列第12名。这个成绩其实并不差，毕竟集结了三大天王、跟风《逃学威龙》的《超级学校霸王》票房才1829万。

《济公》的票房失利，导致了香港顶尖导演杜琪峰与香港超一线明星周星驰正式"分手"。此后，有长达半年的时间，周星驰没有新作问世，而杜琪峰干脆休息了一年多。

1992年，周星驰有七部电影问世，而1993年，他全年只有三部电影公映，这在香港影坛是非常罕见的事情。

这一年，香港本地总共拍摄电影187部，超过了上一年，总票房达到了11.46亿，港产片占总票房的比例为72.5%，这两项数据比上一年略低，但即便如此，一线明星仍然是非常忙碌的。

这一年，李连杰拍摄了5部古装武侠片，片酬合计超过1亿港元；梁家辉一口气接拍了11部电影，题材五花八门；梁朝伟主演了9部电影，刘德华拍了4部，郭富城有6部电影。此外，王晶一个人执导了13部电影，其中两部是永盛投资、李连杰主演的《黄飞鸿之铁鸡斗蜈蚣》《倚天屠龙记之魔教教主》，分别以1818万票房排名香港电影票房榜年度第17名、1186万票房位列年度第29名。向氏兄弟给李连杰的片酬是每部1400万港元，这样的投入和产出比显然很不理想，所以《倚天屠龙记之魔教教主》续集被迫中止了。

作为永盛的"摇钱树",周星驰的片约是向氏兄弟从李修贤那里买来的,因此算是相当"物美价廉"了。无怪乎周星驰拍《家有喜事》时向黄百鸣"狮子大张口",要价800万港元。他太需要钱,也太知道穷困是什么滋味了。

此时,他更需要的,是属于自己的公司。刘德华自己组建了天幕电影公司,李连杰创立了正东电影公司,刘镇伟与王家卫创办了泽东电影公司,而他还在出演一部又一部高票房低回报的商业片,其中不乏相对粗糙的作品,只因为他不可能像把控《唐伯虎点秋香》一样深度把控每一部电影。

1994年,这位"片场暴君"终于有了第一部真正意义上的导演作品。这一年,他能否走得更远?能否继续占据年度冠军?

第九章 转型

一　首当监制，《破坏之王》成为最被低估的经典

1994 年如约而至。

每年的新春档都是各路商业片在香港大战的时段，而 1994 年的新春档可以说极其精彩。

1 月 29 日，去年缺席了的发哥，主演的《花旗少林》率先上映。

2 月 3 日，周星驰的《破坏之王》与成龙的《醉拳 2》同时开画，彼此"针尖对麦芒"，各自看点十足。这也是"成周之争"的第四个年头了。

三天之后，黄百鸣的贺岁喜剧《大富之家》也加入了竞争。

娱乐行业的繁荣离不开明星的独特魅力，作为特点鲜明又才华横溢的超级巨星，"一成双周"代表着香港电影产业最鼎盛时期的荣光。

这是他们三人四年内第三次相聚新春档。对香港市民来说，新年有他们的新片陪伴，就是最好的新年礼物。

十六年前，一部《醉拳》将星途坎坷的成龙送上了香港一线明星的宝座，也标志着成氏功夫喜剧渐臻成熟。1994 年的新春，即将迎来 40 岁生日的成龙依然年轻，精力依旧非常充沛。此次他不走国际范儿，而是选择与刘家良联手推出功夫大片，当然是希望局势有所突破。

至于准备进军好莱坞的周润发，则对香港市场的排名看得很淡，只是参与一下而已。就连 1993 年——香港电影最为繁荣的时期，他也没有新片推出。

需要说明的是，发哥主演的《花旗少林》中的大部分场景都在内地拍摄，导演则是捧红周星驰的刘镇伟。影片的女主角小菁（吴倩莲饰），是一个有

特异功能的内地女孩。这是刘镇伟首次尝试奇幻爱情片，因此剧情上难免有一些不成熟的地方。到了1994年7月，刘镇伟带着周星驰回到内地，一住就是三个多月，拍出了两部中国人都知道的电影，并且让自己多了个"葡萄"的别名。这个我们之后会讲到。

比起前三年相对"赶工"的作品，周星驰在1994年的新春档奉上的《破坏之王》无疑是最用心的。虽说这部电影最终只拿到了新春档票房第4，年度票房第6，却为我们留下了一部值得一看再看的经典。

我们甚至可以说，这是一部被严重低估的佳作。这部电影——不是《喜剧之王》或《大话西游》系列——代表着周氏喜剧的核心精神。

感谢"鬼才"编剧谷德昭写出了一个天马行空又特别浪漫的当代爱情题材剧本。我再次强调一下，周星驰、李力持和谷德昭才是真正的"铁三角"。这是在《唐伯虎点秋香》之后，三人的又一次合作。

这部影片的导演是李力持，实际真相是：周星驰把控全局，李力持为执行导演。完全还是《唐伯虎点秋香》的模式。

《破坏之王》的男主角何金银（周星驰饰）是荣记冰室的一个负责送外卖的打工仔，为人善良乐天，同时又懦弱怕事。

何金银的出场方式相当搞笑又令人辛酸，以特别的方式致敬了电影《终结者》，只是他的事迹更加感人。他很善良，愿意以自己的微薄之力帮助那些更需要帮助的人。

一次，去精英柔道中心送餐时，他被一个素不相识的女孩亲了，而且在短时间内被连续亲了两次：第一次是亲面颊，第二次是直接亲嘴！

这个女孩来头不小，她是环球精英体育中心的校花阿丽（钟丽缇饰），论长相、气质，她足以让绝大部分男生远远看到就脸红，让所有穷小子提起她就自卑良久。男生们与她说两句话就足以激动半天，更别说亲嘴了。

不过，阿丽这么做也是迫不得已，她只是为了摆脱体育中心主教黑熊（郑祖饰）的反复纠缠。阿丽更衣柜上贴的是施瓦辛格的《终结者》的剧照，她期望的另一半是一个英俊、斯文、正直、勇敢的英雄。

可是，何金银彻底沦陷了。他希望用自己的真诚与努力创造生命中最大、最不可思议的奇迹。阿丽怎么可能随便接受这样一个打工仔呢？他看起来毫无英雄气概。于是，何金银的"初恋"就这么告吹了。

"失恋"加上被喜欢的人否定，何金银陷入了绝望。不久，他在无意中看到了"懦夫救星"的招牌。如同身处沙漠的人看到了甘泉，他不惜掏出全部积蓄也要奋力一试。于是何金银拜了自称"魔鬼筋肉人"的鬼王达（吴孟达饰）为师。鬼王达要传授他一招"无敌风火轮"，但这招需要抱着对手从高台上滚下，他不敢学。

该来的还是来了。当黑熊再一次骚扰阿丽时，何金银不顾一切地扑了上去。在即将被黑熊打得只剩一口气之际，他万般无奈使出了"无敌风火轮"，结果奇迹真的发生了——他打败了黑熊。

可惜，何金银当时戴着面具，阿丽没有认出他来，因此功劳被阿丽的老同学断水流大师兄认领，此人还厚颜无耻地向阿丽求婚了。

何金银脆弱的心，再次受到了伤害。

为了向阿丽证明自己不是懦夫，在鬼王达的煽动下，何金银在明知两人实力悬殊的前提下向断水流下战书。经过激烈的生死较量，何金银终于大获全胜，并赢得了阿丽的芳心。

《破坏之王》改编自日本漫画家刃森尊的《破坏王》，但它讲述的故事其实与原著没有多大关系，后因版权问题改称《破坏之王》。

在周星驰的所有作品中，相比更多人喜欢的《功夫》和《喜剧之王》，《破坏之王》的剧情其实更完整、更丰富、更跌宕，对于理想、奋斗和爱情的诠释也相当深刻。

有人说，周星驰丰富的想象力源于他内向自卑的性格。说他内向固然不假，自卑可能也有过，但凭《赌圣》拿下香港电影票房榜年度冠军之后，他的身价水涨船高，早就不是当初那个落魄无人识的周星驰了。对于今时今日的周星驰来说，普通人做梦也不敢想象的事情，他只要勾个小指头或者拨个电话就能搞定；普通人做梦也不敢亲近的明星美女，也许就生活在他的周围，甚至和他搭档拍戏。

周星驰细腻扎实的演技是这部影片获得成功的关键。让一位年过三十、身家过亿的超级明星去扮演一个二十出头、社会底层的打工仔本就有些难度，何况他还把初见女神的卑微、突然被吻的惶恐与窃喜、熬夜排队买门票的认真、为老婆婆让位的善良，表演得真实自然、令人感动，而在"懦夫救星"训练班与吴孟达的对手戏中，他时而卑躬屈膝，时而欢欣鼓舞，时而怒不可遏，时而感动不已，更让观众明白了什么叫收放自如、游刃有余的演技。周星驰让我们沉浸在电影中，忽略他本人，只记住了这么一个为爱勇敢的"窝囊废"。

爱情，是男主角努力奋斗的全部动力；心爱的女孩，是他存活于世的唯一梦想。

细算起来，这居然是周星驰唯一一次扮演这么受人欺负的角色。他很少演白领精英，演的多是小混混。那些小混混不是身怀绝技，就是身有异能，反正绝对不是省油的灯。

《赌圣》《龙的传人》《新精武门1991》中，他演的都是"土包子"，智商不高，行为贱兮兮的，但打起架来很生猛，显然并不好惹。在《破坏之王》中，他演的何金银，连中学生都会欺负他。

在之前的大多数电影中，周星驰饰演的角色并不缺女朋友，有些甚至会被女人纠缠，轰都轰不走，比如韦小宝。《破坏之王》里的男主角则是一个渴望爱情却在阿丽这样优秀的女孩面前抬不起头来的穷小子。从这点看，这部电影在周星驰的作品中绝对是另类。

周星驰和梁朝伟一样,属于银幕上可以癫狂,现实中却很沉闷的主儿。要不是靠拍电影攒了不少钱和名气,他站在阿丽这样的美女面前恐怕也会跟何金银一样自卑。

影片中,张学友自己演自己,给何金银送了两张演唱会门票的镜头,给影片增加了亮点。

何金银(诚惶诚恐):张学友,我爱你!
张学友(云淡风轻):不需要了,我已经有女朋友了。

可惜的是,影片主题歌《你是我心上人》并非出自歌神之口。

本片的动作导演是与周星驰合作过多次的程小东。比起其他功夫片,这部电影的动作戏不算多,但足够让人印象深刻。

断水流大师兄在精英中心力扛四大高手、在擂台外殴打数十名武林高手的场景,将这个对男主角来说是最大阻力的人物的嚣张跋扈展现得淋漓尽致。在影片后半部分,何金银蒙面挑战黑熊,一次次悲惨倒地又顽强站起,则将小人物被惹急了也会拼命地反抗展现得分外传神。

影片最后三局完全按真实时间来计算的格斗戏非常精彩,令人震撼。毫不夸张地说,后来的电影只有模仿致敬的份儿。

在一部时装片中,设计这样超越人类能量极限和突破观众想象力的打斗,无疑是相当前卫和大胆的,恐怕也只有周星驰这种级别的巨星和这种风格的演员才有这样的勇气尝试。

这部电影留下的经典情节实在太多了。

这一年，出演女主角的钟丽缇只有 24 岁，她清纯中透着一份野性，性感中带着些许调皮，为影片带来了不少青春活力，更添了许多甜蜜气息。此后，她又在周星驰的电影中出现过三次。

出演断水流大师兄的演员是林国斌。作为香港电影黄金年代的黄金配角，林国斌诠释过很多经典形象，不过大多数是让人恨得牙痒痒的大反派。他影响力最大的一部作品是与周星驰合作的这部《破坏之王》，甚至有不少影迷称林国斌为断水流大师兄。

大概因为是新春档电影，《破坏之王》的结局很完美，完美得让我们都不敢相信。在现实生活中，何金银很可能会窝囊一辈子，阿丽如果嫁人多半会嫁给高富帅，魔鬼筋肉人只会是骗子，断水流大师兄也真的会要什么有什么……世界还是那个老样子，不会因为一个普通人的梦想和勇气而改变什么。

《破坏之王》真正的大结局似乎应该是这样的：陶醉在与阿丽热吻中的何金银流下了幸福的泪水，不，是口水。突然传来极其刺耳的声音——闹钟响了。何金银又得起床干活，又得走各种弯路，应付荣记老板，接受各种羞辱。

当然，周星驰采用那样完美的结局，可能也在提醒我们：在看透生活的本质之后，依然热爱生活，才是洒脱的人生态度。他自己不恰恰就是一个"咸鱼翻身"的奇迹吗？跑龙套时的他不就是香港娱乐圈的何金银吗？把能做到的事情做好，其他的交给命运，坦然接受一切可能，这才是洒脱的人生态度。

那么，《破坏之王》的市场反响到底如何呢？

虽说《破坏之王》品质不错，但上映四周只取得了 3691 万票房，在新春档四部大片之中居然是倒数第一。成龙的《醉拳 2》以 4097 万票房夺冠，这也是他首部超过 4000 万票房的影片。

1987 年，成龙的《龙兄虎弟》以打破香港影史纪录的 3547 万的成绩称霸香港电影票房榜，荣获年度冠军，但此后的六年，两位周姓巨星一直牢牢占据着冠军宝座。这一次,《醉拳2》将硬桥硬马的中国武术传统与鬼马搞怪的成龙动作喜剧巧妙融合,实现了票房突破,也让成龙看到了逆袭夺冠的曙光。

作为过去四年的"霸主",周星驰当然也不会轻易认输,况且他此前的四个冠军全部来自暑期档。胜败犹未可知。

二 巧蹭热点，《九品芝麻官》口碑爆棚

《破坏之王》下映后不久，阳春三月的最后一天，周星驰与王晶合作的新片《九品芝麻官》（又名《九品芝麻官之白面包青天》）与香港观众见面了。

在整个 20 世纪 90 年代，王晶是累计票房最高的导演，这段时间也是他创作欲望最为旺盛、才思最为充沛的时期，而他和周星驰则被业内誉为"最佳拍档"。在古装片拍摄制作方面，他更是有着自己的一套。可惜他没有执导《唐伯虎点秋香》，否则香港电影的 5000 万票房时代可能会提前到来。

1993 年，台湾的中华电视公司推出了长达二百多集的《包青天》，很快就火遍东南亚。不久之后，TVB 和亚视抢着拍摄粤语版包青天，完美再现了 20 世纪 60 年代邵氏和电懋抢拍《梁山伯与祝英台》时的盛况。

一时，"开封有个包青天，铁面无私辨忠奸……"的曲调传遍了大街小巷，比齐秦的《大约在冬季》还火。最会蹭热点的王晶，岂能放过这个机会？

值得强调的是，《九品芝麻官》是王晶与周星驰合作的电影中口碑最好的一部，豆瓣评分已经达到 8.5 分（2020 年 12 月数据），在周星驰主演的作品中评分仅次于《大话西游》系列、《喜剧之王》和《唐伯虎点秋香》，进入了豆瓣电影 TOP250 之列。

在王晶执导的上百部电影中，《九品芝麻官》的豆瓣评分高居第一。可以说，这部电影足以让很多人放下对王晶的偏见，让他们明白，至少在 20 世纪 90 年代，认真起来的王晶不会输给王家卫。令人有些遗憾的是，这部影片在香港的票房只是刚过 3000 万，排在《破坏之王》之后，位列当年的香港电影票房榜年度第 7 名。

《九品芝麻官》的背景并不是北宋，而是清朝同治年间。周星驰饰演的候补知县包龙星，贪财枉法毫无原则，在当地恶名远扬。他不会功夫，却能设计抓住在富豪戚家婚礼上大打出手的京城神捕雷豹（徐锦江饰）。戚家新婚娘子戚秦氏（张敏饰）被水师提督之子常威（邹兆龙饰）侮辱，丑行败露后，常威竟行凶杀戚家全家十三人。包龙星将常威抓捕审讯一番之后，生平第一次想要主持公正。这么一来，他就得罪了常威的父亲——水师提督常昆，后来为此付出了惨重代价，几乎丧命。

包龙星和族侄包有为（吴孟达饰）越狱逃到京城告状，途中被莫再缇（钟丽缇饰）兄妹搭救，与莫再缇订下百年之约。到了京城，包龙星却被仇人陷害，告状不成，后盘缠用尽，被迫进入妓院做苦工。在见证老板娘的骂人神技之后，包龙星苦练斗嘴技术，并在妓院里误打误撞地认识了皇帝。后来，在皇帝的支持下，包龙星回到家乡重审常威案，上演了一出快意恩仇的大戏。

普通的商业电影，剧情肯定有高潮也有平缓，《九品芝麻官》却是个异类。除了开头的小孩子展现了温情一瞬外，此后的一百多分钟里，各种笑料铺天盖地，足以让人从头笑到尾。这种密集程度，在周星驰主演的电影中也是独一份的。此外，相比《整蛊专家》和很多别的搞笑片，《九品芝麻官》的笑点比较干净，没有一门心思奔"下三路"去。

王晶除了密植笑点，蹭《包青天》热点也蹭得相当巧妙。相比那个不苟言笑、性格似乎也完美无缺的包拯，有缺点的包龙星似乎才更接地气。包龙星通过为民妇主持公道完成了对自己人生的完美救赎，总算没有白姓这个包字。

包龙星后面有多英勇，前面就有多贪婪招人恨。他开始是个候补县令，却根本混不进权贵圈。某次，当他违心地处理完一件强奸案后，大状方唐镜（吴启华饰）送了一两银子羞辱他，他居然还收了，可见其贪婪和脸皮之厚，也难怪他会落了个人见人恨的下场——他从前门走被人丢垃圾，从后门跑被人挖坑；卖小吃的做"油炸包龙星"，说书的咒他吃屎吃个不停，连小朋友都朝他吐口水。后来，因戚家的悲剧实在让他痛心，才将他内心的良知逼了出来，结果却令他大祸临头。

在武侠电影中，我们经常会看到主人公埋头苦练武功，最终一雪前耻的戏码，《九品芝麻官》借鉴了武侠片的节奏，但包龙星所修炼的并不是什么绝世武功，而是吵架斗嘴的本领，这也真够无厘头的了。王晶和周星驰的想象力在这部影片里呈现得淋漓尽致。妓院里三人同钻床底又跳出来敲诈的情节，绝对值得以后三五十年的喜剧电影反复"致敬"。

也许是受了《破坏之王》的启发，本片最后二十分钟的审案翻供，节奏紧张刺激得就如同拳击赛。包龙星先后对付了巧舌如簧的方唐镜、以权势压人的李公公，以及武功高强、犯下滔天大罪却反诬他人的常威。包龙星出色的骂功其实并不能真正解决问题，真正起作用的还是巧妙地给证人下套、利用尚方宝剑扰乱对方思绪、偷梁换柱让对方彻底露出马脚，当然还有雷豹在关键时刻完成的最后一击。

《九品芝麻官》有很多与《审死官》雷同的地方，比如主题都是为含冤少妇主持正义，面对的都是势力远大于自己的强权，主人公都不会武功，一张利嘴都是他们最有力的武器。状师方唐镜（吴启华饰）无耻的样子很有几分宋世杰当年的神韵。包龙星翻案的难度比宋世杰小不少，毕竟后者只是个秀才，而包龙星还有皇帝相助。不过，在王晶和周星驰的精心设计下，《九品芝麻官》的剧情被安排得惊心动魄、险象环生，就娱乐性来说，《九品芝麻官》要更胜一筹。

本片还多少有一点《武状元苏乞儿》的影子，比如同样都是"辫子戏"，主角同样是一副"烂泥扶不上墙"的麻木模样，同样因一个美女（都由张敏出演）而改变人生，同样跌入了人生谷底，同样在绝境中触底反弹，同样突破了自身潜能的极限，同样上演了痛快淋漓的复仇，同样抱得了佳人归，区别是前者使用的是拳头和武功，后者利用的是辩才与智慧。

作为《大话西游》系列之前周星驰拍摄的最后一部古装片，《九品芝麻官》也有很多奇幻元素，如戚秦氏老公不停咳嗽，直接把肝咳了出来；在审理戚秦氏一案时，广东居然六月飞雪；包龙星练习滚钉板大功告成，转身喝了碗水，结果浑身窟窿，秒变肉体喷泉；包龙星与心上人莫再缇在房顶上互诉衷肠时，天上的月亮居然成了心形；包龙星苦练骂人神功，对着刚死的尸体叨叨时，死人居然活了过来并向他表示感谢……

这样的桥段，如果放在风格严肃的影片里当然是极其不合适的，放在这样一部从第一分钟就开始恶搞的影片里却很恰当，甚至给某些戏份增添了反讽魅力。

在影片中，戚家十三人被杀，她自己由受害者被诬陷成凶手；包龙星差点死在牢里，想要找刑部尚书却被灌饼，后又被妓院护卫殴打，变成痴呆……在这样惨烈的氛围之下，王晶和周星驰却打造出了一部让观众每分钟都能笑出来的喜剧片，实在不易。不过，这似乎也消解了影片的批判意义，令它有变成闹剧的趋势。

相比《武状元苏乞儿》《唐伯虎点秋香》，《九品芝麻官》的爱情线太过敷衍，可能爱情并不是这部影片的主创想凸显的元素。在本片中，王晶没有让周星驰对某位女主角犯花痴，而是安排了三位女神，营造出三种不同的美。张敏的性感冷艳，钟丽缇的知性俏丽，蔡少芬的温婉可人，都让今天的观众深深感受到了香港电影巅峰时代的女星魅力。能有幸与这么多位大美女合作，当然也是周星驰的福气。

《九品芝麻官》上映到5月11日，收获3018万票房。此时，周星驰已经开始拍摄新作了。

三 晋升导演，《国产凌凌漆》探索新路

1994年4月22日的第13届香港电影金像奖评选让周星驰大受打击。

纵然《逃学威龙3之龙过鸡年》不值一提，可两部古装片《唐伯虎点秋香》《济公》都是笑点密集的商业片，不但武打场面惊险震撼，同时还有对社会和人性的反思与拷问，但金像奖评委似乎忘了这两部影片，居然一个提名都没给。

周星驰连续三年的影帝提名便就此中断了。不过说实话，也没有什么可惜的。

二十多年之后，那些提名影片或许已经被观众淡忘，而《唐伯虎点秋香》却成了永恒的经典。事实上，就故事完整性、逻辑合理性及思想深度来说，《唐伯虎点秋香》并不逊色于在内地封神的《大话西游》系列，说是周星驰的表演巅峰也不为过。

自从1989年《007》系列停摆以来，全世界观众已经有六年没能在大银幕上看到詹姆斯·邦德了。1995年，新一任邦德终于回归大银幕，他就是来自爱尔兰的皮尔斯·布鲁斯南。

这一年，周星驰抢在好莱坞之前拍出了一部《国产凌凌漆》，并在片中饰演凌凌漆。

虽说周星驰在《唐伯虎点秋香》和《破坏之王》中就是事实上的导演，但从《国产凌凌漆》开始，他的名字才正式出现在导演一栏。

过去四年，周星驰拿下了四次香港电影票房榜年度冠军，而且这四次全

都是在暑期档取得的好成绩，但不知道为什么，《国产凌凌漆》错过了暑期档，直到9月17日才上映。

当时，周星驰正在宁夏拍摄《大话西游》，互联网在那个年代还没有普及，视频平台更是不可想象，分身乏术的他显然无法为《国产凌凌漆》的宣传做出多大贡献。

周星驰是这一年7月去的内地，在这之前，《国产凌凌漆》已经拍完了，之所以未能在暑期档上映，似乎是永盛与周星驰有些事情没有谈妥，也可能是永盛想等他回香港后再办首映礼，毕竟有没有他参加，效果是完全不一样的。

《国产凌凌漆》的创意源于1974年上映的《007之金枪人》（又名《铁金刚大战金枪客》），这部电影曾在澳门和香港取景。在《功夫》中扮演重要角色包租婆"小龙女"的元秋也参演了这部《007之金枪人》，称得上是比杨紫琼更早的"邦女郎"。

凌凌漆原本是一名后备特工，奈何被长期弃用，沦落到市场当猪肉贩。一具价值连城的恐龙头骨被一个神秘的金枪客盗走，上级领导（黄锦江饰）决定起用这名杀猪佬，派他去夺回恐龙头骨。

凌凌漆来到香港，与领导安排的李香琴（袁咏仪饰）联络，不想这位漂亮干练的联络人居然背负着特殊任务。在搜查嫌疑人富商赖有为别墅的过程中，凌凌漆被打成重伤，随后又被出卖，命悬一线。与此同时，真相也逐渐浮出水面，需要他挺身而出。当然，在关键时刻，他也没有让自己、让爱人、让这个世界失望。

在国外的《007》系列片当中，詹姆斯·邦德利用各种高科技武器在世界各地收拾危险分子，同时忙里偷闲到处交女朋友，很符合中国的一句古诗——"万花丛中过，片叶不沾身"。《国产凌凌漆》表面上是对其戏仿，实质上反其道而行，愣是将一部特工片生生变成了爱情片。

影片一开始，凌凌漆如同一名真正的杀猪贩，头发蓬乱，胡子拉碴，腰间别着一把杀猪刀，妥妥的社会底层人士，但随着剧情推进，他的另一面渐渐显露了出来。

接受任务后，剃掉乱发、刮净脸庞的凌凌漆猛然变得英气逼人，有点像统领飞虎队时的周星星。他拥有各种高科技的武器，更有一颗善良的心。

在《大话西游之大圣娶亲》中，有一段经典对话：

菩提老祖：爱一个人需要理由吗？
至尊宝：不需要吗？
菩提老祖：需要吗？

凌凌漆爱上李香琴，应该是有理由的。他们第一次见面时，她正在喂流浪狗。长得漂亮是外在美，对流浪狗有爱心是内在美，这样外在美与内在美兼有的女孩，也难怪会让男人快速坠入情网。

何况，她和他一样，都喜欢张学友的《秋意浓》。

两人同处一室时，他拼命表现自己，掏出了大哥大手提电话外形的剃须刀、剃须刀外形的电吹风、电吹风外形的剃须刀，实在令人忍俊不禁。

一起外出吃饭时，两人很像情侣，还被一个发掘爱情题材的艺术家偷拍了。

她随口说喜欢白玫瑰，他便牢牢记在心里。在赖有为的别墅里，他冒着密集的子弹摘了一朵送给她。

她处处想置他于死地，结果一直没有成功。在别墅外，她决心痛下杀手，却一直下不了手。

看到他把带血的白玫瑰交给她时，她才明白为何他在本已躲好的情况下，又在枪林弹雨中冲了出来；当看到他即使身负重伤，遇到钢牙（郑祖饰）时还奋力拦在她前面，她原本就不坚固的防线彻底动摇了。

"你用不着这么认真啊,神经病!"这是斥责,更是李香琴潜意识中的心疼。

当两人合力取出子弹,凌凌漆转危为安之后,他们开心地紧紧抱在了一起。就在这时,凌凌漆发现了李香琴的真实目的,但他不计前嫌地放过了她。此时,他们两人的心已经在一起了,这个世界上再没有任何力量能将他们分开。

在1994年上映的三部周星驰电影中,《国产凌凌漆》的影响力最大,但平心而论,就剧情逻辑性来讲,本片可能是最差的。

影片中,司令好不容易把凌凌漆叫到香港,却又要动手杀他,这实在令人费解。就算要对付他,也可以把某个重大阴谋栽赃给他,比如杀那个陈司令;李香琴试凌凌漆的枪时,明明胳膊中弹了,却像只是被擦破皮一样;金枪客暴露得过早,也让影片失去了一大悬念……也许,对周星驰来说,他并不想拍一部标准的特工片或侦探片,功夫喜剧才是主打。

《国产凌凌漆》的动作场面不多,却足够精彩。比如,序幕中于荣光完美地当了个背景板,白白浪费了他本人那么好的身手,被金枪客一枪解决。这个反衬用得很巧妙。

又如,凌凌漆在商场电梯前击毙劫匪、在别墅中打跑女杀手,使用的全是冷兵器——小李飞刀的刀。他的动作干净利落,呈现出别样的炫酷,在这部科幻氛围不低的影片中表现出了一种冷幽默。

再如,影片高潮中解决金枪客的戏份,更是把凌凌漆千钧一发之际的冷静与从容表现得让人拍案叫绝。在此之前,金枪客已经干掉了两大高手,他的那把金枪,无论多厚的钢板都能打透,就算火云邪神都接不住这种子弹,可凌凌漆面带微笑,叼着烟,拎着那把从不离身的杀猪刀,踩着遍地玻璃碴儿,就这样一步一步迎了上去。金枪客被这个靠一把杀猪刀就妄想除掉他的凌凌漆逗乐了:没见过这么急着投胎的。

第一枪响了，凌凌漆被震得退后几步。阿琴惊叫一声，捂着眼睛不敢看。他的刀居然挡住了子弹。

第二枪响了，他的刀飞了出去——那刀虽然挡住了子弹的飞行路线，却深深插在了地上。

第三枪，眼看躲不过了，他怎么办？

金枪客很快地装弹、瞄准，而凌凌漆居然在发功运气……

是啊，他跟阿琴说过的，真正的飞刀，不是用手，是用气。

当他用气功将刀从地上吸到手中时，他也一跃而起。寒光闪过，金枪客什么都能打穿的金枪、什么都打不穿的宝甲，就这么被砍坏了。

从影片的结尾来看，《国产凌凌漆》当时很可能是有续集的。不过，那时候的周星驰，其工作重心已经转移到自己的新公司上了，加上该片的成绩不算特别好，所以便没有了后续。

《国产凌凌漆》连映82天，创造了周星驰电影的上映纪录，不过该片的最终票房只有3752万，最终排名当年香港电影票房榜中文电影第三名。如果不放映这么长时间的话，其票房可能无法超过《破坏之王》。

四 虽丢掉年冠，但收获更多

1995年是世界电影诞生一百周年，因此在1994年，全世界的电影工作者好像都憋着劲要出精品佳作，向这个重要的时间点献礼，同时也争取让自己的名字成为传奇。

在好莱坞，这一年诞生了《阿甘正传》《肖申克的救赎》《低俗小说》《燃情岁月》等剧情佳片，《这个杀手不太冷》《真实的谎言》《生死时速》《变相怪杰》等商业巨制，以及《狮子王》这样的经典动画。

在内地，张艺谋拍出了自己最重要的历史剧情片《活着》；陈凯歌虽没有新作，但上一年的《霸王别姬》为中国电影斩获了首尊金棕榈大奖；至于未来和他们两人并为四大导演的冯小刚和姜文，在这一年分别完成了电影导演处女作《永失我爱》和《阳光灿烂的日子》。

在台湾，李安拍摄完成了"家庭三部曲"的最后一部《饮食男女》，并决定闯荡好莱坞。

在香港，除了息影一年的杜琪峰，几乎所有大导演都有了重要作品：一向追求"慢工出细活"的王家卫，一年里居然连续推出了《重庆森林》和《东邪西毒》两部影片；陈嘉上完成了自己期待已久的《飞虎雄心》，还与李连杰合作了《精武英雄》《中南海保镖》两部经典动作片；陈可辛携张国荣、袁咏仪拍出了《金枝玉叶》；离开李连杰的徐克，拍摄了一部古装爱情片《梁祝》；王晶更是特别高产，不靠周星驰，也拿下了这一年的香港年度票房冠军。

这一年，《醉拳2》从2月上映登上冠军宝座之后，一路领先到年底，在12月15日，圣诞档的一部新片却创造了5253万票房的惊人纪录，让成龙再一次与香港年度票房冠军失之交臂。这部电影就是由王晶导演，周润发主演的《赌神2》。

阔别五年，《赌神2》在万众期待中卷土重来，势不可当。由于周润发即将追随吴宇森去好莱坞发展，这部电影很可能是他在香港的告别之作，因此受到了广泛追捧，最后拿下了5253万的惊人票房，打破了《审死官》的票房纪录。

自1990年以来，周星驰的电影第一次丢掉了票房冠军，甚至连亚军也不是，但这并不是说他马上就要走下坡路了。

其实，《破坏之王》的制作水准并不逊色于《赌神2》，二者的票房之所以有那么大差距，原因是多方面的。《赌神2》是"五年等一回"，达到了"饥渴营销"的效果，周星驰的喜剧却每年上演多部，难免让一些观众审美疲劳；周润发即将赴美发展，香港观众当然倍加珍惜能在大银幕上看到发哥出演港产片的机会，而在很多人看来，周星驰只能留在香港电影圈，毕竟美国人又看不懂他的无厘头；永盛对《赌神2》的宣传营销不遗余力，而《破坏之王》没有这个优势。

《赌神2》一直上映到次年1月15日。可惜，它在香港本土的票房纪录保持了不到一个月，就被一部新春档影片打破了。

这一年，周星驰主演的三部电影全部进入了"3000万票房俱乐部"，在香港当年的中文电影票房榜前七中占据了三席，总票房超过1亿港元。这个成绩其实好过1993年。

更值得强调的是，如果我们评选周星驰演艺生涯的十佳电影，这三部影片很大概率会被包括在内。在这一年，还有两部拍摄完却未上映的电影，更是能排进他演艺生涯中的前五佳。

这么一来，在神奇的1994年，周星驰十佳电影中的一半诞生了。相比1992年，这一年才应该被称为"周星驰年"。

所以说，尽管他丢掉了当年的年度冠军，但得到的其实更多。

更何况，周星驰电影这年的商业表现并不算差。放眼整个香港电影史，一位明星一年内主演的电影，能有三部以上超过3000万票房的情况，总共只出现过三次：第一次是1991年的周星驰，第二次是1992年的周星驰，第三次是1994年的周星驰。

正是从1994年开始，直到2019年的《新喜剧之王》，周星驰主演或导演的每一部作品都稳居香港年度电影票房榜前十。

这足以说明，即使周星驰人脉有限也不愿积极拓展，但他在香港观众心目中已经成了"活字招牌"。他的辉煌，是香港观众花钱买出来的——用一张又一张的电影票。

这一年，周星驰用三部票房合计过亿的佳作证明自己依然是高票房的稳定保证。

这一年，周星驰决定不再为永盛拍片。他和这家公司的缘分似乎已到了尽头。

这一年，周星驰终于组建了自己的公司，并远赴内地拍摄完成了两部新片，并定在新春档上映。

可能当时谁也没有想到，这两部起初票房不佳的作品，却为他带来了莫大的荣耀，甚至奠定了他神一般的地位，直接将他和普通的香港导演、演员区分开来。

各位知道我说的是什么电影吗？

第十章 创业

一　《大话西游之月光宝盒》出大漠，史上最牛"加长预告片"

1995 年，世界电影诞生一百周年。

1895 年 12 月 28 日，在巴黎卡普辛路 14 号大咖啡馆的地下室中，法国人卢米埃尔兄弟公映了他们用纪实手法拍摄的第一批短片，包括《工厂大门》《火车进站》《水浇园丁》等 12 部影片，每一部都只有一分钟且无声。

特别值得强调的是《水浇园丁》，它是世界上最早的带有搞笑元素的影片，为以后的喜剧片创作开了先河。卢米埃尔兄弟不会想到，一百年后，电影艺术会催生出一个庞大产业，并能改变无数人一生的命运。

1995 年 1 月 31 日是猪年春节。

1971 年，也就是上上一个猪年，李小龙用一部《唐山大兄》打破了香港影史票房纪录，让当时只有 9 岁的周星驰成为骨灰级"龙迷"，也让他早早就有了当演员的梦想。

1983 年，也就是上一个猪年，21 岁的周星驰在无线艺员培训班毕业之后，正式入职 TVB。他担任《430 穿梭机》的主持人，并主演《黑白僵尸》，开启了自己的演艺之路。

1995 年，即将迎来 33 岁生日的他，已经组建了自己的彩星电影公司，完成了自己的创业作品。

香港电影最好的档期，当然是新春档。

1 月 21 日，成龙大哥联手最佳拍档唐季礼，推出了进军好莱坞的献礼之作《红番区》。同一天，周星驰筹备多时的新片也开画了。这部影片就是《西游记101回月光宝盒》。在内地上映时，它被改名为《大话西游之月光宝盒》。

作为中国最知名的魔幻IP，《西游记》自然是影视改编的热门。自1966年邵氏拍摄《西游记》以来，在国人眼中最有影响力和传播度的"孙悟空"不断被搬上银幕，但基本都没有引起任何争议，可周星驰在两部《大话西游》中的颠覆性改编，却让孙悟空变成了凡人，谈起了恋爱，甚至还穿越了时空。

这两部与西安电影制片厂的合拍片，是刘镇伟与周星驰等人远赴宁夏镇北堡，经过一百天艰辛拍摄取得的成果。

今天的《大话西游》系列已然封神，但受时下年轻人狂热推崇的，事实上只是下部《大话西游之大圣娶亲》（原名《西游记大结局之仙履奇缘》），讴歌的也是紫霞仙子与至尊宝的虐心绝恋。其实，《大话西游之月光宝盒》只能算作"加长预告片"，是为了给男女主角的相遇做背景铺垫。

让人不可思议的是，至今被无数影迷奉为经典的《大话西游》系列居然没有完整剧本，台词也是边拍边改、即兴发挥。只能说，那一时代的电影圈不乏人才和天才。

在上部中，首先交代了故事前戏：取经途中的孙悟空（周星驰饰）背叛师门，偷走月光宝盒，惹得观音打算将其铲除，唐三藏（罗家英饰）再三请求，舍命感化孽徒，使其可以重新投胎做人。

五百年后，孙悟空转世为斧头帮帮主至尊宝，以五岳山为据点，手下有二当家（吴孟达饰）和瞎子（江约诚饰）等一群乌合之众。两姐妹蜘蛛精春三十娘（蓝洁瑛饰）和白骨精白晶晶（莫文蔚饰）为吃唐僧肉来到山寨，菩提老祖（刘镇伟饰）和牛魔王（陆树铭饰）为找孙悟空，也先后赶到这里。

至尊宝对白晶晶一见倾心，后者却以为他就是当初的孙悟空。在相处过程中，两人逐渐产生了爱情。后来，白晶晶为救至尊宝打伤春三十娘后，自己也身中剧毒奄奄一息。至尊宝找春三十娘搭救她，白晶晶却因误会他离开自己而跳崖。为了拯救爱人，至尊宝用月光宝盒多次穿越时空，结果一不小心穿越到了五百年前，见到了紫霞仙子。影片在此处戛然而止。

由以上内容可以看出，《大话西游之月光宝盒》虽说是"魔改"，却不是任性胡来。谈恋爱的并不是跟随唐僧取经的孙悟空，而是他死后转世的至尊宝。制片方可能以为这样一来就能在一定程度上避免批评，可惜影片上映之后还是恶评如潮。

论笑点之密集，金句之频现，动作场面之漂亮，《大话西游之月光宝盒》与下部也是可以一比的，并没有明显差距。因此，这部"超长预告片"后来也受到了无数观众和粉丝的追捧，就连导演刘镇伟也因客串了菩提老祖一角，从此有了"葡萄"的昵称。

同下部一样，《大话西游之月光宝盒》也是一出爱情悲剧。影片的尾声，女主角同样付出了生命代价，同样为了保护男一号而死在了牛魔王的钢叉之下，但在对爱情与宿命、使命与缘分的解读方面，它没能做到与下部等同的思想深度。

至尊宝是个贪财好色又胆小的山贼，武功平平，全身上下唯一能在女人面前炫耀的，也只有他那张小白脸了。这样的他怎么可能想得到自己居然是五百年前的"齐天大圣"孙悟空转世，所以当他明白自己打不过春三十娘时，会乖乖地听从她的安排；当大难临头之时，他窜得比手下更快。

这样的至尊宝，几乎可以说一无是处，但他依然遇到了爱情。爱情，让他懂得了勇敢和珍惜。

白晶晶曾被孙悟空欺骗，却对负心人余情未了，因此她一度把至尊宝当"臭猴子"的替身，令后者相当受伤。当白晶晶知道孙悟空不可能出现，至尊宝又肯不惜一切来保护她时，她逐渐接受了至尊宝，最后甚至因为误会他而自杀。尽管如此，她心底真正爱的人是孙悟空而不是至尊宝，后者终究只是她爱的人的"影子"——白晶晶一直拿着孙悟空和她的定情玉佩，昏迷之中还念叨着："我找到了一个和你很像的人。"

所以说，只有充分看懂片中细节传递的信息，我们才会明白，为什么穿越到五百年前的至尊宝和紫霞仙子的爱情那么让人感动，为什么他要戴上金箍成为孙悟空，从此告别尘世间的爱恨情愁。

这两部影片拍摄于1994年7月到10月，这个时段无疑是周星驰演技与颜值的巅峰时期。在两部《大话西游》系列电影中，他都奉献出了堪称教科书的演技。

从起初胡子拉碴、智商不够的土匪头子，到眉清目秀、为情所困的大男孩；从对女人只知道杀戮和非礼，到义无反顾地爱上并迷恋妖怪；从一遇到麻烦就麻利开溜，到为了心上人拼尽全力，在极致癫狂的剧情中，周星驰将至尊宝从男孩到男人的成长过程展现得非常到位。在木桥上"邂逅"白晶晶并大献殷勤时，作为演员的周星驰，将一个男人情窦初开时为讨喜欢的女孩子的欢心而小心翼翼的样子展现得过于真实且令人辛酸。当至尊宝拿着照妖镜，看到心上人的真面目时，周星驰更是在一瞬间就通过表情将惊愕、失落、伤心、无奈、绝望之情都精准地表演了出来。难怪王晶对他大加赞赏，说周星驰演文艺片主角也没有任何问题，只不过问题是他不演。

不论是至尊宝出场时瞪着斗鸡眼骂小狗时的蠢萌，还是在澡堂偷袭春三十娘时的猥琐，或者殴打菩提老祖时的嚣张、裤裆着火时紧咬木棍时的绝望，周星驰的表演都收放自如，一笑一怒都喜感十足。"台上一分钟，台下十年功"，如果没有之前十余年的勤奋打磨，他不可能将至尊宝和孙悟空的形象诠释得如此深入人心。

《大话西游》系列有四位知名女星参演，不过在《大话西游之月光宝盒》

中，蔡少芬没有露面，朱茵仅在最后短暂现身，其作用如同《鹿鼎记》第一部片尾出现的林青霞饰演的龙儿。莫文蔚与蓝洁瑛两位女神在上部中都有着精彩发挥。

自从出演了《大话西游》系列之后，"春三十娘"就成了蓝洁瑛的代号。她演活了性感入骨、心比天高、手段毒辣却又命运多舛的蜘蛛精。独闯匪巢，脱下面纱、亮出桃花纹身戏耍一众亡命之徒，真是又美又帅；从澡堂中跃起，踩着一帮色狼脑袋披上红装的画面，足够入选电影史的经典镜头；被窝囊猥琐的二当家"打个冷战"的屈辱遭遇，也非常令人同情。因为蓝洁瑛的个人魅力太大，这样的"蛇蝎美女"让人一点也恨不起来。在影片的最后，一心想吃唐僧肉的春三十娘居然成了唐三藏的生身母亲。这种脑洞大开的安排，不由得让人感叹命运的残酷。

莫文蔚饰演的白晶晶，在《大话西游之月光宝盒》中是女一号。她演活了花季少女对初恋不可救药的坚持，对放不下的负心人的又爱又恨，对一段新感情既排斥又渴望的心理。在上部中，至尊宝追求白晶晶有多卑微，在下部中，至尊宝与紫霞仙子的真爱就有多宝贵。

拍摄本片时，正处于 24 岁本命年的莫文蔚，表演经验比朱茵还少，却演出了一个史上最清纯、最痴情的白骨精。木桥上教训至尊宝的干练爽直、盘丝洞中大战师姐的率性洒脱、断崖前与至尊宝亲热时的娇憨可爱、绝望中拔剑自刎时的悲愤无助，都给观众留下了特别深刻的印象。尤其是高潮戏份中面对牛魔王的钢叉，白晶晶奋力踢开至尊宝的镜头，更是构成了上部中最催泪的桥段。

从本质上来说，白晶晶与紫霞是同一类人，都中爱情的毒太深，都不懂得及时放手，结果也就造成了自己的悲剧。

听听她是怎么说的吧。

至尊宝：你中的毒越来越深，再不解，会死的。

> 白晶晶：解了又怎样？不开心，长生不死也没用；开心，就算只能活几天也已足够。

当白晶晶知道至尊宝不是孙悟空时，她非常伤心："你不怕我杀了你？"

至尊宝的回答非常坦诚："怕，不过没办法，因为我不希望你看到我的时候心里却想着另外一个人。"

听他这么说，白晶晶觉得非常内疚和感动，两人也差点有了第一次的亲密接触。在冷静下来后，至尊宝很真诚地说："我看你这么冲动，配合你一下而已。虽然我不是正人君子，却不会乘人之危。"

可能他在潜意识中也希望自己与白晶晶的关系能有突破，而不再是孙悟空的影子。至尊宝和白晶晶一样，也需要一个能全心全意爱自己的人，希望自己是她的最爱。这也为他找到月光宝盒，穿越回五百年前埋下了伏笔。

至尊宝发现月光宝盒的经历也是信息量满满。

影片伊始，通过观音和唐僧的台词可知，孙悟空抢走了紫霞仙子的月光宝盒还到处乱丢，但五百年后，孙悟空投胎成至尊宝，在盘丝洞中发现了它。难道说，影片的开头承接的是至尊宝已经穿越到五百年前的剧情？当然不是。当时法杖插在了唐僧头顶，他已经以自己的命来换孙悟空的转世了。显然，此时孙悟空还是孙悟空，至尊宝还没有穿越过来。

后来，至尊宝被春三十娘关了起来，逼他说出他根本不知道的唐僧下落。为了出逃寻找白晶晶，至尊宝似乎被肖申克监狱里的安迪附体，准备凭双手挖个地道逃出去。他先是挖到一块木牌，上面写着"月光宝盒：借助月亮光华，可以穿越时空——盘丝大仙。"接着就看到了天下闻名的宝盒。宝盒上面除了梵文咒语，还有一行字——"时光倒流，回到未来"。

盘丝大仙就是下部的女主角紫霞仙子，春三十娘和白晶晶的师父。难道是她将月光宝盒埋在洞中？有什么深刻寓意呢？真的是为了留给有缘人？

看了下部就知道，从头到尾，紫霞仙子都没有埋宝盒的机会与必要。难道说月光宝盒是"平行宇宙"中的另一个盘丝大仙埋下的,紫霞仙子并不知情?那这么重要的宝物,为什么非要埋到地下,等到五百后才发挥神奇作用,为什么又能帮助至尊宝不偏不倚地穿越回五百年前?另外,那个春三十娘生出来的唐三藏似乎并没有对剧情走向起到作用。

既然片名叫《大话西游之月光宝盒》,说明刘镇伟并没有将上述问题彻底想清楚,因而也为影片留下了一定程度的硬伤。不过,瑕不掩瑜,这并不会影响作品本身的伟大。只是,如果他胆子再大一点,想象力再夸张一点,《大话西游之月光宝盒》就能升级为中国版《回到未来》了。

如今,《大话西游之月光宝盒》被无数年轻人反复解读,在 1995 年的新春档,却收获了大量的差评和谩骂,因而它的票房也不会太高。两个星期之后,另一部影片上映,其成绩更不美好。

二 《大话西游之大圣娶亲》票房惨淡，却成就周星驰最大IP

《大话西游之月光宝盒》上映26天之后，在情人节的次日，以2509万票房的成绩下线。

不知道彩星是怎么考虑的，2月4日，这部影片的下部《大话西游之大圣娶亲》同步上映。我猜测，也许是上部的口碑已经在下滑，周星驰担心过一段时间后上映可能效果更差，于是就有了这样的决策。

《大话西游之月光宝盒》和《大话西游之大圣娶亲》是两部充满宿命论和悖论的电影，而且在这两部电影中，女主角都死了。对香港观众来说，这显然不应该成为喜剧片的结尾模式，而且影片还是在新春档上映的，这样的结尾很不符合新春档的欢乐氛围。

《大话西游之大圣娶亲》承接《大话西游之月光宝盒》，讲述了至尊宝（周星驰饰）为救心上人白晶晶（莫文蔚饰），凭借月光宝盒回到五百年前，却发现所谓的盘丝洞是水帘洞，并遇到了从天庭逃下来的紫霞仙子（朱茵饰）。

在影片一开始，至尊宝来到了陌生的时空，被紫霞夺走了月光宝盒，还被"盖了章"——在脚底留了三个痣。当他拿起照妖镜时，看到的居然不再是自己的脸，而是一张陌生而丑陋的妖怪的面孔，他感到难过、恐惧，且不安。

至尊宝为了抢回被紫霞拿走的月光宝盒，不得已留在她身边。紫霞渴望浪漫的爱情，并声称谁能拔出她的紫青宝剑，就是自己的真命天子。紫霞谁都不怕，唯独害怕姐姐青霞。为了让姐姐相信自己已死，她将宝剑交给至尊宝，没想到他抬手就拔出了剑，把紫霞吓呆了。

至尊宝为什么能拔出宝剑？因为在潜意识之中，他已经爱上了紫霞，只是不自知。拥有特殊设定的宝剑是不会说谎的，正如心不会说谎一样。

穿越到五百年前的至尊宝以白晶晶老公自居，虽然他们两人根本没有婚配，甚至没有婚约。他已经对白晶晶有了执念，所以，他一次又一次地拒绝紫霞，将紫霞推开。

至尊宝的现身也彻底打乱了唐僧师徒的生活，让牛魔王遇到了紫霞，也让至尊宝撒了世界上最经典的一次谎。

因为紫霞，至尊宝才明白了真爱的意义；因为紫霞的助力，平凡的至尊宝才能有机会变成神通广大的孙悟空；同样也是因为紫霞，一盘散沙的取经团队终于又团结在了一起。

最后的高潮戏份中，当紫霞为救孙悟空而死，尸体不停下坠时，伴随着凄美的背景音乐，孙悟空拼命想抓住紫霞，头上的金箍却越勒越紧，令他几近崩溃。

不戴上金箍，至尊宝就变不成孙悟空，救不了紫霞；戴上金箍，孙悟空就变不回至尊宝，就无法去爱、去拥抱紫霞。

"世上安得两全法，不负如来不负卿。"人生最大的悖论莫过于此。

在片中，至尊宝两次念出了那段传播度非常广的台词："曾经有一份真诚的爱情放在我面前，我没有珍惜。等我失去的时候，我才后悔莫及，人世间最痛苦的事莫过于此。……如果上天能够给我一个再来一次的机会，我会对那个女孩子说三个字——'我爱你'。如果非要在这份爱上加一个期限，我希望是一万年！"

前一次，他是被紫霞用宝剑架住脖子；后一次，他是在观音面前戴上金箍。

前一次，看着让人发笑；后一次，听着让人流泪。

前一次，大家都认为他在欺骗紫霞；后一次，我们觉得他在忏悔。

事实上，这两次或许都是至尊宝真实的内心独白。在拔出紫青宝剑之前，他已经爱上了紫霞，只是他一直不愿承认。戴上金箍之前，他终于悟到了一切，然而为时已晚。

伟大的喜剧都是能把观众看哭的。《大话西游之大圣娶亲》讲述的是凡人、妖怪与神仙之间的奇幻故事，却将男女之情中那些最让人揪心与感慨的部分刻画得淋漓尽致。此外，整部影片充满佛学哲理与人生思辨的意义，绝非简单的儿女情长、英雄气短。

这是周星驰最好的年代，他以其巅峰时期的颜值与炉火纯青的精湛演技，一人分饰至尊宝、孙悟空和夕阳武士三角，并将表面看似玩世不恭、胆小怯懦，实则重情重义、懂得珍惜与感恩的凡人至尊宝，和起初受到蛊惑伤害师父，最终坚定取经信念的齐天大圣，以及一度高傲麻木、不懂珍惜，最终大方承认爱情的夕阳武士诠释得精准传神，甚至可以说"浑身都是戏"。

无论是盘丝洞中捂脸躲避、牛魔王府上流泪说谎，还是菩提洞中面对春三十娘坦然受死，或者是戴上金箍担起使命、穿起金甲大杀四方，其表演都能让观众高度认同，更值得今天的年轻演员反复揣摩学习。

这也是朱茵最好的年代。如果说在周星驰的绝大部分作品中，他都是绝对主角的话，《大话西游之大圣娶亲》和《食神》等则是极少数由男女主角共同成就的伟大作品。如果没有朱茵的完美表演，紫霞仙子的形象无法如此深入人心，责任与缘分的悖论也无法被诠释得这样凄美，《大话西游之大圣娶亲》也无法产生这样巨大而持久的影响力。

朱茵一人分饰紫霞、青霞与城头少女三角，精准表现了这三个性格气质相差很大的人物。紫霞仙子一角，更是几乎成了朱茵的代名词。

在朱茵的精湛表演下，紫霞大战一众天神时的飘逸洒脱、认定意中人之后的紧张羞涩、表白被拒后的黯然神伤、被囚禁之后的坚强乐观，以及危急关头的奋不顾身，无不让人印象深刻，感慨不已。

那些极具个性化的台词，从紫霞仙子嘴里说出之后，就永远不会被埋没。

"就算他是妖怪，我也会一生一世跟着他。如果不能跟我喜欢的人在一起的话，就算让我做玉皇大帝我也不会开心。"

"我在等我的男人回来接我……这不是神经病！这是理想。"

"骗就骗吧！就像飞蛾一样，明知道会受伤还是会扑到火上。飞蛾就那么傻！"

"我的意中人是个盖世英雄，有一天他会踩着七色云彩来娶我。我猜中了前头，可是我猜不着这结局……"

有不少粉丝称，朱茵之后，再无紫霞。今天，绝大部分金像奖影后已经被观众遗忘，她们诠释的角色也未必会有多少人反复提起，但紫霞仙子的名字早已经超出了电影圈，变成了华人世界的一个文化符号，甚至成了真善美的代名词。

她美丽、聪慧、乐观、痴情，既如传统女性一般善良包容、温婉可人，也如新时代女性一样积极坚定、不言放弃。她的一颦一笑无不牵动着观众的情绪，无不吸引着大家的目光。

在20世纪八九十年代的香港电影巅峰时期，香港电影呈现出极为明显的阳盛阴衰态势，除了少量文艺片和一些午夜场，根本没有女星发挥演技的机会，她们只需要展现性感与优雅，衬托出男性角色的光环和魅力就算完成任务了。

朱茵是幸运的，《大话西游之大圣娶亲》给了她充分施展才华的舞台。拍摄《大话西游之大圣娶亲》时，朱茵还不满23岁，按理说，她的表演经验并不丰富，诠释紫霞这样境遇变化大、情绪波动多的角色，对她来说是一个很大的挑战，但朱茵让我们相信，很多时候，充满激情比仅凭经验更重要。

朱茵在诠释紫霞仙子的过程中，可能也加入了一些她本人对周星驰的爱恨情仇。周星驰是王晶口中演技最出色的男星，是电影的出品人，还是自己的男朋友，和他搭戏，朱茵必须发挥出百分百的潜能，而不是幻想得到他的迁就。

这是香港电影最好的时代。吴孟达、罗家英和陆树铭等黄金配角的倾情表演为影片增加了许多魅力。摄影潘恒生、动作导演程小东、配乐卢冠廷……一个个让我们肃然起敬的名字都集中在了这部作品之中，为成就一部经典电影做出了自己不可替代的贡献。

每一帧画面，都美得可以拿来当电脑壁纸；每一句台词，都有深意；每一个镜头，都不会浪费。每多看一遍，就会多一分感悟；每多想一回，就会多一些警醒。

一千人眼中有一千个哈姆雷特，一千人眼中也会有一千部大话西游。二十几年过去了，观众对这两部经典的解读可以编成几十本厚厚的图书，其中不乏很多真知灼见，也有很多人以分析至尊宝和紫霞为契机，阐述自己对爱情的理解与信念。这就是一部优秀作品会带来的持久影响力。从这个意义上来说，《大话西游之大圣娶亲》确实是周星驰最重要的代表作，虽然未必是最优秀的。

任何作品都是有缺憾的艺术，《大话西游》系列绝对不是完美的作品，甚至也有逻辑漏洞，比如至尊宝可以跟他的前世孙悟空出现在同一时空，比如紫霞非要用身体为刀枪不入的孙悟空挡牛魔王的钢叉，比如孙悟空居然不知道用月光宝盒救紫霞等，可是，我们没有必要抓着影片的不足不放，多关注它带给我们的快乐、感动与思考不是更好吗？

三　一不小心成文化标签，后现代主义搞蒙周星驰

《大话西游》系列到底有多重要？它让周星驰从香港的喜剧天王晋升为整个中国电影的文化符号，让连普通话都讲不好的周星驰在内地收获了一代又一代的粉丝。

其实，《大话西游》系列当初在内地上映时，比在香港的处境还尴尬。仅仅是唐僧用英语唱歌这一桥段，就引起了许多人的不适，甚至反感。尽管没有详细统计的数据，但在当时，《大话西游》在拥有十几亿人口的内地取得的票房成绩应该还不如在仅有六百多万人的香港取得的票房成绩。

没过几年，在VCD、DVD和网络文学的作用下，《大话西游》系列在刚刚接触网络的年轻一代中产生了不可思议的巨大影响力。

在一定程度上说，周星驰的《大话西游》系列在内地的爆红有很大的运气因素。这部电影拍摄时，内地已经接入了互联网，但网络的大规模普及、网民的大批量出现已经是20世纪末的事情。

1998年前后，网络文学在内地快速兴起，被文学评论家们高度重视，甚至将之与新文化运动相提并论。

新文化运动的基本内容之一就是"提倡新文学"，即提倡使用白话文、创造自由的文体，而网络文学创造了与主流文体差异明显的网络体，更加崇尚个性与自我实现，并展现出一种野蛮生长的创造力。最早的那批网络写手都喜欢学习至尊宝和唐僧的台词，都会模仿和拷贝"曾经有一份真诚的爱情放在我面前……"，都变着法儿想把男主角写帅，把女主角写死，以多赚取点击量。

对于因《大话西游》系列在内地收获如此海量的粉丝，赢得如此可怕的关注度，周星驰自己当然是始料未及的。他的初衷只是拍一部赚钱的电影，虽然这个目标可悲地失败了。周星驰一再向媒体坦言，自己根本不懂什么叫后现代主义，就连那本《演员的自我修养》他都没有读完。

2001年4月，为了宣传新片《少林足球》，周星驰首次来到北京大学。学生们要他现场背诵那句火遍全国的"曾经有一份真诚的爱情放在我面前……"，这有力地证明了《大话西游》系列在北大学子中的影响力大到了什么程度。

在这之前，有些人以为只有社会底层人士才喜欢周星驰的电影，中层人士喜欢好莱坞商业大片，北大、清华学子这些未来的社会精英应该只看文艺片，但北大学子的热情让这种说法显得荒诞不经。

我们有理由相信，艺术不分高低贵贱，能感动人心的就是好电影。

第十一章 借力

一 《回魂夜》再度失手，刘镇伟远走加拿大

1995年3月1日，《大话西游之大圣娶亲》下线，收报2087万，票房明显还不如上部。两部合计，也不过4596万票房。

成龙主演的《红番区》一直上映到3月29日，最终票房达到了5691万。《赌神2》在1月刚刚创造的5253万票房纪录被它轻松打破了。

《红番区》的票房距离《侏罗纪公园》依然有不少差距，但它的票房超过了两部《大话西游》，可以说，自打"一成双周"格局出现以来，成龙从没赢得这么痛快过，周星驰也从没输得这么彻底过。

新春档的第三势力是由东方影业出品，黄百鸣担任制片人，张国荣、袁咏仪主演的美食喜剧片《金玉满堂》。该片在1月28日上映，最终收获3112万票房。这么一来，黄百鸣便在新春档连赢了周星驰三次，可以比肩成龙了。

他俩一起战胜成龙，还得追溯到1992年的《家有喜事》。当年，如果不是黄百鸣给周星驰开出了800万港元的片酬，周星驰今日或许变不成周老板。

不过，周星驰的老板也当不安稳了。

把周星驰搞垮的，是他自己的彩星公司。他赔了个底朝天，还背上了拍烂片的骂名。或许周星驰也曾暗自反省："你不好好地拍戏，当什么老板，开什么公司，这不是瞎折腾吗？"

不是所有人都适合投资当老板的，周润发没有自己的公司，靠片酬照样赚得盆满钵盈；刘德华、李连杰也是天王巨星，他俩的人脉比周星驰强很多，但他们各自的公司天幕和正东经营得不是很好。

1995年4月，第14届香港电影金像奖颁出了最终奖项。王家卫毫无悬念地成了最大赢家，而且这一次他是用两部影片自我竞争，左右手互搏，别人只有喝彩的权利、鼓掌的自由。

王家卫用很短时间就拍摄完成的《重庆森林》获得了十项提名，而据说拍了两年多的《东邪西毒》得到了九项提名。香港电影人应该为他拍个纪录片好好庆祝一下，名字可以叫《95 王家卫对王家卫》。

《重庆森林》延续了四年前《阿飞正传》的辉煌，拿下了最佳电影、最佳导演和最佳男主角在内的四项大奖，投资更大的《东邪西毒》获得了三个技术奖项。

获得此次金像奖最佳男主角的，是参演《重庆森林》的梁朝伟。这是梁朝伟首次获得金像奖，从此开启了他五夺金像影帝的封神之路。作为多年好友，周星驰当然为伟仔高兴，但同时他也替自己着急。对于一个演员来说，说不在乎奖项，肯定是不可能的。

更让他焦虑的，还是《大话西游》系列的惨淡收场。公司的创业作品搞成这样，周星驰肯定相当郁闷。刘镇伟身为该系列的导演，也觉得自己辜负了星仔的信任。因此，他决心从自己最擅长的恐怖喜剧入手，与周星驰再合作一部电影。

7月6日，由邵氏出品的《回魂夜》正式在暑期档与观众见面。五年前，周星驰在这家公司拍摄的第一部电影《师兄撞鬼》也是一部有喜剧元素的恐怖片。

《回魂夜》是一部 cult 片，除了周星驰以外，没有其他知名演员，只有早期"周家班"的一帮"绿叶"，吴孟达也没有出演。女主角是参演了《大话西游》系列的莫文蔚。

这是一部典型的低成本电影，基本上只围绕着一栋大厦拍摄。这里生活着一群神神道道的小市民，还有一群更加奇怪的保安。少女阿群（莫文蔚饰）失恋后，没事就往楼下丢东西玩；两个保安琢磨着在大厦里抢劫；李家夫妇突然丢失了儿子，引出了李老太太的离奇死亡案。

李老太太在回魂夜离奇出现，保安队长（卢雄饰）等人被整得心惊胆战。此时，打扮神秘的捉鬼大师 Leon（周星驰饰）出场，试图破解李老太太死亡的真相。为毁灭罪证，李家夫妻试图行凶却双双身亡，李太太死前叫嚣要变成厉鬼报仇。众保安被迫接受 Leon 的捉鬼特训，以期在两个厉鬼回魂时有应对之法。

男主角不会死，是商业片的通常规律，更何况这部电影还是喜剧，但《回魂夜》打破了这一规律。在影片高潮戏份，为避免厉鬼害死更多人，Leon 将它封在体内，并请阿群亲手杀死自己。

世间最悲伤的事情，莫过于杀死自己的情郎，而对于一个注定要死的英雄而言，最美好的经历也许就是死在爱人手下，倒在爱人怀中。作为一部喜剧，这部电影的结局拍得这么悲惨也算是很大胆了。

周星驰在片中的大部分时间都穿着一件复古黑色风衣，戴着墨镜和棒球帽，还提着一个笨重的手提箱。这样的造型显然是戏仿《这个杀手不太冷》的男主角，Leon 的名字也源于该片。莫文蔚饰演的女主角也模仿了娜塔莉·波特曼在《这个杀手不太冷》中的发型和装束。除此之外，《回魂夜》中还有不少细节源于《这个杀手不太冷》。不过，该片的叙事风格和剧情发展与吕克·贝松执导的这部经典电影没有任何关系。

Leon 虽然拥有超凡的捉鬼才能，但世人根本不相信他，还把他关进了重光精神病院。这种"天才与白痴"的设定不乏讽刺意味。他一直不被人理解，只能与一盆鲜花相依为命，但后来阿群与他成了忘年交，还对他产生了别样的情愫。

喜剧是让人开心欢笑的，恐怖片却是让人担心害怕的，这两种元素能够融合，充分证明了香港电影人的无厘头娱乐精神。相比之前的《猛鬼差馆》《猛鬼学堂》，刘镇伟在这部影片中的桥段设置更加用心，镜头语言更加巧妙，因而整部电影的节奏可以说层层递进、高潮迭起。这部影片的特效场面也运用得很好，大大增强了影片的恐怖气氛。

当时的周星驰正处于巅峰时期，而莫文蔚和一众配角也是遇强则强，因而能在本片中彼此成就。

这部用心良苦的影片，最后的收益如何呢？

🎬 二 "王周"合作，《百变星君》捍卫超一线荣耀

1995年8月4日，《回魂夜》以1628万票房惨淡收场，创造了周星驰主演电影五年来的最低纪录。加上之前的《大话西游》系列，三部影片的票房呈逐步走低的态势。

在演技与颜值都在巅峰的时刻，却遭遇了如此尴尬的局面。这让周星驰明白，即使红到"票房保证"这种地步，在香港电影圈也没有资格为所欲为。

如果周星驰的1995年就这样画上句号，那么他的1996年又会是什么光景？他还能有重新崛起，站到香港电影最高点的机会吗？对此，谁也不敢下结论。

幸运的是，周星驰的1995年并没有就此结束。这一年上映的第四部电影，对他来说特别重要。

这部电影，不光让他自1990年开始每年至少有一部票房达到3000万以上的影片、每年至少有一部电影能进入年度票房前三的神奇纪录得以延续，还让他在彩星倒闭之后，有条件和信心再次创业，让他在失败之后的第二年新春档再接再厉，更让他有了精耕细作、反复打磨作品的底气与耐心。同时，他也让业界明白，尽管自己已不复当年之勇，"周星驰"三字依然是除成龙之外最可靠的卖座保证。这一系列的连锁反应，都得益于这部电影的票房成功。

幸运的是，靠着一部在影迷口中"质量平平"的作品，周星驰坐稳了当年香港电影票房榜的年度第三，并强势反弹。

在周星驰遇到重大困难，刘镇伟都救不了他时，又一位知名电影人站了出来。

五年前，当周星驰因《赌圣》如日中天时，此人果断邀请周星驰加盟，让自己成了第二个香港电影票房超过 4000 万的导演。

如果说当年的邀请算是"锦上添花"，那五年之后的这次出手就很有些"雪中送炭"的意味了。就冲这一点，每一位星爷的粉丝都应该向这位导演，以及导演背后的公司，真诚地说一声"谢谢"。

所谓"天助自助者"，有人和公司帮助周星驰，终究还是因为他自身的实力与商业价值。

五年间，他们合作了七次，有六部电影达到 3000 万以上的票房，二人堪称最佳拍档。

在周星驰最需要证明自己的时候，他们两人又站在了一起。

这位导演，就是全香港最会拍商业片的王晶。

到底是周星驰主动联系的王晶，还是王晶主动邀请的周星驰，其实已经不重要了。重要的是，喜剧界的"最佳拍档"又走在了一起，并用一部山寨气质浓郁的科幻片让周星驰重新获得了"票房保证"的招牌。

周星驰一心想当老板，王晶也不愿意给人打工。早在 1992 年，王晶在台湾学者有限公司老板蔡松林的支持下，成立了"王晶创作室"，投拍一些永盛看不上但利润不低的小制作电影，其中不乏宅男最喜欢的三级片。

到了 1995 年，王晶想大玩一把，就把文隽、刘伟强和叶伟民等人拉拢在自己身边，准备创办一家规模更大的电影公司。

在 1995 年的上半年，王晶还是永盛的首席导演。1994 年，金·凯瑞的奇幻片《变相怪杰》在全球拿下 3.51 亿票房。曾经拍过《魔翡翠》的王晶反应迅速，很快就创作了一个科幻剧本，并最终与周星驰实现了合作。

时隔大半年，周星驰再回老东家永盛拍片。

8月19日，在成龙《霹雳火》上映两周，走势趋缓之时，周星驰主演的《百变星君》低调开画。这部影片的导演和编剧都是叶伟民。

巧合的是，五年前，也就是1990年的8月18日，是《赌圣》上映的日子。

都说周星驰是小人物或混混的代言人，但在《百变星君》中，他出演了一个在夏威夷念大学的富豪之子李泽星。一切纨绔子弟该有或不该有的一掷千金、醉生梦死、自以为是、好色猥琐等缺点他样样具备，而且嚣张得令人发指。不过，李泽星只是母亲与管家（吴孟达饰）一夜情之后所生。

起初，李泽星和同学"四眼钢牙"虫虫（梁咏琪饰）及其叔叔姜司教授（徐锦江饰）有矛盾。后来，喜欢拈花惹草的李泽星因结识黑帮老大的女人Bonnie（孙佳君饰）给自己带来了大麻烦，身体被炸得只剩下脑子和一张嘴，在教授的神奇手术之下，李泽星靠着一堆廉价的仿生物件起死回生了。

他找了一份在学校教生物的工作，想重新做人，却被学校里的一帮学生欺负，还被黑帮老大的手下追杀。绝望之际，教授的神奇芯片让他改变了命运。李泽星进阶成为"百变星君"，拥有了七十二变的技能，战斗力可以媲美终结者，他的心态自此也成熟起来了。他收服了之前欺负老师的学生，捉弄了偏袒有钱人的校董，修理了黑帮，还跟虫虫谈了一段轰轰烈烈的人机之恋。

在周星驰的全部作品中，《百变星君》虽然不是什么精品，但平心而论，也绝对不是烂片。在影片中，我们可以看到向《变相怪杰》《终结者》《低俗小说》致敬的戏码，也有一些桥段看似在重复《逃学威龙》《整蛊专家》《情圣》，但对于没有看过这些作品的普通观众来说，该片的娱乐效果还是相当不错的。

作为商业片大师，王晶一贯奉行拿来主义。《百变星君》的剧本，在剧情推进、埋设伏笔和高潮冲突的安排方面，显然充分算准和迎合了观众的喜怒哀乐。

《百变星君》的特效镜头显然比《大话西游》系列要多。有人认为，喜剧电影不需要太多特效，靠电脑技术来营造笑点，显得演员对表演没有信心。其实，这是个见仁见智的问题。这部电影走的就是漫画式的夸张路线，如果借助高科技能将这种夸张适当放大，不是更能烘托剧情吗？

周星驰后来执导的《少林足球》《功夫》，一定程度上也可以算作奇幻片，很多镜头也是电脑合成的，但影片口碑很好。《百变星君》被吐槽，主要原因还是故事情节太单薄、太无聊。

周星驰以往的电影之所以感人，多是因为爱情故事出彩，不过《百变星君》中李泽星与虫虫的情感发展过于随性，也不是推动剧情的主要动力。虫虫的前后形象反差、美丽蜕变，也没有太出彩的效果，完全不能与《食神》里的莫文蔚相比。

周星驰身高有限，而梁咏琪有176厘米高，似乎不太适合跟他组搭档。梁咏琪更适合跟黎明、金城武这种身高180厘米以上的帅哥搭戏。在《百变星君》中，周星驰与孙佳君反而更有情侣的感觉。拍这部戏时，孙佳君还不满21岁，却演出了女性的成熟风韵，在镜头前也毫不拘谨。令人遗憾的是，她此后再没有出现在周星驰的电影中了。

相比爱情戏，《百变星君》中吴孟达与周星驰的父子情更感人。一向顽劣的李泽星将生父当用人欺负了二十多年，在自己危在旦夕之时，居然良心发现，把生的希望留给了他；他父亲为了照顾他，在大雨中跑出去买电池的镜头也让人鼻子发酸。

《百变星君》自上映后就一路领跑，一直放映到9月27日，最终票房是3523万，输给了同一天下映的、最终票房收报4565万的《霹雳火》。

周星驰之前的四个年度票房冠军，全部来自暑期档，这可以说是他的幸运档期，而成龙一直将新春档作为主战场。之前，双方只在暑期档碰到过一次，那就是1992年，《审死官》《鹿鼎记》一路压制《警察故事3：超级警察》。

1995年,是成龙真正扬眉吐气的一年。新春档《红番区》改写了香港中文电影的票房纪录,暑期档《霹雳火》又获票房冠军,最终包揽当年香港电影票房榜年度第一和第二名。这是他从影二十四年来取得的最好成绩。

也许有读者会问:"1985年的成龙,不就已经包揽了年度前四吗?"严格说来还真不是。当年冠亚军分别是《福星高照》和《夏日福星》,灵魂人物都是洪金宝,成龙的角色并不是"五福星"成员,只能算特别出演,或者说客串。

1995年,周星驰的演艺事业无疑是备受打击的,但《百变星君》依然是永盛的单片冠军。新的一年,他还会与这家公司合作吗?

三 《大内密探零零发》，古装科幻一起玩

1996年，这一年的除夕是2月18日。

1月25日，《古惑仔》系列的开山之作《古惑仔之人在江湖》抢先上映，这也是王晶最佳拍档电影公司的创业作品。去年在《百变星君》中担任摄影师的刘伟强成了这个系列片的导演。

成龙依然保持着新春档必上新片的节奏。2月10日，《警察故事4：简单任务》一出，各大片商都退避三舍。

永盛的《大内密探零零发》明智地选择了推迟六天上映，比由张国荣主演的《大三元》还晚一天。

1996年，周润发已经彻底告别香港影坛。在新春档较量的三大主演正好也是"东方好莱坞"实力最强的三大巨星。

这是继1991年和1993年之后，周星驰第三次代表永盛出战新春档。前两次都是由王晶导演，这次王晶担任监制，周星驰与谷德昭联合执导。

《大内密探零零发》是周星驰首次，也是唯一一次和刘嘉玲合作。他们演的不是情侣，而是夫妻。

零零发，其实就是"008"。周星驰和王晶想把这部影片打造成《国产凌凌漆》的古装版，事实上，零零发的魅力一点也不小于凌凌漆。

还是那句老话，别看周星驰本人似乎没有多少历史文化积淀，但他演的古装片比时装片更容易出彩。从《审死官》开始，连续五年，他每年都至少有一部堪称经典的古装喜剧片问世。

影片《大内密探零零发》讲的是在皇宫中，皇帝（张达明饰）有四大护卫：

零零恭、零零喜、零零发和零零财,其他三人都武功高强,唯有零零发(周星驰饰)本领平平,只会捣鼓一些莫名其妙的玩意儿,还自命不凡,因此皇帝(张达明饰)很讨厌他,将他赶回家开医馆,好在他的妻子(刘嘉玲饰)对他不离不弃。

金国密谋入侵中原,以解剖不明生物"天外飞仙"尸体为由头,召集各地神医前往会诊,准备将中原名医一网打尽,就连皇帝也被骗来了。让他们计划落空的,是谁都瞧不上的零零发。

不久,京城妓院出现了一位美艳绝伦的名妓琴操(李若彤饰),零零发很快坠入爱河,他与妻子及岳父一家的关系也彻底完蛋了。此时,剧情却出现了超级反转——原来所有人都在演戏。

在这部剧情紧凑、信息量极大的影片中,周星驰天才一般将古装与科幻两个八竿子打不着的类型融合起来,产生了别样效果。他与刘嘉玲饰演的夫妻,也留下了许多令人潸然泪下的镜头。

影片开头,零零发打断四大高手的决斗,得到一本所谓的"天外飞仙"秘籍。他对这本秘籍嗤之以鼻,这也为最后的大反转埋下了很好的伏笔。

殿前几大高手现场比画铁布衫、碎石脚和五行拳,表演起来很威风,关键时刻却中看不中用。零零发的黑科技看起来很有新意,却不入皇帝的法眼。后来,他被赶出宫当妇科圣手,却总是遇到各种奇怪的病患。

别人都不相信他,只有妻子给了他最大的信任和最真实的温暖。他发明的扫地鞋、抽油烟机和遥控鸳鸯铲等设备,不光让妻子从繁重的家务中解放了出来,更创造了别样的情趣与浪漫——谁说婚姻是爱情的坟墓?那是他们不懂爱。

皇上被金国高手拦路袭击时,零零发两口子在到处吃喝游玩。平行剪辑在这段剧情中运用得相当巧妙,一边是动作凌厉的武打场面,一边煽情的用配乐烘托零零发夫妻情深;一边是生死悬命,杀杀杀,一边是惬意游玩,吃吃吃；皇上这边"保龙一族"的三大高手先后遭难，与零零发夫妻拍碎西瓜、剥开烧鸡、打碎鸡蛋巧妙呼应，营造了非常强劲的喜剧效果。

在"天外飞仙"解剖现场，面对嚣张的黑白无常，零零发巧妙运用磁铁的异名极相吸、同名极相斥原理，提着棒子就收拾了不可一世的对手。随后，他又将螺旋桨和钢珠弹的神奇作用发挥到极致，一举扭转了在皇帝面前的无能形象，却也给自己留下了无穷隐患。

为了给皇帝找佳丽，零零发与琴操在"慧贤雅叙"相识，而他俩居然光速相爱了。出场时的她留着小胡子，抽着烟，穿着紧身衣裤与周星驰热舞，以及向玉臂上浇蜡烛的镜头都美得无法形容。

接着，便有了零零发妻子生日聚会上，一家人相互猜疑，琴操出现后彼此大打出手的场面。随后，剧情骤然反转，还来了一场突如其来的盛大颁奖仪式。在这段戏里，一群戏骨互拼演技，让观众看得相当开心。零零发得到的是"表情做作，略显浮夸"的评语，不知道是不是周星驰的自嘲之语。

终极大反派现身之后大杀四方，眼看皇帝和群臣都有性命之忧，这时，零零发又站了出来，打算用黑科技收拾对手，结果却弄巧成拙。眼看就要活不成，零零发完成了绝地反击，用漂亮招式解决了对手，将高潮戏份表现得特别华丽。

《大内密探零零发》一直上映到 3 月 28 日，获得 3606 万票房，虽说离成龙《警察故事 4：简单任务》的 5752 万票房差得很远，但也是当年的新春档亚军，超过了张国荣《大三元》取得的 2522 万票房。

此后不久，一位著名电影人来找周星驰谈合作。

四 《97家有喜事》炒冷饭,"周黄"从此渐行渐远

因为《大内密探零零发》取得的良好成绩,周星驰有了更多信心,开始筹划制作自己刚成立的星辉海外有限公司的开山之作。

此时,尔冬升导演上门邀请周星驰拍摄文艺片《色情男女》。

尔冬升原本中意的主演是张国荣,可张国荣当时忙于准备《新上海滩》和《金枝玉叶2》,挤不出时间。尔冬升接着找了张学友,可歌神一看该片需要大尺度表演,最终放弃了——毕竟他那时刚结婚,影响不好嘛。于是,尔冬升联系了周星驰。

演了六七年喜剧的周星驰一直希望拓展自己的戏路,也想摆脱喜剧演员的标签,因此答应出演该片。不过,看了剧本之后,他向导演提出了自己的修改意见,几乎将原作全盘推翻了。这让同为演员出身的知名导演尔冬升不太高兴,于是这事就谈崩了。

尔冬升最后还是等到了张国荣的档期,并邀请了宝岛美女舒淇加盟。如此一来,周星驰就遗憾地错过了与舒淇同框的机会。

巧合的是,《色情男女》的男一号名为阿星。外界纷纷传言,这难道是给周星驰定做的剧本吗?尔冬升矢口否认,说这只是巧合而已。

后来,为了实现上市目标,向华强将永盛改名为"中国星"。这个星,当然不是周星驰的星。巧的是,自打永盛改名,周星驰再没有给它拍过片。

周星驰没能跟尔冬升合作,却赢得了从业以来最丰厚的一份拍摄合同。这位合作者,也是大家的熟人。

过去五年，黄百鸣与张国荣合作的贺岁喜剧都取得了非常不错的成绩。1996年，黄百鸣联系了周星驰，希望他再次出演一部与《家有喜事》《八星报喜》类似的"三兄弟追女"的电影。他为什么不邀请张国荣呢？

因为张国荣在阿根廷拍完《春光乍泄》之后，就全力投入了"跨越97"演唱会的准备工作之中，没有精力再拍新片了。

看到《大内密探零零发》大卖时，黄百鸣就动了与周星驰再次合作的念头。

五年前，他开出的800万港元的片酬帮周星驰实现了财务自由，成立了彩星公司；五年后，周星驰虽然创业不顺，但也不想老是走"重复自己"的路，可黄百鸣又和五年前一样，大笔一挥，开出了令人无法拒绝的薪酬——1500万港元！在1995年，指望香港首轮放映能有1500万票房分账的，只有成龙大哥的那两部"神片"。

成龙的片酬超过了2000万，可人家的片子走的是国际化路线，在日本、韩国都能大卖。黄百鸣和周星驰则不同，他们高度依赖香港市场。

不能不说，黄百鸣真是拼了，也真是够义气。对于刚组建了星辉、百事待兴的周星驰来讲，这笔天价片酬无疑是雪中送炭。

更让黄百鸣高兴的是，在1996年年底，周星驰自己公司出品的《食神》一经上映便像冬天里燃起的一把火，一直烧到次年2月12日，收报4086万票房。

显然，周星驰已经完全摆脱了《大话西游》系列失利的阴影，坐稳了香港影坛"一人之下、万人之上"的交椅。

《97家有喜事》的导演是张坚庭，编剧依然是谷德昭。谷德昭这回似乎有些偷懒，该片的故事框架和五年前那部《家有喜事》有很多"巧合"之处。

五年过去了，周星驰已经奔四了，额头的皱纹越来越深，头上的白发越来越多，却依然要扮演一个"大富之家"的老三老恭。这位公子哥儿依然玩世不恭地玩弄感情，差不多每隔几个晚上都要换换枕边人，和五年前一样，他依然得不到真爱。

黄百鸣依然架着眼镜，这回出演的是一位事业有成的公司老板老良。谷德昭又给他安排了个糟糠之妻贤淑（伍咏薇饰），贤淑衣着保守、发型显老，跟老公到高级餐厅吃饭时只想着省钱，连补牙都要等大减价，气得老良想出轨体验一把中年男人最想要的浪漫生活。不过，这一次率先"出轨"的是他老婆。

影片用戏仿《廊桥遗梦》的戏码，指出女人若是不懂浪漫，祸根是老公不够体贴、没有多关心妻子。从这点来讲，这部作品有其进步意义。

影片中的老二老非，由张国荣换成了吴镇宇。这一次，老非不再是娘娘腔，也没有男人婆陪他斗嘴，而是勤奋读书，拿了一堆不中看也不中用的学位，并和两个女人同时"暧昧"。不过，刚刚在《古惑仔之人在江湖》中演靓昆而火了一把的吴镇宇，演起喜剧来却有些放不开，和他搭戏的吴倩莲搞怪时也显得很突兀，片中"包公附体"的那场戏饱受诟病。

可以说，这部影片的笑料主要还是靠周星驰支撑。

影片最重要的一条故事线，是老恭生日前，俩哥哥为了捉弄他，煽动他买六合彩，并用过期录像捉弄他。误以为自己中奖的老恭得意地约前女友Gigi（黎姿饰）去夜店狂欢，却中了黑帮潇洒哥（雷宇扬饰）的圈套，欠下巨额债务，不得不终日扮成痴呆。

五年前的前作中，谷德昭把老二写成一个装疯的花花公子，五年后还玩这一套。老恭一疯，那些如花似玉的女朋友自然倒在别人怀里了。在装疯的过程中，老恭陪父亲去相亲，认识了同样"痴呆"的小萱（钟丽缇饰），人生就此时来运转。

周星驰和钟丽缇的几场对手戏还是很不错的：两人一起人前装傻，人后在沙滩练功，气氛浪漫又搞怪；老恭西装革履地去健身房"撩妹"，结果遇到了小萱，制造了不少笑料；老恭在台球厅教训潇洒哥，终于一雪前耻，也和小萱拉近了距离，没想到，一群前女友挤电梯的戏码又令他瞬间人设崩塌。

影片的最后，张国荣精彩亮相，两大天王剪彩时一起站在中间，留下了宝贵镜头。在这部电影中，周星驰的戏份虽然没有独自担任男一号时多，而且还要像五年前一样装痴呆，但扮演这样的角色，他显然游刃有余。这1500万他赚得很轻松，也没有白拿。

《97家有喜事》在2月6日开画，比成龙的《一个好人》晚了一个星期。这个策略无疑是明智的。在连续两年打破香港中文电影的票房纪录之后，成龙确实有了势不可当的霸气。

最终，《一个好人》收获4542万票房，《97家有喜事》则收获4016万票房。黄百鸣如果在营销上再加把劲，这一年的冠军可能会易主。

2月1日，周星驰的老东家永盛携手李连杰，以《黄飞鸿之西域雄狮》加入新春档鏖战。这是李连杰首次出现在这个档期，说明他的实力在不断上升，大有与"成周"二人三分天下，填补周润发远走美国的空缺之势。《黄飞鸿之西域雄狮》最后收报3027万票房，成为当年香港中文电影年度票房榜第3名。

周星驰和黄百鸣都有自己的电影公司，但星辉与东方的规模相差很大，也没有自己的院线。如果两家公司能实现长期深度合作，无疑会是共赢的局面。可惜的是，两家公司并没有长期合作的打算，之后还是各拍各的。

1997年4月13日，第16届香港电影金像奖颁出了全部奖项。陈可辛的《甜蜜蜜》拿下了包括最佳电影、最佳导演和最佳女主角（张曼玉）在内的九项大奖。周星驰依然没有得到一个提名。凭借《食神》的"大尺度"表演入围影后的莫文蔚，也毫无悬念地输给了张曼玉。因"肥猫"一角被大家熟知的郑则仕以《三个受伤的警察》再拿影帝，成龙则继续陪跑。让人唏嘘的是，十一年前，郑则仕靠《何必有我》拿奖时，成龙凭《龙的心》入围了。也许，金像奖对"成周"二人真的过于苛刻。

1997年7月1日零点，中华人民共和国国旗和香港特别行政区区旗在香港准时升起，香港从此回到祖国的怀抱。

8月1日，周星驰、葛民辉和莫文蔚主演的《算死草》杀入暑期档。这是天下电影公司为庆祝香港回归而拍摄的电影，另有陈豪、林保怡等TVB戏骨加盟。因为该片讲的是清末状师陈梦吉的事情，片方将其与周星驰的电影《审死官》捆绑营销，但效果并不理想。

让人哭笑不得的是，这部"星迷"现在不愿提及的影片，当初居然以2715万票房拿下了香港暑期档中文电影的票房冠军及当年香港电影票房年度榜第4名的成绩。只能说，周星驰的票房号召力实在太强了。

从以上数据可以看出，1997年的周星驰依然是票房保证，但相比上一年退步了。这年拍的两部电影口碑都相当一般，"星迷"都不愿意多提。其实这也很正常，这两部影片都是人情之作。

巧合的是，香港回归的这一年，也是香港电影彻底告别辉煌的第一年。亚洲金融危机很快波及香港，很多小影视公司开不了工，很多观众也减少了去影院观影的次数，而地下盗版市场的发展更令电影行业雪上加霜。很多有门路的电影从业者都跑台湾拍电视剧去了。

那么，新的一年，周星驰将何去何从呢？

五 《行运一条龙》致敬初恋，群戏依然鹤立鸡群

1998年是虎年，也是周星驰的第三个本命年。这一年，他仅出演了一部电影。自打成名以来，这还是头一回。此外，这部电影只收获2773万票房。

这部电影就是1月16日上映的贺岁片《行运一条龙》。

当然，票房不佳也不完全是周星驰自己的原因，主要是香港中文电影市场的萎缩太明显了。如果早几年上映，《行运一条龙》的票房大概率能破3000万。

这一年，香港票房前十的电影中，外国电影占了七部。惨吗？这比十年后强多了。

不能否认的是，《行运一条龙》本身的质量确实一般。如果评选星爷的电影二十强的话，相信没几个影迷会选择它。

1990年，他拍了10部电影，上映了11部电影；1998年，他只拍了一部电影。这唯一的一部，还不是他自己的星辉公司出品的，可见该公司的运营机制存在不少问题，连一年一部影片都无法保证。一个运作良好的公司，手上一般会同时运作三到五个项目，安排不同的档期，组织不同的拍摄班子，而周星驰的电影公司比李修贤的万能出品的影片还少，效率还差。

1998年的春节是香港回归祖国之后的头一个春节，然而，亚洲金融危机的全面爆发令大多数香港市民都没有过年的好心情，影院也失去了往年熙熙攘攘的热闹气氛。

作为香港电影的标志性人物，成龙大哥虽说已经将事业重心放在了好莱

坞，但他仍保持着用电影为全港市民贺新春的习惯。过去三年，他的三部新春档作品轻松包揽了三个年度冠军。1月17日，《我是谁》在万众期待之中上映，成龙在影片中扮演一名失忆特工。

在一天前，天下电影公司的《行运一条龙》抢先开画。做出这样的选择，可以说天下的胆子不小。

这部电影集中了周家班的许多演员，导演是李力持，因此与《算死草》不同，这部电影应该算作是周星驰的电影。

这部电影最重要的作用是让周星驰在20世纪90年代的整整十年中，每年都有跻身香港年度票房前三的作品，同时也让周星驰得以在1991—1999年的九年间持续亮相新春档，与成龙展开正面较量。这证明只有他俩才能稳守超一线地位。

在《行运一条龙》中，周星驰、葛民辉和陈晓东大体平分戏份，各展魅力，没有谁是绝对主角。三位"70后"女神郑秀文、杨恭如和舒淇的集体出镜也让影片看点十足，平添许多浪漫气息。这展现了片方的强大人脉——在当时，想请来其中一个都是很难的。

从剧情安排来说，《行运一条龙》可以被称为98版《家有喜事》，主要剧情依然是三兄弟追女孩。由于片中的很多演员都参演了《食神》，主要场地又是一家烟火气很浓的港式传统餐厅，只是用蛋挞代替了牛丸，因此该片几乎也可以被称为《食神》第二部。

在行运茶餐厅，阿水（周星驰饰）作为众所周知的情场浪子，让阿福（葛民辉饰）等同事羡慕不已。其实，阿水的过往不堪回首。与初（单）恋情人叶玉芬Candy（郑秀文饰）在医院邂逅之后，他可怜虫的真面目暴露了出来。Candy为了报复阿水在学生时期让她在同学们面前出丑，整蛊了他。

外卖仔阿福，江湖人称爱情绝缘体。他长得丑却心地善良，对柔道馆秘书Fanny（杨恭如饰）一见钟情。经过几场鸡飞蛋打的约会之后，Fanny似乎更喜欢浪子阿水，这让阿福恨不能买块豆腐撞死。

餐厅老板的儿子阿男（陈晓东饰）在杂志社实习，巧遇清纯女孩芳芳（舒淇饰）并把她带回了家。他的父亲李老板（吴孟达饰）很喜欢这个"准儿媳"。后来，阿男发现芳芳是离家出走的富豪女之后，一度想利用她做独家新闻，但最终因为良知没有这么干，可芳芳认为阿男别有所图，骗了自己，所以还是离开了他。

三个男人追女仔都遇到了困难，茶餐厅的经营也面临困境。在最后关头，局势来了个360度逆转，三对男女的爱情也朝着观众们喜闻乐见的方向发展。

周星驰出演的角色叫何金水，自带情圣属性。

片中，周星驰在开篇的出场方式赚足了眼球。纸屑满天乱飞，麻雀也满世界乱扑棱，天底下的女人，从14岁到40岁，都哭着闹着要嫁给他，给他送房送车。

店里苦哈哈的同事们对此羡慕到了极点。请看以下台词：

> 阿水出了名的泡妞无数，是我们所有男人的眼中钉。
> 他优雅的体态，能发出诱人的魅力，让所有的少女都难以抗拒。
> 他那双令人心醉的眼睛，无论多么冷傲的女性，都会被他温柔的眼神所融化。
> 他是众所公认的街坊情圣、行运茶餐厅的灵魂，所有人都知道的"蛋挞王子"。

镜头一切，原来所有女生追他的情节都是设计的，是阿水付钱找群众演员演的。阿水之所以如此病态地享受被女人追求，希望被其他人当作"情圣"，是因为中学时的一次失恋。

周星驰最为热衷的"初恋元素"在片中被进一步放大。他又像六年前的《逃学威龙2》一样，穿上校服，戴上眼镜，扮上了中学生。不过，这一次他是永远追不到女孩的"四眼仔"，是没姑娘赏识的可怜虫。

被别人漠视也就罢了，被单恋的女孩Candy漠视，让他伤心了若干年。已经35岁的周星驰把学生时代的阿水的情感演得非常精准，这说明他不但保养得不错，演技也很细腻。

那些略显老套的台词，经他嘴里说出，便令人分外扎心：

我这么真心地对Candy，为什么她完全感觉不到呢？

为什么女孩子对着坏小子总是欢天喜地……而我们这些所谓勤奋读书的"四眼田鸡"，就一无所获？

难道我这辈子注定要和他们一样，做一条泡不到妞的可怜虫？

我不能这样下去，我要扭转我的命运！

之后，阿水成了"情场浪子"。让人唏嘘的是，成了浪子的阿水，依然泡不到妞，只能花钱冒充情圣。

周星驰的表演让人难以挑剔，该片的另外两大主演跟他的差距则有些明显。

葛民辉饰演的外卖仔阿福一角，显然是在"致敬"《破坏之王》中的何金银。与何金银一样，阿福穿着老土的制服，从事着平凡的工作，有一颗善良的心，也同样渴望得到女孩的青睐。可惜，葛民辉长相不佳，跟杨恭如的对手戏不是很搭。

另一条故事线的主角陈晓东倒是帅得一塌糊涂，但他本身的长相和气质与整部影片设定的背景风格太不对路。

影片最后的高潮戏份倒是拍出了《古惑仔》般的大阵势，但是给演员乱点鸳鸯谱、让他们亲个没完的桥段并不算很出彩。平心而论，影片中三对恋人的情感反转都过于随意了一些，就像是为了迎合新春档的氛围而强行编写的大结局。

《行运一条龙》上映29天，在情人节的前一天下线，收报2773万票房。《我是谁》则一直上映到3月6日，最终票房是3885万。这也是成龙五年来，在春节档的票房首次不到4000万，亚洲金融危机对电影市场的冲击可见一斑。

如此一来，周星驰在春节档竞争中六连败。过去八年，他一胜七负，唯一一次获胜是在1992年，那次也不是靠他自己，黄百鸣和张国荣的影响力不容小觑。

成龙，真的是他永远无法翻越的大山吗？周星驰并不这样认为。他决定，星辉明年的新片还要上新春档。

都说不撞南墙不回头，周星驰已有前车之鉴，这样坚持是明智的选择吗？别急，答案很快揭晓。

在多数人以为成龙大哥将实现四年连冠时，在这年暑期档，奇迹发生了。

7月18日，由刘伟强执导，郑伊健、郭富城主演的特效动作大片《风云雄霸天下》开始上映。47天之后，这部影片的票房最终定格在4153万。这么一来，刘伟强终于打破了自1986年以来，"一成双周"垄断香港电影票房冠军的历史。年轻的郑伊健和郭富城做到了张国荣、刘德华和李连杰一直想做而做不到的事情。

同时，周星驰在1990年—1993年的四连冠，就成了香港影史中的独一份。如今，鉴于新一代港星的集体凋零，他们打破这个纪录的概率几乎为零。

在36岁的本命年，周星驰的表演成绩却是入行以来最黯淡的，但他并没有丧失斗志，而是在积极积蓄力量，准备强势反弹。不久，他带着《喜剧之王》满血回归，重夺年度冠军，并刷新了票房纪录。

1999年是香港电影特别困难的一年，要不然周星驰的《喜剧之王》也不可能靠2985万的票房拿到年度票房冠军。这一年，很多演员无片可拍，只能去演电视剧或退出表演行业。

为了找到突破口，王晶打算回归自己最擅长的赌片。1998年12月18日上映的《赌侠1999》由刘德华、张家辉和朱茵主演，最终拿下1437万票房，位列香港中文电影票房榜第5名。次年，为了捧张家辉，王晶特意邀请周星驰客串《千王之王2000》。说句题外话，与周星驰合作了《望夫成龙》的吴君如和关秀媚也参演了这部电影，这样一来，周星驰的20世纪90年代以同这两位女星的合作开始，又以同她俩合作结束。

1999年8月5日，《千王之王2000》在暑期档开画。据说，王晶对张家辉的票房号召力不放心，通过剪辑把客串了七天的周星驰剪成了男一号，这种创作理念的不同也引发了两人的矛盾。

这是周星驰参演的第八部由王晶导演的电影，同时也创造了二人合作电影中票房和口碑最差的纪录。该片最终获得了1914万票房，在经济低迷的当年，这个成绩不能算差，但相比《赌侠》，这部电影差得不是一星半点。如此一来，周星驰的20世纪90年代，便以一部"烂片"收场了。

更让人遗憾的是，周星驰与王晶这对"最佳拍档"此后再无合作。他俩的缘分，开始于1990年的《赌侠》，结束于1999年的《千王之王2000》，始于赌片，终于赌片。

当然，此时周星驰早就有了自己的星辉公司，并且拍出了不少佳作。

让我们把镜头切回1996年，从头看看星辉公司的发展脚步。

第十二章 星辉

一　《食神》大爆，美食因爱情而无可比拟

1996 年 4 月 28 日，第 15 届香港电影金像奖颁奖典礼在香港文化中心大剧院举行。在此之前，凭借在《大话西游之大圣娶亲》中的精彩表演，周星驰已经获得第 2 届香港电影评论学会大奖最佳男主角和第 1 届香港电影金紫荆奖最佳男主角，所以被认为是本届金像奖的头号热门。

他自己也志在必得。都说事不过三，已经五次提名了，怎么也应该中一回了吧？他哪里能想到，世界上不是只有他一个人会玩无厘头。

入围最佳男主角的演员，还有"一成双周"的其他两位——成龙（《红番区》）和周润发（《和平饭店》），以及刘德华（《烈火战车》）和乔宏（《女人，四十》）。

许鞍华导演的《女人，四十》是这届金像奖的头号种子，但乔宏在其中的表现只能算得上中规中矩。因此，当颁奖嘉宾拆开信封，公布结果时，全场的观众都没有心理准备。69 岁的乔宏战胜了"一成双周"和刘德华，拿到了这个含金量极高的奖项，成为金像奖到那时为止最年长的影帝。

如此一来，《女人，四十》便拿下了六项大奖，包括最佳电影、最佳导演、最佳编剧和影帝、影后等。

王家卫这一次运气不佳，他执导的《堕落天使》只得到了两个技术类奖项，以及莫文蔚拿下的最佳女配角。男女主角黎明和李嘉欣都没有得到提名。此后，王家卫没有再与这对金童玉女合作过。

颁奖礼结束之后，周星驰很快就集中力量投入新片的筹备之中。

当时，周星驰最想拍摄的是《国产凌凌漆》的续集，还曾试图邀请《红番区》导演唐季礼执导，但后者婉拒了这一请求。周星驰和李力持退而求其次，决定拍摄一部将功夫与美食相结合的电影。

从成片看，他们采取的显然是五年前《龙的传人》开创的"杂糅"思路。12月21日，在距离平安夜还有三天时，《食神》亮相圣诞档。这是自四年前的《武状元苏乞儿》后，周星驰二度杀入圣诞档。

《食神》的上映有点姗姗来迟的感觉。周星驰之所以选择这个时间点，多少有为早一周上映的《赌神3之少年赌神》让路的意味。《赌神3之少年赌神》由永盛出品，导演是王晶。考虑到永盛是周星驰的老东家，王晶也对他有过不少帮助，这样的选择合情合理。

在那年的暑期档，好莱坞影片全面压制了港片的票房，《独立日》和《碟中谍》吸引了大量观众入场观看。好在圣诞档没有重量级好莱坞影片，因而香港的中文电影得以趁机刷票房。

对周星驰来说，《食神》有着特别重要的意义，这是他的星辉海外有限公司的创业之作。

一年多前，《大话西游》系列的票房失利让周星驰损失惨重，电影版权也归了合作方西安电影制片厂。

这一次，周星驰学乖了，他一点也不敢大意：《食神》的准备工作用了五个多月，拍摄时间将近两个月。

在这部影片中，周星驰一改自己往常的底层小人物角色设置，出演了拥有商业头脑的香港食神史蒂芬·周。史蒂芬也是周星驰本人的英文名字。

史蒂芬的厨艺并不出色，但在其精心包装和炒作下，他的名气越来越大。与其说他是一位名厨，不如说他更像一位精明的生意人。后来，在合作伙伴"大快乐"老板（吴孟达饰）和小厨子唐牛（谷德昭饰）的暗算下，他跌入了人生低谷。

第十二章 星辉

堂堂的食神，居然沦落到庙街露宿。在他人身安危难以保证时，古惑女"火鸡"（莫文蔚饰）向他伸出了援手。在火鸡和一群古惑仔的帮助下，史蒂芬以自创的新品撒尿牛丸重新创业，再战江湖，与唐牛针尖对麦芒。之后，为夺取厨艺大赛冠军，史蒂芬前往少林寺以增强自己的厨艺。经历种种波折，遭遇种种新仇旧怨后，一夜白头的他与唐牛展开了终极对决。

拍摄《大话西游》系列时，刘镇伟是导演，到了这部《食神》，周星驰集出品人、编剧、导演和男一号于一身，他承担的压力可想而知。

在《食神》中，史蒂芬·周因思念和悔恨而一夜白头，在拍摄该片的过程中，周星驰同样白了头，可见他承受的压力之大。

《食神》全片仅有九十多分钟，但剧情紧凑，环环相扣，引人入胜。和《武状元苏乞儿》一样，这是一部让人笑中带泪的悲喜剧。周星驰把男主角得意时的目空一切、狂妄自大，跌入谷底之后的冷静乐观、聪明好学，失去爱人时的黯然神伤、悲痛自责，大决战时的沉稳干练，都诠释得细腻自然、精准传神。

在美食品鉴会上，史蒂芬用极其毒舌的评语点评别人的食物，以借此炒作自己"食神"的名号。镜头一转，观众才知道原来这帮人都是他自己雇来的演员。

在新店开业时，他教训伙计："台子要多小有多小，椅子要多挤有多挤，不要给客人坐得那么舒服，吃完就赶快走。吸管有多粗放多粗，冰块有多大放多大，汽水一口喝干就能买下一杯了。你是不是新来的，这还要我教？"通过这段简单的表演，周星驰将史蒂芬的唯利是图和贪婪刻画得入木三分。

在被人暗算、黯然出局之后，史蒂芬终于决定痛改前非，重新开始。说到这里，我认为史蒂芬跌入谷底又奋起逆袭的故事，也许投射了周星驰自己在《大话西游》系列惨败之后的真实经历；史蒂芬靠一颗小小的撒尿牛丸东山再起，很像周星驰自己借《黑白僵尸》出位的经历；影片中史蒂芬面对记者采访时的剖白："好像做了一场梦似的。也证明了香港是一个出奇迹的地方，只要你肯努力，梦想就能成真。"大概也是周星驰对自身经历的总结，令人莫名心酸。

《食神》的拍摄、剪辑和配乐都极为考究，动作设计潘健君也发挥得极好。该片不但将各种经典武术招式巧妙融入了烹饪过程中，展现得如同武术表演一样精彩，还把食神大赛渲染得紧张刺激，就像功夫大片的终极对决一样扣人心弦。特别值得一提的是，电影开始了一个小时之后，影片改变了惯常的线性叙述，将太白酒楼的食神对决大赛与史蒂芬在少林寺的经历平行剪辑，营造出了紧张惊险的氛围，使得影片在笑点满满的同时又有了感人至深的效果，尤其是"黯然销魂饭"的适时推出，更是将影片气氛推向了高潮，完美烘托出了爱情创造奇迹的主题。这充分证明了周星驰此时的导演功力已经可以跻身香港一流导演之列了。

当时的周星驰是非常幸运的。女朋友莫文蔚不仅是他最重要的精神慰藉，也是他最可靠的事业帮手。在影片中，她诠释了一个注定会永载电影史的经典女性形象。

《食神》的女主角与《大话西游之大圣娶亲》的女主角相比，两人的相貌仿佛是地球的两极，但她们的性格都爽朗果敢、敢爱敢恨，对认定的事情都能坚持到底，对爱情都执迷不悟，无论因此受多大的伤害都不在乎。

巧合的是，这两部电影的女一号在拍摄时都是周星驰的女朋友。周星驰"举贤不避亲"，让她们在最好的年华里留下了最经典的角色，她俩也用自己极具个人魅力的表演为影片带来了别样的精彩。

莫文蔚在《食神》中饰演的火鸡没有紫霞仙子名气大，外表也没有后者那样光彩照人，那样让女孩子有代入感，让男生都想娶回家，可无论是谁遇到了"火鸡"这样的女孩，都是三生修来的福气。

美丽善良的紫霞仙子深入人心，朱茵因此身价暴涨，但她没能拿到金像奖的提名，而莫文蔚却因出演火鸡获得了第 16 届香港电影金像奖最佳女主角的提名，这也是《食神》得到的唯一一个提名。

周星驰共参演过几十部影片，七次得到金像奖的影帝提名，而因这些影片中的角色赢得金像奖影后提名的，只有《食神》中的莫文蔚及《审死官》中的梅艳芳。

周星驰的电影恶搞明星，恶搞权贵，恶搞资本家，恶搞一切道貌岸然的成功人士，也恶搞他自己，但他有两个基本原则：一不恶搞穷苦人，二不对爱情不敬。

《食神》之所以能够成功，恰恰因为它本质上是个爱情故事。虽然这个故事的女主角有些特别。

影片中，女主角火鸡的造型丑到让人印象深刻。她的头发乱蓬蓬，脸上泛着油光，嘴里满是龅牙，有一道从额头延伸到脸颊的刀疤，而且她还是个大小眼。

王晶早就说过，商业片选女主角，就是给男观众选女朋友，一定要符合大众审美，一定要让他们有代入感。可是，谁会对着火鸡产生代入感呢？

可是，火鸡并不是生来就丑，她变成这样，全是拜一个人所赐——当别人糟蹋食神画像时，她与对方大打出手，因而被毁容了。

尽管外表变得极其丑陋，但火鸡仍有一颗满怀柔情的心。

在他穷困潦倒、走投无路之时，是她为他端了一碗无比美味的叉烧饭；在他被黑社会压着，将要被剁手时，是她用自己的手抓住了明晃晃的砍刀；在死敌派来的刺客即将得手时，是她挺身替他挡住了致命的子弹……

真爱令她变得格外勇敢，也让食神的复仇之旅分外悲壮。

这部影片中的配角表现也很出色。在以往的周星驰影片中，谷德昭只会偶尔简单客串一下，戏份很少，但在这部影片中，周星驰居然把唐牛这么重要的角色交给了他。谷德昭也不辱使命，将一个隐忍、算计起人来无法无天、狠起来气场十足的大反派塑造得相当成功。他与周星驰在美食大赛中的对决，火星四溅又笑点满满，堪比惊心动魄的拳击大赛。

周星驰的黄金搭档吴孟达以前通常是男主角身边的某个亲友，负责制造笑点，但这一次吴孟达出演的是反派，心机深重，诡计多端，戏份虽不多却让人印象深刻。不得不说，吴孟达的戏路其实很宽。

影片中的其他角色，如薛家燕饰演的大赛裁判、刘以达饰演的梦遗大师，以及罗家英饰演的主持人等，都以各自的个性化表演为影片增添了不少光彩。

《食神》一直上映到次年2月12日，最终拿下了4086万票房，超过《赌侠》，成为历年圣诞档票房总榜上的亚军，仅次于《赌神2》。

按照惯例，《食神》的票房要全部计入1996年，这么一来，周星驰就包揽了1996年的香港中文电影票房榜的亚军和季军，这份成绩单算是差强人意。至少，从排名看，相比1995年，他的票房成绩进步不小。

这一年的香港电影年度票房榜前十中，外国电影整整占了一半。暑期档"成周"二人都没有作品，全球票房冠军《独立日》于7月上映，在香港的票房最终未能超过新春档上映的《警察故事4：简单任务》。汤姆·克鲁斯主演的《碟中谍》在香港收获3963万票房，排在《食神》后，列香港电影票房年度第4名。"一成一周"在票房榜前五中占据了三席，也算是为中文电影捍卫了尊严。

此时的周星驰本来应该放下紧张，开香槟庆祝了，但他并不满足于此。在这之后，除了接拍一些品质不佳的影片还"人情债"外，他也在构思一部偏文艺的电影，并希望凭借它冲击金像奖。

二 《喜剧之王》票房欠佳，却有特殊意义

转眼，时间来到了1999年，20世纪的最后一年。

1998年，香港电影陷入了不小的危机，市场萎缩，作品大减，连赵文卓这样的功夫明星都去台湾拍电视剧了，实在让人可惜。不过，到了这年的新春档，当香港的观众看到成龙与周星驰的新片时，他们对未来又有了信心和憧憬。

1999年(兔年)的大年初一是阳历2月16日。在三天前，即2月13日，成龙的《玻璃樽》与周星驰的《喜剧之王》同时开画。

这一天注定要被写入香港电影影史。两位在整个20世纪90年代激战九次的巨星，在"旧世纪"的最后一年不约而同地选择了爱情题材作为送给全港市民的新年礼物。

与成龙合作过多次的罗礼贤是《喜剧之王》的动作指导，而周星驰的御用编剧谷德昭则担任了《玻璃樽》的导演。此外，两大巨星打破了"王不见王"的惯例，都在对方主演的电影中客串了一个角色。

这充分证明20世纪90年代"成周"二人争霸是标准的君子之争。也正是因为他们的不停竞争与不懈努力，才为日趋衰落的香港电影市场捍卫住了最后的荣耀与尊严。

在周星驰主演的五十多部电影中，《喜剧之王》的口碑仅次于《大话西游》系列。2020年12月，它的豆瓣评分是8.8分，相信未来还有上升的可能。

可惜，这部电影在次年的第19届香港电影金像奖评选中只获得了一个

提名，即张柏芝的最佳新演员。这样的命运倒是和六年前拿到当年香港电影票房榜年度冠军的《唐伯虎点秋香》有些相似。

有人认为，《喜剧之王》有点像周星驰的自传，也就是说，在明星扎堆、大腕云集的香港影坛，他有未经权威机构认可就自封"喜剧之王"的嫌疑。考虑到他之前和不少合作者闹翻，被人恶意解读和消费的"黑料"层出不穷，拍这样一部电影，其结果可能不是为自己发声，而是继续招黑。

事实上，《喜剧之王》的片名与内容完全不符，因为主角尹天仇并不是喜剧明星，他只是一个跑龙套的，只能在街坊福利会里开设演员训练班实现做演员的理想。也许片名换成《我叫咖喱啡》会更合适。

不过，香港观众对周星驰还是相当包容的。虽说当时的经济形势不好，但广大深爱他的观众并没有吝惜自己的钱包。

这部投资成本有限、拍摄难度不大的影片，让周星驰夺回了失落五年的年度冠军。

五年前拍摄《破坏之王》时，周星驰不用知名女星，反而选择了刚刚从加拿大来到香港，只在两部电影中演过配角的钟丽缇，让她挑起女一号的重任。钟丽缇不负众望，她诠释的女主角阿丽虽然不如紫霞仙子有名，但也是经典角色。

钟丽缇有一定表演基础，而张柏芝之前的表演经历则是一片空白。周星驰做出这样的选择，肯定有些冒险。

张柏芝虽天生丽质，但并非表演天才。在拍摄过程中，她暴露出了诸多问题，而周星驰和莫文蔚都耐心地给了她很多指点和帮助。

几年之后，周星驰曾说过："拍《喜剧之王》是因为感情失意，拍《少林足球》是因为事业失意。"

值得敬佩的是，正因为有莫文蔚的参与，这部影片才如此精彩。两年前拍摄《食神》时，莫文蔚就为角色做出了巨大牺牲，而这一次她又欣然为张柏芝担任配角。

《喜剧之王》的篇幅不长，剧情也相当简单：外围龙套演员尹天仇（周星驰饰）一直痴迷于表演，甚至在街坊福利会里开设了免费的"演员训练班"。舞女柳飘飘（张柏芝饰）为了提高收入，想与客人逢场作戏时扮演他们心中的"初恋情人"，因此向尹天仇求助。在相处过程中，两个处于社会底层的失意者擦出了爱的火花。

后来，尹天仇偶然得到了大明星杜娟儿（莫文蔚饰）的赏识，但因为对柳飘飘的一往情深，他的前程也陷入了困境。正在这时，表面上是在剧组发盒饭的，实则是警方卧底的达叔（吴孟达饰）找到了他，想让他利用其表演经验帮忙完成一次危险任务。

跑龙套和舞女都是人为了生存不得不做的职业。虽说职业没有高低贵贱，但真正身在其中的当事人，在面对社会阶层之间巨大的鸿沟时，都会产生一种深刻的无奈和绝望之情。努力不一定能改变命运，但自暴自弃、混吃等死也不是正确选择。

尹天仇虽然只是住在出租屋里的小龙套，却有着不合时宜的天真和乐观。他会跑到海边大喊："努力，奋斗！"会偷偷动用制作组的摄影机，装作导演的样子叫嚣："精神点，临时演员也是演员。"他"自作聪明"，演神父时，该死的时候不死；他"自不量力"，张罗着在社区排演不收票的《雷雨》《精武门》，还"好为人师"地教人表演。

这样一个不知道"安分守己"的活宝，自然总是被剧组导演嫌弃。幸运的是，尹天仇没有放弃自己，不断毛遂自荐，终于碰到了一个能尊重他的个性、欣赏他的才华、容忍他发挥自己创意的大明星杜娟儿。

柳飘飘之所以会当舞女，乃是因为前男友。被爱伤过的柳飘飘再不敢轻易相信男人，更不敢相信一个男人会爱上自己这种身份的人。因此，她的自我保护是合情合理的。柳飘飘原本是想跟尹天仇学习如何扮演初恋情人，但性格暴躁的她一言不合就对这位老师大打出手。当柳飘飘确实从尹天仇的指点中收获良多时，她觉得愧疚，接着发现这个不爱张扬的普通人，给自己带来了前所未有的快乐与温暖。她放下了怀疑，甚至放下了女性的矜持，和他度过了必定会终身难忘的一晚。

　　18岁的张柏芝，首次在大银幕上担纲女一号，与36岁的巨星周星驰对戏，居然一点儿也不怯场，还发挥得相当出色，让人不得不为其天分感叹。他俩一个是"60后"，另一个是"80后"，搭档演情侣居然毫无违和感，这说明星爷不但保养得好，他的选角眼光也不同凡响。

　　现实中的周星驰相当腼腆，在拍戏时他虽然可以演得极其癫狂，但在演感情戏时，他总是如同蜻蜓点水一般轻轻带过。在《喜剧之王》中，周星驰破了一次例，献出了演艺生涯中尺度最大的一场"激情戏"。镜头一转，长发飘飘的柳飘飘，穿着他的衬衫，蹬着他的拖鞋，亮着自己的美腿，坐在窗边吹海风的镜头，无疑成了许多观众的美好回忆。

　　当然，整部影片中最感人的是他们离别时的对话。

　　尹天仇向洪爷打听与一个非常漂亮的舞女过夜要多少钱，得知自己根本付不起时，他只能将全部家当掏了出来。趁着柳飘飘还坐在外面，他小心地将钞票整理好，把所有硬币都拿了出来，甚至拿出了存折和手表，一股脑地放到了她的包包上面。

　　这是为什么？明明是你情我愿的甜蜜一晚，他这样做不是对女孩子的极大羞辱吗？

　　并不是。自卑的尹天仇根本没勇气追求这么美丽的姑娘，即便她是个舞女。他觉得自己也许这辈子再也见不到她了，唯一能做的，是帮她一把。

都说谈钱伤感情，但对于他们这样的人来说，最实际的帮助当然是物质帮助了。潜意识中，他希望她能有更多的钱，可以有脱离现在的职业的机会，他真的希望她能过得好一点、轻松一些。

他所做的一切，柳飘飘不但理解了，而且还很感动。她懂得尹天仇的心意，也懂得两个人之间的无望。

柳飘飘离开后，一直装睡的尹天仇忍不住追了出去。他虽有些踌躇，却仍然勇敢地问了出来："不上班行不行？"

柳飘飘看着这个不自信的男人，毫不客气地戏谑道："不上班，你养我啊？"

尹天仇没有马上答复。他不是不想答复，而是在认真地思考自己能不能接下这份担子。

终于，他叫住了她，十分郑重地说出了自己的承诺："我养你啊！"

对普通人来说，最美的情话并非华而不实的"我爱你"，而是"我养你"。这句"我养你"传达的意义是：我养你，并非因为我想要剥夺你工作的权利和自由，而是希望你知道，从此可以不用为了生存而选择自己根本不喜欢的工作；我养你，并非忽悠你给我当家庭主妇或免费劳工，而是想让你相信，只要我还有收入，我所有的钱都是你的；我养你，并非为了让你把我当成恩主，而是要让你明白，自打你成为我女友的那天起，我就准备好给你一辈子的呵护与爱惜。

柳飘飘并没有直接回答尹天仇，但坐在出租车上离开的时候，伴随着 Here We Are Again 的背景音乐，她哭得稀里哗啦。从此之后，她做出了坚定的选择。

当尹天仇的前程要以放弃柳飘飘为代价时,他选择"再回到从前"。

为了一个不完美的爱人,丢掉来之不易的机会,在多数人看来,这不是犯傻是什么呢?这个极度缺钱又缺机会的尹天仇用自己的行动实践了"不离不弃"四个字,让"男人没有好东西"这句话成了无比可笑的谎言。

柳飘飘对他的回报是:"不管做主角也好,跑龙套也好,你都要养我一辈子!"

再大的麻烦一起分担,再多的痛苦一起承受,再不确定的未来一起面对,这才是真爱的意义。

影片最后,尹天仇的命运依旧没有改变,还在社区演不赚钱的话剧。

《喜剧之王》的片名似乎有着强烈的反讽意味。两个小人物的生活与喜剧完全没有关系,甚至可以说满是辛酸和悲伤。

这部影片也不是没有缺点。仅仅 80 多分钟的电影,与主题并无太大关系的卧底剧情居然占了近十分钟,而强行加入的动作戏元素与主题并不融洽,更像是对市场的迎合和屈服。

最终,《喜剧之王》收获 2985 万票房,而《玻璃樽》的票房定格在 2755 万。在新春档与成龙对阵的六连败之后,周星驰终于扳回一城。这两部电影也是当年的香港中文电影年度票房冠亚军。

1999 年,在即将进入千禧年之前,周星驰又回了趟 TVB。他获得了 TVB 版终生成就奖——首届翡翠星辉最杰出成就大奖。

周星驰只在 TVB 演过一次主角,说起在电视剧方面取得的荣耀,超过周星驰的有很多人。他得这个奖,显得有些名不正言不顺。

或许真是应了那句话："你只有足够强大，别人才跟你讲公平。"

对于TVB的这种做法，外人当然不便评论，但无论何时何地，雪中送炭的帮助远比锦上添花的捧场更能让当事人感到欣慰和感动。

20世纪90年代就这么结束了，周星驰这十年的成绩到底如何呢？

三 恋曲1990年代，书写香港电影的最强音

20世纪90年代的香港影坛，以周星驰一鸣惊人拿票房冠军开始，以他卷土重来再拿冠军落幕。

在《英雄本色》中，小马哥有一句经典台词：

> 我等了三年，就是想等一个机会。我要争一口气，不是想证明我了不起，我是要告诉人家，我失去的东西，一定要拿回来！

这话完全适用于成龙大哥，不过要把三年改成七年。

1962年，周星驰刚出生，成龙就开始了他的电影首秀。他们不算一辈人。

1980年，周星驰还在报考TVB的艺员训练班，成龙就是香港影坛的一线红星了，唯有许氏兄弟能与他比肩。

从1991年到1993年，连续三年的正面竞争中，成龙都以明显差距输给了周星驰。1994年，两人都输给了周润发。

从1995年到1998年的四年，是成龙在香港电影圈的高光时刻。此时，周润发已经远走好莱坞，香港只剩下了"一成一周"，而周星驰被成龙牢牢压制。

弱者只会怨天尤人，顾影自怜，一蹶不振。真正的强者，却会愈挫愈勇，一往无前，如同幼苗经过暴风雨的洗礼后会长成参天大树。

之前，年轻的周星驰，逼出了最好的成龙；之后，老到的成龙，逼出了最好的周星驰。

这两位香港20世纪90年代最优秀的代表人物,可以说是相互竞争、彼此成就。他们都是"香港之子",是香港电影工业体系成就的明星,也是香港文化最出色的代表之二。

20世纪90年代的香港电影,在电影史上能占据什么位置?

2019年,在"庆祝中华人民共和国成立70周年全国十佳电影男演员"评选中,演艺生涯的黄金时期在20世纪90年代的香港巨星占据了其中五席。

这五位是成龙、周润发、周星驰、刘德华和梁朝伟,即大名鼎鼎的"一成双周",以及"票房之王"刘德华、"拿奖之王"梁朝伟。

尊敬对手的最好方式就是在对决中拼尽全力地战胜他。成龙大哥在1978年就大红大紫了,但他在香港的演艺生涯的巅峰也出现在20世纪90年代,甚至晚于周星驰。这说明什么呢?

1995年到1997年,连续三年,成龙的电影都是香港的年度票房冠军,周星驰只能苦苦追赶。从1998年开始,尽管成龙把工作重心移到了好莱坞,但每年新春档他都有一部中文电影上映,他依然在香港市场上保持着强劲的竞争力。

1994年到1999年,成龙大哥每年至少有一部影片可以进入香港年度票房榜前二。这同样是个惊人的纪录,周星驰也做不到这一点。

成龙《警察故事4:简单任务》创造的票房纪录,最终在六年后被周星驰的《少林足球》打破。这也算是周星驰致敬前辈的最好方式。

整个20世纪90年代,"成周"二人的良性竞争为香港电影创造了最后的辉煌岁月。成龙的表现越出色,越证明了他对周星驰这个对手的重视。正是周星驰的横空出世和他四连冠的奇迹激发了成龙的好胜之心,逼出了最好的成龙。

反过来说,成龙的强势"逆袭"也让周星驰变压力为动力。明明知道难以取胜,但周星驰依然顽固地坚持出现在新春档,从不缺席。在连续失利五次之后，他终于凭《喜剧之王》夺回了失落了几年的年度冠军。

从1999年的新春档开始，周星驰又缔造了一项不可思议的纪录：每出一部新片，必夺取年度冠军。能取得这一成绩，显然也要感谢成龙的正面激励。

在拍摄完《千王之王2000》之后，周星驰在20世纪90年代的拍片工作告一段落。

从1990年到1993年，周星驰连续四年占据香港电影票房榜的首位，风头一时无两。从1994年开始，他经历了连续五年的"低潮期"，虽然拿下了两个亚军、五个季军，但没有再拿过冠军。毫无疑问，在整个20世纪90年代，周星驰都是香港电影圈中最耀眼的明星之一。

整个90年代，他以拿下年度冠军开始，以重新收获年度冠军结束。在十年内，他一人独占五个第一，成龙有三个，周润发和郑伊健各有一个。

整个90年代，凭借《赌圣》《逃学威龙》《家有喜事》和《审死官》，他在三年内四次打破香港影史票房纪录。

整个90年代，他将香港电影票房带进了4000万时代。

整个90年代，每年他主演的影片都至少在香港的中文电影票房榜前三占据一席之地。能做到这一点的，全香港只有他一个人。

周星驰的电影生涯超过了三十年，但80%的作品出在20世纪90年代。在最好的年华里，凭借最优颜值、最强演技、最佳创意、最大冲劲，他在香港电影的巅峰时期，站在了兼顾票房号召力和作品质量的最高峰。这是何等幸运的事情？

这份幸运不是别人施舍给他的。他有贵人相助、观众力挺，但能取得这样的成就主要还是因为他的自强不息。

在1989年年底，谁要敢说周星驰将主宰未来的90年代香港影坛，肯定会被人说成是疯子。

周星驰的爆冷逆袭充分证明香港电影圈是创造奇迹的地方：只要你足够优秀、足够努力，就有可能脱颖而出。

实话实说，周星驰的成功是小概率事件。关键是，他抓住了机遇，改变了命运，并且一红就是三十年。一夜爆红或许可以靠运气完成，三十年不衰，绝对是实力的体现。

新千禧的第一年，周星驰没有新片上映，却憋出了大招。

四 《少林足球》，打造香港电影重工业大片

在20世纪的最后十年，周星驰作为香港电影的两大招牌之一，连续九个新春档，他和成龙的"对话"都是媒体热议的话题。

新世纪第一年的新春档，两人却双双缺席了这个最重要的档期。

这一年的春节是2月5日。1月28日，由马楚成导演，梁朝伟、郑伊健主演的《东京攻略》高调开画。过去几年，郑伊健的票房号召力已经超过了伟仔，但在这部影片中，他甘当男二号，这不得不让人钦佩。2月3日，中国星的大片《决战紫禁之巅》上映。

《决战紫禁之巅》是刘伟强继《风云雄霸天下》《中华英雄》之后的第三部有视觉效果的大片，由天王刘德华出演男一号，同时也是个大反派。郑伊健再当配角，却是终极赢家。女一号由在内地红得发紫的赵薇担任。片方对这部影片信心满满，结果却不尽如人意。最终，该片只进账2133万票房。

此外，《东京攻略》仅收获2819万票房，而《玩具总动员2》以3573万票房刷新了香港的动画片的票房纪录。因此，在"成周"缺席的新春档，外国电影拿到了香港的票房榜冠军。

2000年4月16日，第19届香港电影金像奖颁奖典礼在香港红磡体育馆举行。这是跨入新千禧年的第一次颁奖，具有特别重要的意义。

这一次，刘德华终于凭借《暗战》，收获了人生第一个金像奖影帝。过去十年，这位大帅哥一直被质疑表演功力欠佳。即将进入40岁时，在杜琪峰的指导下，他的表演终于获得了认可。许鞍华凭借《千言万语》又一次拿

下最佳电影。

周星驰内心的失落显然超过了以往任何时候。

他付出很大心血，甚至有刻意迎合评委之嫌的《喜剧之王》几乎"全军覆没"，只得到了一个提名，那就是张柏芝的最佳新演员。最后，不满20岁的张柏芝拿下了这一奖项，凭借的却不是《喜剧之王》，而是马楚成导演的《星愿》。

《玩具总动员2》让外国电影首次称雄香港新春档，但该片最终只是香港电影票房榜的年度亚军，因为全球票房冠军《碟中谍2》以3614万夺冠。这是吴宇森自十四年前凭借《英雄本色》夺取香港票房冠军之后，再次夺冠，此次，他还以5.45亿美元的总票房为华人导演拿下了首个全球票房年度冠军。这个成绩对于在萧条中苦苦挣扎的香港电影人来说无疑是极其强劲的鼓励。

在拿下影帝之后，刘德华继续高歌猛进。8月23日，由他和郑秀文主演、杜琪峰执导的都市爱情喜剧《孤男寡女》在暑期档进入尾声时开画。这部电影最后拿下3521万票房，高居香港中文电影票房榜榜首。在被"一成双周"压制十年后，刘德华终于拿到了第一个香港电影票房榜年度冠军。

拿下金像奖最佳新演员的张柏芝签入了中国星门下，这想必不会让周星驰开心。之后，他对公司的签约女艺人更小心了，然而还是官司不断。当然，对于唯恐天下不乱的狗仔队来说，拍不到周星驰跟女明星过夜的照片固然可惜，能添油加醋地报道他和旗下女星撕破脸的"花絮"，估计也是相当过瘾的。

小公司如何留住人才，确实是一个让人头疼的大问题。"星女郎"演一部火一部，证明周星驰的电影还是有强大影响力的，但她们火了之后就解约，这对当老板的周星驰来说恐怕是相当尴尬的事情。

强扭的瓜不甜。对于周星驰来说，怎样拍好下一部电影，显然是更重要的事情。

一直以来，香港喜剧作品都缺乏思想深度和内涵，搞笑流于表面，性暗示不断，甚至会在一定程度上变成闹剧。周星驰当然也拍过这类电影，从早期的《师兄撞鬼》到后期的《算死草》，莫不如此。

在很多香港影视从业者的眼中，拍电影就和销售六合彩一样，只是一份赚钱养家的工作罢了，什么文化内涵或者职业敬畏心并不是他们要考虑的问题。可是，有意缩减产量的周星驰很在乎自己的名誉，另外，他也不甘心将自己的演技浪费在平平之作中。

对从小喜欢功夫的周星驰来说，如何将功夫更好地融入电影中，是一件非常有吸引力的事情。

1991年年初，周星驰就拍过一部将功夫与台球相结合的《龙的传人》，但这部电影在当时的反响很一般。

在1996年拍摄的《食神》中，男主角史蒂芬·周曾去少林寺学习一个月，最终脱胎换骨，学会了最精妙的功夫与厨艺。

少林寺，早已经不是一个地名、一座寺院，它代表着中国功夫的最高殿堂。

如果把中国功夫的至尊品牌与"世界第一运动"足球结合起来，会有怎样震撼的效果呢？让一群功夫高手去踢足球，会是怎样震撼的场面呢？将最新的数码科技与最精妙的动作设计结合起来，会擦出怎样精妙的火花呢？

这些问题，周星驰思考了很久。

他是否看过《京都球侠》，有没有以这部影片作为灵感来源，我们无从考证。他自己承认参考过的，是日本动漫《足球小将》。

当时，香港电影的颓势已经不可逆转。在亚洲金融危机中，如果没有内地的鼎力支援，香港绝不可能这么快挺过灾难。

周星驰敏锐地意识到，内地市场才是电影行业的未来，他应该跳出香港这个小圈子。

于是,《少林足球》成了他第一部以内地为背景的现代喜剧片。该片由周星驰与林小明的寰宇公司共同投资。于 2000 年年底,影片在珠海开始了紧张的拍摄。

在 20 世纪 90 年代香港电影最繁荣的时期,二十天是一部影片的正常拍摄时间,经典电影《家有喜事》甚至只拍了两个星期。可是,《少林足球》却拍了四个多月,慢工出细活,对周星驰来说高质量是必须的。

影片由周星驰与李力持联合执导,之前合作过多次的程小东担任动作指导,特效则交给了制作了《风云雄霸天下》《中华英雄》的先涛数码。

2001 年的新春档,成龙大哥带着新作《特务迷城》回归,周星驰却缺席了。《特务迷城》以 3001 万票房再拿新春档冠军。由杜琪峰执导、郑秀文担纲女主角的《钟无艳》与《特务迷城》同天开画,并最终拿下 2724 万票房,创造了香港影史"大女主"片的最高纪录。

这年 4 月 29 日的第 20 届香港电影金像奖颁奖典礼,也书写了香港电影最为辉煌的一页。

《花样年华》是"得奖专业户"王家卫的经典之作,但在这届评选中,他居然丢掉了最佳电影和最佳导演这两个重要奖项,不过,想想最终得奖的人是谁,也就毫不奇怪了。

2 月在奥斯卡金像奖拿下四个小金人的《卧虎藏龙》,是中国台湾导演李安执导,原本没有资格参加香港电影金像奖评选,但这部电影的幕后班底几乎全部来自香港,演员也以香港明星为主,因此,在香港电影日益凋零时,评委会打破惯例,让《卧虎藏龙》入选,是非常明智的事情。在这之后,便有了张艺谋的《英雄》等影片参选。

最终,《卧虎藏龙》拿下八项大奖,而《花样年华》拿下包括最佳男主角、最佳女主角在内的五个奖项。

《卧虎藏龙》在全球掀起的中国古装武侠热情，直接促成了张艺谋拍摄《英雄》，推动了内地商业大片时代的到来，也给周星驰《功夫》的成功提供了很好的契机。

6月21日，刘德华、郑秀文主演的《瘦身男女》强势开画，力扛《木乃伊归来》，大有卫冕年度冠军的趋势。之后，周星驰的《少林足球》一出，直接改写了所有排名。

这一年，体育界发生的几件大事也是千载难逢，对《少林足球》的上映极其有利。

4月22日，中国足球队开始了第17届世界杯亚洲区预选赛的小组赛。

7月13日，北京在国际奥委会第112次全会上赢得2008年第29届奥运会的主办权。

10月7日，中国国家足球队历史性地取得了第17届世界杯决赛圈的参赛资格。

可以想象，在这样的大背景下，如果《少林足球》能够在内地适时上映，那么像《英雄》一样催生的观影热潮很可能提前一年就在神州大地上演。那样，开启中国商业电影新纪元的就将是周星驰而不是张艺谋了。令人遗憾的是，因为少林寺方面提出的质疑，相关部门不同意星辉使用《少林足球》这个片名，而如果改名，将会严重影响影片的营销宣发与口碑扩散，产生的损失将难以估量。

在不得已的情况下，《少林足球》选择在香港率先上映，而这个举措最终导致它无缘内地影院。

7月12日，在北京申奥成功的前一天，《少林足球》于万众瞩目中，在香港正式开画。

一波又一波的观影热潮，让周星驰和星辉团队始料未及。不过，这也在情理之中，这部影片的娱乐效果和励志元素都很到位，观众很难不被它感动。

在《木乃伊归来》这样的好莱坞特效大片前,《少林足球》带给观众的视觉冲击毫不逊色,而热血剧情更让人难以平静。

终于,香港电影史新的一页翻开了。《审死官》保持了九年的暑期档4988万票房纪录,终于成为历史;《警察故事4:简单任务》保持了五年多的中文电影5752万票房纪录,终于被强势改写;看起来不可思议的6000万票房天花板,也终于被顺利突破了。到下映时,《少林足球》首轮最终票房定格在了6074万,排在《泰坦尼克号》和《侏罗纪公园》之后,位列香港历年电影票房排行总榜第三。

这么一来,这位"喜剧之王"完成了为香港中文电影突破6000万票房的壮举。完成这一壮举时,他还不到40岁。

《少林足球》构建了一个极其荒诞却又极其鬼马励志的故事。被誉为"黄金右脚"的足球员明锋(吴孟达饰),被队友强雄(谢贤饰)设计陷害并打断右腿,自此流落街头,后者却成为足球大亨,操纵各种比赛牟利。

二十年后,明锋偶然结识了以捡破烂为业却有一身惊人武功的五师兄阿星(周星驰饰)。在明锋的训练和帮助下,阿星与昔日的一群好兄弟一起,将各自的绝活融入球技之中,组成了一支"少林队"。他们一路过关斩将,在超级杯决赛中,却被强雄带领的"魔鬼队"杀了个昏天暗地。最终帮他们扭转战局的,是一直生活在阴影之下的女孩阿梅(赵薇饰)。

《少林足球》是周星驰打造"重工业大片"的一次勇敢尝试,而这次实验可以说是相当成功的。即使是在二十年后的今天来看,这部影片中的特效也并不显得过时。

在以往的周星驰电影中,他都是绝对的核心,这一次,他让自己的一群师兄弟有了充分表现自己的机会。

早在1991年,李力持执导的《情圣》就是一部群戏电影。在这部电影中,周星驰虽说是绝对核心,但毛舜筠、午马、恬妞和叶子楣饰演的各路骗子也都有不小的发挥空间。十年之后，在"少林队"中，周星驰和李力持同样非常重视配角的表现，给了他们出彩的机会。

五师兄阿星的绝活是大力金刚腿，他的偶像是武术家李小龙。他怀才不遇，只能靠收废品为生，但自称"我心中的一团火是不曾熄灭的"。他能一脚将可乐罐踢进墙里，却买不起新鞋，甚至没钱买新鲜馒头。他四处"兜售"自己的少林正宗大力金刚腿，却无人问津，甚至被人嘲笑。

如此荒唐的人设，在周星驰的电影中却似乎很正常。对周星驰来说，这样的设定是常规操作，因为唯有这样，才能将讽刺效果放到最大，将励志元素用到极致，将"做人如果没有梦想，跟咸鱼有什么区别"的主题彰显得淋漓尽致。也正是这个缘故，通常主角在前面有多灰头土脸，后面就有多扬眉吐气。

如果没有遇到明锋，没有找到努力的方向，阿星这样身怀绝技的热血青年就得继续收很多年的垃圾，当很多年的"咸鱼"，受很多年的屈辱。这很像现实生活中的周星驰：明明长相不差，演技也精湛，但如果没有万梓良和李修贤赏识，他恐怕很难拍上电影。

影片中阿星的功夫原本就出神入化，稍加练习之后，立即就如同"开挂"了的武术高手，在球场上可以以一当十，力拔千斤，将人类的体力与武术技巧运用到极致。当然，他也非常注重团队合作，让队友们都能发挥出自己的潜能，而不是自己一味逞能。

周星驰的黄金拍档吴孟达，一改往日多部电影里的"猪队友"人设，在这部电影中，将被人暗算后忍辱负重的教练明锋诠释得非常立体。

当强雄说出二十年前的真相时，吴孟达在瞬间呈现出了震惊、愤恨、无奈和绝望等几种情绪，让我们明白什么才是教科书级别的表演。

阿星和小混混打架，为了不出脚伤人就改成踢球，最后他将这帮小混混当成活靶子惩治了一番。明锋在一旁看得目瞪口呆，觉得他脚力惊人、天分不错，便有了教他踢球的想法。

阿星对着百米外的墙壁射门，每踢一脚都能命中靶心，轻松得如同打游戏，但明锋强调："球，不是一个人踢的！"

当强雄试图收买"少林队"时，平日谄媚惯了的明锋却云淡风轻地拒绝道："不单是我，我整个队的人都贪，不过不是这张支票，是全国冠军。"这一刻，我们才真正感受到他体内蕴藏的巨大能量，以及洗刷耻辱的坚定决心。

大师兄（黄一飞饰）年龄最大也最务实，一直劝阿星要脚踏实地："这里有一份洗厕所的工作，先做着，你就别做梦了。"在与"汽车修理员队"的比赛中，当他跪在地上，把对方脱下来的内裤套在头上时，那份绝望、心酸与无助实在让人泪目，而当他狠起来时，却能把铁头功玩得炉火纯青。凭借此片，黄一飞拿下了第21届香港电影金像奖最佳男配角。

二师兄（莫美林饰）的绝活是旋风地堂腿，但平时只能给人家洗马桶洗碗。在得到队友信任后，他在足球场上玩起了各种体操动作，让观众看得眼花缭乱。

三师兄（田启文饰）有金钟罩、铁布衫之功，却一心想当职场精英，把"我一秒钟几十万上下，陪你们踢球"当作口头禅。当四师兄被踢伤，眼看没人守门时，他却"不知死活"地站在了球门前，并打了一个很感人的电话："喂，阿珍吗？这二十年来，有句话一直埋在我心里。其实……我爱你。"

四师兄（陈国坤饰）的长相酷似李小龙，但一开始各种不靠谱，谎话张嘴就来，像极了如今的无良自媒体。加入球队之后，他因为鬼影擒拿手这一绝技而当上了守门员。在比赛过程中，他的各种花式操作让人应接不暇，尤其是直接破门得分更是精彩万分。在与"魔鬼队"的对决中，他穿着一身致敬李小龙的黄色连体衣，其表现更是让人振奋：一次次被无情打倒，又一次次奋不顾身地爬起来，直到身负重伤。"不好意思啊，各位，我要歇一会儿了。"这是他最后的台词。"不要紧。你只是人离开，精神永远都会在这里。"阿星这句话，既是说给四师兄，更是说给李小龙，以及所有龙迷听的。这句话，也一下子提升了影片的境界。

六师弟（林子聪饰）号称轻功水上漂，却肥得可以参加相扑大赛。后来，在潜能被激活之后，他终于可以奋力高飞，发挥所长。

《少林足球》是一部漫画风格极其浓郁的喜剧片，所以片中那些令观众匪夷所思的动作也就不足为怪了。感谢先涛数码和动作指导程小东，将影片中的四场比赛呈现得那样天马行空、震撼写意。

与"汽车修理员队"的第一战，是检验他们功力的正名之战。在对方踢人不踢球的攻势下，"少林队"所有人都伤得很惨，几乎都想要放弃了，可"真正的比赛，就是打仗"的理念逼出了他们的潜能。片中那段对《拯救大兵瑞恩》的戏仿，更是成了电影的经典镜头。当师兄弟几人全部施展开功夫时，那些原本不可一世的对手只有挨打的份，经此一战，他们把对手踢成了队友。真是应了那句话：只有你足够强大时，别人才愿意跟你谈合作。

对付装备考究的"豆腐金刚队"时，"少林队"的兄弟们大显身手，各种花样进球，最终生生踢出了40：0的比分。

由两大女侠领头的"玉面双飞龙队"气势汹汹，无数人疯狂围攻守门员。四师兄不光守住了，还创造了一种新型得分方式。

与"魔鬼队"的最终决赛，在影片中的时长达到了二十分钟，如同一场武林对决，又像是血淋淋的战争。对手注射了禁药，个个如"人肉金刚"；收买了裁判，毫无顾忌地犯规。"少林队"的队员一个个被打倒，一次次又站了起来，所有人都不愿意认输，所有人都不甘心让强雄得逞，所有人都想逆天改命，最终，拼到无人可用时，阿梅站了出来。

阿星和阿梅的情感发展也是该片的主线之一，但有莫文蔚的火鸡珠玉在前，阿梅的丑陋人设和女追男的剧情安排都显得毫无新意。况且，火鸡是为了食神而毁容，阿梅是天生就丑。阿星虽然愿意和阿梅做朋友，也一直鼓励她，但并不愿意和她有更进一步的发展。

在"少林队"缺少守门员，无法继续比赛时，阿梅挺身而出，凭借自己蒸馒头时练就的太极功夫，为"少林队"守住了最后一道防线。最终阿星穿上她补好的球鞋，完成了绝杀，这也等于接受了她的爱情。

总体说来，《少林足球》的爱情戏份设计得有些刻意，而影片中的周星驰与赵薇也没有情侣的感觉。

《少林足球》作为一部商业大片是非常成功的，但它显然进不了周星驰电影的十佳。造化弄人，《唐伯虎点秋香》连一个金像奖提名都没有，《少林足球》却拿奖拿到手软。

2002年是香港电影金像奖20周年。

4月29日晚，周星驰来到了香港文化中心大剧院，参加第21届香港电影金像奖颁奖典礼。身为全香港最有票房保证的巨星之一，从影十几年来，他却从未得到过金像奖的青睐，这本身就是一件非常无厘头的事情。

这一次，在即将迎来40岁生日之时，他终于得到了早就应该获得的小金人。《少林足球》一举拿下了包括最佳电影、最佳导演、最佳男主角在内的六项大奖，成为毫无争议的最大赢家。

这一次，评委会还特意增加了杰出青年导演奖项，获奖者当然也是周星驰。于是这一晚上，他四次上台，四次感谢，四次致辞，成了现场最忙碌的人。

周星驰最为看重的当然是影帝的荣誉。他一共获得过六次最佳男主角的提名，第六次终于如愿以偿。当时，入围最佳男主角的还有张学友、刘德华、胡军和刘烨。从梅艳芳和梁家辉手中接过奖杯时，他的激动之情溢于言表：

> 多谢学友哥、华哥，还有刘烨、胡军。请容许我严肃一点说几句话……拿到这个奖呢，我要多谢一些人的。首先就是已故的李小龙先生，因为当时我是非常迷恋他的电影，然后立志想成为一个演员；然后就是无线电视艺员训练班里的孙嘉文老师和郑耀国老师，

是他们第一个告诉我什么是演技；接着就是监制林丽珍小姐，第一次给我机会参演这个电视儿童节目；还有监制李添胜先生，给我演出第一个电视单元剧；还有监制刘家豪先生，给我演出第一个电视古装武侠剧；李修贤先生，给我演出第一个大银幕的电影；还有就是万梓良先生、李力持先生、吴孟达先生，在当年我演出时给了我很多鼓励和启发。多谢大会，多谢广大观众，多谢！

发言显得过长，但表达的全是他的真情实感。

周星驰一路走来，很多比他高、比他帅、比他有人脉和人气、比他情商高会交际的男星都被他远远甩在了后面，造成这一结果的，除了能力这个原因，何尝没有运气的因素呢？不过——

有实力，就要把实力百分百释放，甚至超水平发挥；有运气，就要把运气牢牢把握在手中，而不是患得患失。

《少林足球》不是他的顶峰，只是他进军内地的起点。

第十三章　内地

一 《功夫》，霸气书写新世纪武侠电影最强音

自拍摄《少林足球》起，周星驰就在淡化电影的香港元素，希望拍摄出能让内地观众更容易接受的影片。

2003年6月29日，这是香港历史上值得大书特书的一天。中华人民共和国商务部副部长安民与中华人民共和国香港特别行政区财政司司长梁锦松，在香港共同签署《内地与香港关于建立更紧密经贸关系的安排》。从此之后，满足条件的内地与香港合拍电影可以在内地院线上映。

这个政策，对日益萎缩的香港电影市场未必能有多大帮助，但对于融资困难的香港电影人来说，绝对是雪中送炭一般的温暖。

周星驰从不掩饰自己对中华功夫的推崇和对伟大武术家李小龙的尊重。拍一部标准的武侠电影一直是他的梦想，但很多事情不是有愿望就能达成的，即便他叫周星驰，即便他主演的作品在香港影坛很有影响力，他也不是想拍什么都能拍成的。譬如传说中的《食神》《喜剧之王》和《少林足球》续集，为什么没有了下文？很多事情远没有想象中那么简单。

在《少林足球》取得票房和口碑双赢之后，制作第二部原本是最佳选择，但星辉与寰宇因利润分配产生了矛盾，于是周星驰转而投入了一部功夫片的秘密拍摄之中。

2003年6月，上海这个"中国电影的摇篮"再次在中国电影史上写下了辉煌一页。

周星驰从影以来投资最大的一部影片，一部致敬偶像李小龙的心血之作，在上海郊区搭建的"猪笼城寨"低调开机。这部影片的投资高达2000

万美元。显然，这笔钱是周星驰个人拿不出来的。他的合作方有好莱坞巨头索尼影业，以及内地的主要发行方华谊兄弟太和影视。

2004年12月23日，也许是周星驰从业生涯中最重要的一天。

他筹备三年多的武侠片《功夫》在内地和香港同时开画。

张艺谋的第二部武侠大片《十面埋伏》，自7月16日上映之后，拿下了1.56亿票房，虽说比两年前的《英雄》少了近一亿，但依然领跑票房榜。

12月9日，华谊兄弟自己制作的《天下无贼》率先上映，热度不减。一个月内，同一公司的两部大片先后上映，到底是会双赢，还是两败俱伤，恐怕是谁也不敢妄下结论的事情。

《功夫》是周星驰导演的唯一一部民国电影，也是他致敬李小龙、致敬粤语电影、致敬功夫片的心血之作。拍完这部影片，他似乎就开始有了不再表演、退居幕后的打算。

影片发生在民国时期的上海，社会动荡，黑帮横行。在猪笼城寨，生活着一群自得其乐的平凡人，他们宁静的生活，因阿星（周星驰饰）的到来而被打破。

阿星冒充斧头帮成员，跑到猪笼城寨试图敲诈一笔，却被住在这里的居民暴打了一顿，还遇到了真的斧头帮的人。为了解救妇孺，寨子里隐藏的高手被迫出手，结果遭到了更加疯狂的报复。双方的争斗愈发进入白热化，而此时原本一门心思想加入黑社会的阿星却在卖冰激凌的哑女（黄圣依饰）的感化下，选择站在了弱势群体一边。经过一场破茧成蝶般的华丽蜕变，小混混阿星成为捍卫猪笼城寨的大英雄。

影片开场，一只蝴蝶飞越山谷。镜头逐渐往上，山峰组成的"功夫"两字呈现在观众眼前。

随后，一个精心设计的长镜头，将警局内纹丝不动的人逐一扫过，最后以一个穿制服的警察被重重砸在"罪恶克星"的牌匾上结束。通过这样一个场景，有力刻画了那个时代的荒唐与险恶。之后冯小刚客串的鳄鱼帮老大华丽亮相，以及随后斧头帮的"群魔乱舞"，为这部影片奠定了正邪不两立的基调，也展现了周星驰高超的镜头调度能力。

在这部影片中，周星驰又演起了自己最擅长的小混混角色。他天赋异禀，即使身受重伤也能很快复原；他手法精妙，溜门撬锁是看家本领；他看人下菜碟，最喜欢欺负小孩；他在城寨敲诈时，却遇上了真的斧头帮，给这里的平静生活带来了可怕影响；他一心想报复包租婆，却让自己付出了惨重代价。

他打不过小孩，打不过大婶，打不过老伯，连"四眼田鸡"都能按着他的头狂揍一顿，他只好去打劫卖冰激凌的小妹。当她拿出棒棒糖，比画着"说话"时，他想起了往事，内心深处的良知也被唤醒了。

苦力强（绝技十二路谭腿）、裁缝师傅（绝技洪家铁线拳）和油炸小贩（绝技五郎八卦棍）三大高手，明明可以靠功夫获得丰厚报酬，甚至可以靠拳脚功夫打下地盘，但他们甘心生活在城寨里，做苦力、当裁缝、卖早点。

在斧头帮恃强凌弱之时，他们的第一选择是忍气吞声。当无辜小女孩即将被大火吞没时，苦力强站了起来；当苦力强招架对手渐渐吃力时，裁缝师傅及时出来助力；当对手就要拿出冲锋枪时，油炸小贩及时杀出，以迅雷不及掩耳之势让所有热兵器都变成了废铁。

然而，两大盲侠的出现，将三大高手都送上了绝路。包租公（元华饰）和包租婆（元秋饰）夫妇终于出手，但还是败在了火云邪神（梁小龙饰）的手下。

这个终极反派，正是阿星亲手放出来的。为了赎罪，阿星不顾一切地扑向火云邪神，却被打得不成人样。

令人意想不到的是，他的任督二脉就此被打开，他体内的潜能被充分激活。小混混阿星，从此成了百中无一的绝世高手。

他自己引发的麻烦，最终还得靠他自己摆平。

在"天下第一武指"袁和平（前期还有洪金宝）的精心安排下，几场动作大戏串联起了这部影片，也很好地体现了片名的寓意。所谓强中更有强中手，一山还比一山高。黑恶势力貌似强大，蝼蚁小民似乎只能苟且偷生，"邪不压正"仿佛只是一句空话，但是，正如毛毛虫破茧就能变成蝴蝶高飞一样，心中的良知被唤回的阿星，迸发出了不可思议的神秘力量。

值得一提的是，周星驰与程小东合作多次，与袁和平仅合作了《功夫》，但这一次成就了周星驰在动作电影的最高光时刻。

这几场打戏中，前几场周星驰都只是看客，或者根本不在场。最后一场的压轴大战中，他却打出了从影以来最漂亮，当然也最过瘾的一场武戏。

拍这场戏时，周星驰换上了李小龙的经典的白衣黑裤造型，宗师范儿十足。他先是以一个打一百个的架势，将斧头帮一众喽啰打得满天乱飞、遍地乱滚，随后又与火云邪神进行了终极对决。在被蛤蟆功顶上天时，他猛然开窍，最后用如来神掌完成绝杀，将侠义精神充分彰显了出来。

这是周星驰最为用心的一部作品，画面、剪辑和构图都相当精妙，服化道、置景和配乐都非常考究。每一处细节，他都没有忽略；每一帧镜头，他都没有浪费。

通过《功夫》，周星驰向世人证明了，他不仅是一个天才演员，还是一位非常优秀的导演。元华、元秋和梁小龙三位资深动作明星，原本已经沉寂多年，但在这部电影中，他们留下了高光时刻。在这之后，他们身价飞涨，片约不断，晚年生活也变得丰富多彩。

影片最后，两个孩子在糖果店的喜相逢，巧妙地彰显了"返璞归真、回归初心"的主题，也令这部基调比较阴暗的作品变得相当温暖。

每一部影片的"星女郎"都是媒体疯狂追逐的热点。这一次，周星驰依然选择了一位"素人"演员。她正值最好的年华，也很有灵气。黄圣依饰演的哑姑娘虽没有一句台词，戏份也很少，但依旧让观众感受到了她的真善美。作为导演，周星驰的选人眼光和调教能力，显然已达到了优秀水平。

2005年1月,《功夫》的票房依然在内地和香港一路领先。最终,新的纪录诞生了。

2004年,中国内地票房总计超过了15亿,其中1.73亿是由《功夫》创造的,虽说其中部分票房是在次年创造的,但按过往习惯,它仍算是2004年的影片。

这么一来,张艺谋的《十面埋伏》只能屈居亚军,冯小刚的《天下无贼》名列第三。这一次,周星驰战胜了内地两位出色的商业片导演。

在香港,《功夫》最终获得了6128万票房,超过了三年前《少林足球》创造的纪录。排在香港中文电影年度票房榜第二的是《鬼马狂想曲》,票房是2524万,成龙的《新警察故事》则以2111万排在第三。

2005年3月27日的第24届香港电影金像奖颁奖典礼,适逢中国电影一百周年诞辰,因而有着特别重要的意义。

此次颁奖典礼的一大看点是,最能刷新票房纪录的周星驰,遇到了最容易得奖的王家卫。作为票房大赢家的《功夫》,直面群星云集的《2046》。

过去十五年,周星驰在奖项方面一直被王家卫毫无悬念地碾压。2002年,周星驰虽说在金像奖上大获全胜,但那年王家卫没有参加。

王家卫,当然是最好的试金石。虽然《2046》不是王家卫最好的作品,但我认为,《功夫》其实也排不进周星驰所有佳作的前五,甚至前十。

论电影票房,王家卫当然不能和周星驰一较高下;论奖项,王家卫比谁都拿得多。香港电影金像奖颁奖典礼,常常就像是泽东公司的年会。所以,这一次,周星驰直面王家卫,能拿下最佳影片这个奖项,可以说是非常不容易了。

平心而论,《2046》不是王家卫的重要作品,输给《功夫》也并不十分令人意外。

最终,拿到十五项提名的《功夫》,仅获得六个奖项,和《2046》打了个平手。除了最佳电影、最佳男配角之外,《功夫》拿到的都是一些技术类奖项,而《2046》却拿走了最受瞩目的影帝和影后。此外，尔冬升导演的《旺角暗夜》以黑马之态，拿下了最佳导演和最佳编剧两个奖项。

相比《少林足球》，《功夫》是更为成熟的作品，也更有大片气质，却没有复刻前者的风光。

值得一提的是，这是周星驰与成龙两位巨星最后一次入围影帝角逐。

金像奖最佳男主角这一奖项，周星驰一共获得过七次提名，只有《少林足球》助他圆梦；成龙大哥一共获得八次提名，全部铩羽而归，似乎更不容易。

成龙两次荣获金马影帝，周星驰在金马最佳男主角这一点上却是空白。

其实，对周星驰来说，台湾也是他的福地。他获得的第一个重要电影奖项便是台湾的金马奖。从那之后，他才开始了自己的"喜剧之王"生涯。

十七年之后，带着一颗感恩之心，他再次飞到台湾。

当年那个少不更事的莽撞少年，如今已年过四十，额头上有了皱纹，鬓角生出白发，不过，他依然帅气，并有了不同于年轻时的成熟内敛。

2005年11月13日，第42届台湾电影金马奖在基隆文化中心举行颁奖典礼。这一次，《2046》没有跟《功夫》同场竞争，它参加的是上届评选。

当时，全中国都在叫嚣"香港电影已死"，而本届金马奖依然是香港影片之间的竞争。

周星驰面对的竞争对手，也是自己的老熟人。

十二年前，同样是鸡年，据说，周星驰和杜琪峰在拍摄《济公》时产生了矛盾，从此再无合作。

1996年，杜琪峰组建银河映像，周星驰创办星辉海外，都当起了老板。

这一次，杜琪峰执导的《龙城岁月》（原名《黑社会》）获得十一项提名，周星驰的《功夫》获得十项。

最终的开奖结果恐怕让杜琪峰有点失落：最佳剧情片和最佳导演两个重要奖项都颁给了当年的"片场暴君"周星驰。

此时，香港人心目中的三大导演是他俩和王家卫。

《功夫》还拿下了最佳女配角（元秋）、最佳视觉效果和最佳造型设计，以五个奖项成为那一届金马奖的最大赢家。《龙城岁月》则收获了最佳原著剧本和最佳音效两个奖项。

都说港片衰落，这一届的金马奖颁奖典礼却仿佛成了金像奖颁奖典礼。最佳剧情片、最佳导演、最佳男主角、最佳男女配角悉数被香港影人夺得，最佳女主角得主舒淇虽然生长在台湾，但事实上也可以说是一位"香港演员"。

这一次，向来只青睐文艺片的评委慷慨地将分量最重的最佳剧情片和最佳导演两个奖杯颁给了横扫海峡两岸和香港票房榜、创造一系列纪录的《功夫》，颁给了几乎从来不拍文艺片的周星驰。这一次的获奖，为《功夫》和周星驰持续了一年的辉煌画上了圆满的句号。

与此同时，周星驰在台湾有了另一项突破。

虽说有石班瑜担任御用普通话配音，但多年以来，周星驰的电影在台湾的票房一直不温不火。在2005年之前，成龙大哥在台湾拿下了多个电影票房榜年度冠军，周星驰的成绩却有点惨——一个都没有。

1992年，周星驰霸占香港电影票房榜年度前五，但《警察故事3：超级警察》依然是台湾市场的票房冠军，《审死官》和《家有喜事》连前十都进不了。

1999年，《喜剧之王》在香港以微弱优势战胜《玻璃樽》，但后者依然在台湾轻松夺冠。

2005年，台湾电影市场终于翻开了新的一页。

《功夫》以更天马行空的剧情，更有视觉冲击的特效，更具武侠精神的呈现方式，成为当年台湾最卖座的电影。

1895年12月28日，是世界电影的诞生日。

1905年12月28日,中国自己拍摄的第一部影片《定军山》在前门大观楼正式上映。2005年,自然也就是中国电影百年诞辰。

在这一年中,《功夫》拿下中国电影市场的年度冠军,在金马奖和金像奖评选中,都是最大赢家。在北美市场,它也获得了1710万美元的票房。

如果说《少林足球》只在香港扬威,那么《功夫》奠定了周星驰在电影行业中的领军地位,证明其作品无论是商业价值还是艺术成就都是一流。在中国电影百年诞辰之时,一生热爱电影,以电影为唯一爱好的周星驰,交出了一份最耀眼的成绩单。

在如此巨大的成就面前,周星驰依然头脑冷静。他的电影梦想依旧在继续。

二　用《长江七号》告别影坛，巨星不留遗憾

在 20 世纪 80 年代，改革开放的春风刚刚吹入内地之时，因为缺少其他娱乐方式，看电影成了近十亿中国人的最爱。当时的影院大多是一院一厅，甚至一天一场。香港电影一般只能通过录像带的方式引进。

90 年代，内地经济有了长足发展，电影产业却出现了很大滑坡。2002 年，《英雄》的出现，将中国带入了大片时代。

2004 年，在《功夫》《十面埋伏》《天下无贼》等大片的带动下，内地年度票房达到了 15 亿。

2007 年，内地电影票房扩张到了 33.27 亿。

很多人都说每一个伟大导演的内心都住着一个孩子，都有着孩童般的纯真。世界顶级导演史蒂文·斯皮尔伯格的两部科幻力作《E.T. 外星人》和《人工智能》都以儿童为主角，毫不掩饰地展现了"不合时宜的天真"。

在《E.T. 外星人》火爆全球的那年，周星驰刚进入无线艺员培训班。他毕业后的第一份正式工作，就是儿童节目《430 穿梭机》的主持人。拍一部以儿童为主角的电影，恐怕一直是周星驰的梦想，但在 20 世纪 90 年代，被资本裹挟，为了生存不得不顾虑重重时，他显然没有冒险的条件。到了《少林足球》《功夫》连续实现票房与口碑大爆，周星驰的人气达到高潮时，这个看似"任性"的梦想才有了实现的可能。

2008 年的春节是 2 月 7 日。1 月 30 日是小年，这一天，周星驰执导的《长江七号》开始在国内各大影院上映。这一次，他的合作方是中国电影集团公司。

彼时，中国人根本没有在春节期间看电影的习惯，大家更热衷于走亲访友和出门旅游，就算窝在家打麻将也不会跑到影院看电影。

这一年，中国即将主办奥运会，自然是普天同庆的大好时机，但一开年，南方多地就遭受了罕见的雪灾，给新年气氛蒙上了阴影，也让电影票房受到了不小的影响。

大年初二，由朱延平导演，周杰伦、陈柏霖主演的《大灌篮》也低调开画。

《长江七号》将故事背景放在了周星驰的祖籍宁波。民工周铁（周星驰饰）和儿子周小狄（徐娇饰）住在马路边的破屋子里，生活贫苦。

周铁为了儿子的前途，把儿子送进了贵族学校念书。小狄诚实善良，但因为出身贫穷，他总是遭到周围家庭富裕的同学的嘲笑。一次，小狄因为想要一个"大家都有"的玩具而和父亲哭闹了一场。买不起玩具的周铁从垃圾堆里捡回一个绿色的球，将它送给了儿子。有一天，这个绿色的球居然变成了一只外星玩具狗，小狄将它称为"长江七号"（七仔）。

自从发现七仔有特异功能之后，小狄就希望它能帮自己改变命运，比如打跑恶狗、考试得一百分、有一双新运动鞋在体育课上出风头、在众人面前抖威风等，但这些都只是小狄做的美梦，现实中的七仔不但没有这些能力，还让小狄出尽洋相。在这个过程中，七仔的特殊优点也慢慢显露了出来，小狄的性格也在发生积极改变。

袁老师（张雨绮饰）是小狄的老师之一，她不但长得美，而且有着同样美好的心灵，被小狄视为亲人，也让周铁有了莫名的开心与感动。

后来，当周铁发生意外时，七仔用尽全部能量，做了一次伟大的修复。

周星驰的导演功力集中体现在对一群孩子演员的调教。徐娇和黄蕾两位小姑娘的反串也为电影留下了相当惊艳的银幕形象。如今，两位姑娘已经长大成人，但她俩截至目前最好的作品，就是这部《长江七号》。

先说说徐娇,她是影片的主演之一。

影片中的七仔,当然是用计算机动画(CG)做出来的特效。在很多场戏中,徐娇要对着绿幕表演,还要表现出恰如其分的喜怒哀乐,演出一个穷人家孩子的淘气贪玩、诚实勇敢,难度不小。

此外,无论是考场作弊、跳高抖威风、泳池出风头,还是致敬《少林足球》和《功夫》中的高难动作,她都做得有模有样,演出了儿童版无厘头的搞笑。

在失去父亲,以及再度相逢的那两场戏里,她的表演也相当到位,令人动容。

影片中,当老师问孩子们的理想时,一个小女孩说:"我的志愿是想当大明星。"听起来正当合理。小古惑仔陈俊生则说:"我要做个大企业家。"老师问是哪一方面,他说:"哪一方面都可以,但是一定要大。大吃小,小被吃。"从小就这么势利又逐利。轮到周小狄,他站起来说:"我要做一个穷人。"这话让同学们笑得前仰后合。"因为爸爸说,只要有骨气,不吹牛,不打架,努力读书,就算穷,到哪里都会受到尊敬的。"小狄说得越认真,越不卑不亢,越显得现实荒唐讽刺。

镜头一转,是坐在工地上吃饭的周铁。演了很多次香港底层人士的周星驰,这次又把一个内地民工的形象诠释得这样立体丰满,怎能不让人敬佩?

饰演陈俊生的黄蕾,演技也不逊色于徐娇。她将一个富二代小霸王的傲慢无礼、目中无人诠释得非常出彩。长江七号的得名,正是因为她有个玩具叫长江一号。后来为了争夺长江七号,陈俊生和以他为中心的同学围攻小狄,这小子居然拿出各种工具想解剖七仔,逼得小狄发飙,并引发了两个柔道高手的大战。

周铁在工地上班,却让儿子上贵族学校,这又何尝不是现实生活中"没有条件也要创造条件""穷什么也不能穷教育"的父母的真实写照呢?

电影主角总能靠编剧的想象而实现自己的愿望，比如蜘蛛侠彼得·帕克可以弹出蜘蛛丝，何金银可以练成无敌风火轮，李泽星能够变成百变星君，斯坦利戴上面具就可以成为变相怪杰。同样的，周小狄也可以获得长江七号，七仔虽然无法帮小狄考试作弊，却能将烂水果变好，将坏电扇修好，在高潮戏份中，它更是使出"洪荒之力"，完成了一项不可思议的任务。

因为它的到来，小狄的成绩变好了。

因为它的到来，同学们接受了小狄。

因为它的到来，周铁也改变了命运，开始相信奇迹，于是有了更大胆的追求。这些不都是电影的积极意义吗？所谓奇迹，不是给你一切，而是给你获得一切的信心。

周铁在《长江七号》中追袁老师，也让人深受感动。不相信奇迹的人，当然也不相信浪漫。可世界上最大的奇迹，不就是爱情吗？

周铁第一次见到袁老师之前，他刚因为小狄非要买玩具，在愤怒之下打了孩子。小狄跑出商场，遇到了袁老师。天使般的她不讨厌孩子，当然也不嫌弃周铁，还主动和他握手。周铁犹豫了一下，在旧西装上抹了把手，还是和老师握手了。袁老师说要家访，周铁说自己很忙——当年，何金银对女神阿丽也是这么说的，他们都忙着生存。袁老师走远后，周铁转头看了一眼老师曼妙婀娜的背影。

给儿子送饭时，他站在门外又碰到袁老师。她想让他进来，他很不好意思，生怕儿子因为自己被同学嘲笑。当袁老师说会带小狄去她家，为小狄补课时，他激动得有些失态。他伸出两只脏手，又一次握住了袁老师的手，并忙不迭地表示感谢："因为我，自己没有能力给他什么，心里一直都很内疚。现在你肯这样帮忙，我真的不知道该怎么报答你。"

影片的最后，在奇迹的召唤下，周铁做出了最勇敢的举动。

当然，即便周铁依然穿着皱巴巴的西装，头发花白，胡子拉碴，即便他的身份还是民工，但他和袁老师坐在一起时，画面并不显得不那么协调。

这是周星驰最后一次以演员的身份出现在大银幕上，当时他45岁。其实，他一点都不老，真的应该多拍几部电影的。

表演是上帝赐给他的最强能力，演员是天底下最适合他的职业。

真希望《长江七号》能有第二部，能让七仔复活，让小狄长大，让周铁和袁老师在一起，让我们再一次相信爱情。

可惜，周星驰再也不演了。也许他觉得，演了这部儿童科幻片，他真的没有什么遗憾了。

这对他的表演才华来讲，实在是一种非常严重的浪费。对电影行业来说，又何尝不是一种极其巨大的损失？

《长江七号》是一部充满温情、很励志和非常有正能量的影片，相信凡是有一颗童心的人，凡是习惯周星驰表演风格的人，都很难不喜欢。在香港，《长江七号》获得了5140万票房，以绝对优势拿下了当年的香港中文电影年度票房榜冠军，不过在总榜上输给了克里斯托弗·诺兰导演的《蝙蝠侠：黑暗骑士》。诺兰的这部电影，全球票房都破10亿了，在香港票房夺冠也属正常。《长江七号》能把《木乃伊3》《地心历险记》《功夫熊猫》和《魔法奇缘》等好莱坞大片甩在身后，也算是为港片争光了。

2008年，港片在本土市场继续萎靡。如果没有《长江七号》的上映，票房数据会难看得多。当时，在香港电影全年票房中，港片占比小于四分之一，如果没有《长江七号》，这个数据会更难看。

更让人哭笑不得的是，凭借《长江七号》，星辉海外这家作坊式的小公司居然成了2008年成绩最好的本土发行公司，可见香港电影市场惨淡到了何种地步。

在内地，《长江七号》获得了2.12亿的票房，超过了《功夫》，位列年度第4名，也算差强人意。冯小刚的《非诚勿扰》以2.6亿的票房获得冠军，《赤壁（上）》和《画皮》分列第二、第三位。

2009年的春节是1月26日，比以往要早不少。香港东方影业联合内地光线影业，推出了《家有喜事2009》，摆出了为超过13亿中国人贺岁的架势，希望内地观众也和当年的香港同胞一样到影院去看明星们。

《家有喜事2009》的操盘手正是当年打造《八星报喜》《家有喜事》的黄百鸣。自张国荣去世之后，黄百鸣捧红了古天乐这位帅哥演员，并通过《叶问》，让甄子丹成了一名功夫巨星。

1月，这部用经典IP冠名的贺岁片相继在内地、香港两地开画。

《家有喜事2009》在风景秀丽的杭州千岛湖大量取景，以期拉近与内地观众的距离。本质上说，它依然是"三兄弟追女"的故事，只是三个男主角黄百鸣、古天乐和郑中基显得星光暗淡了一些。

其实，黄百鸣也曾力邀周星驰参演，但被后者推掉了。这部电影的导演是谷德昭，也有周家班的一些演员参演。

据2020年12月的数据显示，《家有喜事2009》的豆瓣评分为5.4分。相比之下，《家有喜事》和《97家有喜事》分别为8.4分和7.6分，可以说差距明显，尽管出品人都是黄百鸣。

在香港，《家有喜事2009》拿下了2465万票房，不及上一年《长江七号》的一半，但这部电影做到了两部前作没有办成的事：它力压《赤壁（下）》和《十月围城》，替东方影业拿下了香港中文电影年度票房榜冠军。

港片已经穷途末路。这一年，王晶"致敬"周星驰的《大内密探零零发》，拍出了《大内密探灵灵狗》，在香港收报880万票房，排香港中文电影年度票房榜第十。不过，在内地市场上，王晶很讨喜。《大内密探灵灵狗》拿下了1.03亿票房，是他首部过亿影片。一心想以家好月圆吸引内地人民的《家有喜事2009》，在内地的票房则是4105万。

平心而论，如果周星驰参演《家有喜事2009》，出演古天乐的角色，让后者取代郑中基，这样的三兄弟组合估计效果会好一些。如果加上"周星驰最后一次出演"的噱头，再狠狠炒作一番，票房翻番绝对不是天方夜谭。另外，如果周星驰参演，他肯定会对影片的方方面面做出修改和完善，那这部影片也许能变得好看一些。

不过，换一个角度看，周星驰没有参演《家有喜事2009》，也算是保住了名誉。

三 《西游·降魔篇》，十八年圆一个梦想

进入 21 世纪第二个十年之后，伴随着中国经济的持久发展，多厅式影院在大中城市兴起，年轻人到影院观影的习惯逐渐形成，中国电影市场迅速扩张。

2010 年，首部在中国票房破 10 亿的电影产生，它就是大片《阿凡达》，最终票房 13.39 亿。在它的带动下，内地总票房也首次突破 100 亿大关，达到 101.72 亿。

2011 年，《变形金刚 3》以 10.7 亿的票房成绩获得年度冠军，成为"10 亿票房俱乐部"的第二个成员。

由于技术原因，当时的国产片的票房在好莱坞特效大片面前被压得喘不过气，谁也没想到，第三部在中国票房过 10 亿的影片会是一部没有大场面的国产片。

2013 年的第一天，《泰囧》在上映第 20 天时突破 10 亿票房，为电影圈投下了一枚重磅炸弹，也让投资人、电影从业者和广大观众看到了中国市场的巨大潜力。

2002 年，内地总票房仅有 9.2 亿，还不如弹丸之地的香港。2012 年，这一数据就达到了 170.73 亿，这是世界电影史上空前绝后的增幅。

不过，在眼光长远的分析家看来，中国电影才刚刚上路，未来不可想象。

2012 年 11 月 21 日，华谊兄弟召开新闻发布会，正式宣布《西游·降魔篇》定档蛇年大年初一，也就是 2 月 10 日。

这是改写中国电影游戏规则的一天，其重要性不亚于 2002 年 12 月 19

日《英雄》的上映。

不过，大年初一开画，并不是《西游·降魔篇》的首创。2010年的《大兵小将》和2011年的《我知女人心》都是在大年初一开画的。不过，它们对市场的影响力加在一起也比不了一部《西游·降魔篇》。

2012年的春节档，冠亚军分别是《碟中谍4》和《大侦探福尔摩斯2：诡影游戏》两部引进片，黄百鸣的《八星抱喜2012》、尔冬升的《大魔术师》和九把刀的《那些年，我们一起追的女孩》明显没那么受欢迎。

连续四年在内地推出四部港式贺岁喜剧之后，黄百鸣总算明白了一件事——自己玩不转，不玩了。

那么，谁能玩得起，玩得动呢？

这个创造历史的人不是别人，正是我们非常熟悉的那位低情商、不懂交际的"片场暴君"。

有道是弱者跟随市场，智者顺应市场，强者创造市场。

苹果CEO乔布斯推出智能手机和平板电脑时，市场上并没有同类产品；卡梅隆用《阿凡达》把电影带入数字3D时代，当然也不是观众的需求。可是，供给确实能创造需求。

2013年春节档的打造，当然不全是周星驰的功劳。在《功夫》上映前后同星辉密切配合的华谊兄弟，同样功不可没。

在创造了《功夫》的辉煌成绩八年之后，双方再度联手，自然是势在必得。在前几年多部大片定档大年初一，但票房成绩都不太好的情况下，他们还是坚定地选择了这一天。同天开画的，只有一部山寨气质浓郁的《越来越好之村晚》。

2013年2月10日，蛇年第一天，《西游·降魔篇》如约而至。

自《长江七号》之后，周星驰已经从大银幕上消失了整整五年。五年来，智能手机的出现和移动互联网的发展，让收看影视节目更方便，而周星驰在

20世纪90年代缔造的那些经典电影，非但没有随着时光流逝而被人遗忘，反而通过新媒体展现出了历久弥新的惊人魅力。

《大话西游》系列早已经不只是两部电影了，而是亿万中国影迷的精神图腾。紫霞仙子和至尊宝那份纯粹到不含任何杂质的爱情，现在更让痴男怨女迷恋，也就是所谓的"虽不得至，心向往之"。长大了的我们终于发现，那些能让我们一看再看的喜剧片，居然会让我们一哭再哭。

曾经，我们以为周星驰的电影靠无厘头搞怪出位，看得多了，才明白他的经典影片无不严格遵循商业片的节奏模式。很难想象，似乎没有多少浪漫气息的周星驰，在其最经典的影片中，无一例外地将爱情当成了最重要的主线。

《西游·降魔篇》也不例外，它唯一的遗憾，就是主角不再是周星驰。

影片中，陈玄奘（文章饰）是一位带发修行的佛门弟子，保持着与妖魔横行的时代格格不入的天真。他几乎不会武功，更不懂法术，揣着一本《儿歌三百首》当驱魔人。职业赏金驱魔人段小姐（舒淇饰）武功高强，帮他降服了鱼妖，又和他在对付猪妖猪刚鬣的时候再次相遇，并最终决定一起面对最可怕的猴妖（黄渤饰）。一直对感情躲躲闪闪的陈玄奘，在心上人段小姐遇到灭顶之灾时，被压抑的潜能终于释放了出来。

《西游·降魔篇》的巧妙之处是将《西游记》中唐僧收服沙悟净（鱼妖）、猪悟能（猪妖）和孙悟空（猴妖）的顺序完全颠倒，并将故事情节重新编写，难度不断提高，危机不断加大，变数不断增多。与此同时，男女主角的情感也产生了微妙变化，最终，主人公在真爱的召唤之下，完成了不可思议的壮举。

为了贴近社会主流价值观，影片将陈玄奘安排为俗家弟子，允许有七情六欲。

与《大话西游》系列相同的是，周星驰最后还是让女主角死了，而男主角放弃了男女之爱，踏上了为苍生寻求大爱的取经之路。

与《大话西游》系列不同的是，导演没有设计那么复杂的剧情、那么艰难的情爱抉择，而是将两人的恋爱过程穿插进收服三大妖魔的过程之中。

在推崇两性平等的时代，如果我们觉得苏灿对如霜一见钟情没有问题，我们也应该明白，段姑娘爱上陈玄奘并不离不弃，也是她的自由。况且，陈玄奘拥有世间罕有的善良、勇敢和聪慧。

至于段姑娘，更是干练与内秀并存，勇敢与脆弱同在。

"小姐，要不要帮忙？"

"要。"

"怎么帮？"

"滚开！"

这样的对话，让观众不由得会心微笑。两人因收猪妖元神接吻，也有别样的浪漫。段小姐说："女孩子闭上眼睛，就是要你亲她啦。"这够温馨了吧？可是，陈玄奘一心追求人间大爱，无心考虑男女之爱。悲剧的是，非得在她牺牲之时，他才敢承认自己也喜欢她；非得通过她的牺牲，他才能蜕变。这种情节在《大话西游》系列中已展现过一次，《西游·降魔篇》不过是"照方抓药"，产生的震撼力自然不能与前者相比，但它仍不失为一部优秀影片。

《大话西游》系列给我们留下的印象太深，文章的演技与周星驰相比也有差别，因而拿《西游·降魔篇》与《大话西游》相比是不公平的。

从影片的完整性和制作精细程度来说，《西游·降魔篇》可以与《功夫》相媲美，但处处透着设计感，不如《大话西游》系列自然，也不能让观众获得持久的感动。

影片中，楼阁交错的庞大水寨、客流穿梭的高家庄大堂、气势宏伟的五指山，莫不让观众印象深刻。无定飞环、铁血战车、听话符和莲花封印都设计得相当巧妙，配合 IMAX 大屏幕，视觉效果非常真实震撼。动作场面与奇幻情节也融合得恰到好处，一直牢牢吸引着观众的目光。

片中，蓬头垢面的陈玄奘、油头粉面的猪八戒、矮小猥琐的孙大圣，当然是喜感满满；吞噬渔民的鱼妖、凶残嗜血的猪妖、咆哮肆虐的猴妖，则一个比一个凶残；五行拳、天残脚和空虚公子各自的功夫都出神入化，为猴妖发威做了称职的背景板。最后，在捉拿孙悟空的过程中，编剧巧妙地让手无缚鸡之力的男一号陈玄奘成了解决问题的大英雄，于惨烈中彰显了人间大爱，于悲壮中升华了影片主题。

《大话西游》系列的主题歌《一生所爱》再次在《西游·降魔篇》中出现，而段小姐"一万年太久了，就爱我，现在"的告白，也是脱胎于前作，像是在善意地提醒广大观众珍惜眼前的人和幸福。

周星驰不再亲自出演，虽然让万千观众感到非常遗憾，不过，正值演技巅峰的舒淇、在《失恋三十三天》中大放异彩的文章、《泰囧》中的搞笑担当黄渤，以及周家班的一众"绿叶"合作默契，保证了影片的品质，也令它当之无愧地获得了各种荣誉。

之前，刘镇伟的两部作品《情癫大圣》《越光宝盒》品质不佳，一定程度上透支了《大话西游》系列的口碑，因此当《西游·降魔篇》上映时，不少人不看好，甚至说票房可能到不了 5 亿。

事实证明，《情癫大圣》《越光宝盒》越糟糕，观众越想看到纯正的周星驰电影。

事实证明，刘镇伟虽说是《大话西游》系列的导演，但对这两部经典电影贡献最多的，未必是他。

事实证明，周星驰在大银幕"被偷走的这五年"，无数"星迷"对新片翘首以待，反而成就了一次成功的"饥渴营销"。

事实证明，周星驰在这样的时机，选择重启自己最重要的《大话西游》系列 IP ，确实太聪明了。

去影院看《西游·降魔篇》，猛然成为年轻人春节期间最时尚的活动。试问，除了周星驰，中国电影人中，谁还能有这样的号召力？

2月14日，正月初五，又逢情人节。从北国冰城到岭南，一对对年轻情侣沉醉在激情中、沐浴在爱河里，电影院更是一票难求。段小姐与陈玄奘之间可以生死相托的真爱，让许多女孩流下了眼泪。

许多人只恨自己生得晚，《大话西游》系列上映时自己还在幼儿园；这一次，他们当然不愿留下遗憾，于是纷纷走进了影院。

情人节的观影热潮，也是一点点培养起来的。

2011年，《将爱情进行到底》在情人节当天取得2548万票房，在当时已经被认为是了不起的成绩了。

2013年，《101次求婚》再破纪录，拿下4830万票房。

可是，在《西游·降魔篇》面前，《101次求婚》完全没有存在感，只有充当背景板的份儿。

《西游·降魔篇》在上映当天就拿下了8300万票房，将情人节档的单片票房纪录直接提高了200%。从此之后，情人节正式成为中国电影强档。只能说，"周星驰效应"太可怕了。

情人节当天，也是《西游·降魔篇》票房最高的一天。上映十五天之后，在万众期待中，这部大片闯过10亿大关。新上映的好莱坞大片《霍比特人1：意外之旅》，也翻不过它的"五指山"，被牢牢压在后面。

4月3日，《西游·降魔篇》正式下线，内地总票房为12.46亿，虽不及《泰囧》的12.7亿，但它的全球票房高达2.15亿美元，超过了《功夫》和《卧虎藏龙》，创造了中国中文电影票房纪录的新高。

《西游·降魔篇》创造的一系列里程碑式指标，对内地的春节档和情人节档产生了巨大的拉动作用和示范效应。它对市场规则的影响，它展现出的大片气质，是其他影片无可比拟的。

《西游·降魔篇》在香港的票房创造了21世纪以来的新低，周星驰每出新片必夺香港票房的年度冠军的纪录也就此中断了。

受到《西游·降魔篇》的影响，2013年拍摄的《西游记之大闹天宫》《爸爸去哪儿》《澳门风云》和《前任攻略》四部商业大片先后官宣定档马年正月初一。这就是周星驰的影响力。

2014年，《西游记之大闹天宫》成为第五部突破10亿票房的中文电影。《爸爸去哪儿》狂收近7亿票房，《澳门风云》也有5.24亿的票房。这一年的年度冠军《变形金刚4：绝迹重生》遥遥领先，将内地票房纪录提高到19.76亿。

这一年的情人节，恰好与元宵节是同一天。选择在当天开画的《北京爱情故事》拿下了1.02亿票房，带动当日票房大盘达到2.19亿。情人节档期的威力得以不断延续和提高。

生活要有仪式感。爱情是人生中最重要的事情之一，当然要特别讲究仪式，而观看有爱情元素的电影，已经成为最能体现情人节仪式感的活动之一。

2015年的春节档，周星驰继续缺席。这一年，有七部大片将目标锁定在春节长假，使得进入该档期的门槛越来越高，宣发投入越来越大。没有过亿预算的中小公司都不好意思挤进来，于是多家公司联合出品成为趋势。

这一年的春节，晚到了2月19日，情人节都过了。当天，《天将雄师》《澳门风云2》《狼图腾》等七部影片一同开画，简直媲美战国七雄争霸。社交媒体也开始凑热闹，扎堆讨论大年初一电影哪家强。

内地影史单日票房纪录，被毫无悬念地提高到了3.67亿。成龙大哥的《天将雄师》实现首日破亿，成绩是1.19亿。

2015年，中国电影市场呈井喷式发展，全年票房高达440.69亿，《速度与激情7》《捉妖记》都冲破了20亿大关。《捉妖记》在暑期档上映，赢得24.36亿，为中国电影拿下了久违的总冠军。

相比之下，春节档就有点相形见绌了。冠军《澳门风云2》仅有9.71亿，位列年度票房榜第 10 名，这也是王晶执导电影的最好成绩。由此可见，市场急需超级大片出现。

内地电影市场的潜力一旦释放出来，将是香港的无数倍。

内地的春节档一旦形成，可比当年香港的新春档火爆多了。

最终，七部电影在春节期间全部票房过亿，当年春节档票房达到 17.3 亿。

不过，这只是刚刚起步。

四 《美人鱼》，票房奇迹难掩尴尬口碑

《西游·降魔篇》大爆之后，拍摄续集的事情当然会被提上议事日程，但周星驰与华谊就分账产生的纠纷，让续集的操作出现了一些波折。为了集中力量拍摄新作，周星驰邀请徐克执导《西游》系列的第二部《西游·伏妖篇》。

2016年是农历猴年，2月8日，星期一，三位香港导演的新作同时开画，让影评人有了梦回20世纪90年代香港新春档的奇幻感觉。

周星驰执导的《美人鱼》、王晶执导的《澳门风云3》及郑保瑞执导的《西游记之孙悟空三打白骨精》，都是投资巨大、明星云集的大片。值得强调的是，这三位导演正好分别是过去三年的春节档冠军。不过，业内外一致认为，这一年春节档的竞争不会有任何一点悬念，除了周星驰外，另外二位就是特意来陪跑的。

2月8日这一天，本来是走亲访友的日子，但从早上开始，一批又一批的热心观众就涌向了大大小小的影院，场面热闹得如同春运。媒体人纷纷感慨，数以万计的中国同胞，刚刚灰头土脸地排队买车票回到老家，转身又眉飞色舞地去影院排队。

这一天，大盘刷出了超过6亿票房的可怕纪录，远高于上一年大年初一的3亿。《美人鱼》拿下2.71亿，创造了中国影史新的首日和单日票房纪录。

尽管这部影片一上映就毁誉参半，但挡不住一拨又一拨观众的热情。很多人对《西游·降魔篇》最终票房成绩不如《泰囧》和《阿凡达》耿耿于怀，为自己没有多刷几遍而深感内疚，因此想在《美人鱼》上补回来。

从上映第一天起，坊间就预测，《美人鱼》很有可能打破《捉妖记》的纪

录,而它确实不负期望,在春节的六天假期中,每天的票房都超过了两亿。《美人鱼》成为中国影史第 1 部突破 30 亿票房的影片。

2 月 14 日,是春节长假结束后的第一天,也是情人节,天南地北的情侣都挤进影院捧场,将《美人鱼》的票房抬到了 3.15 亿,而大盘也达到了 6.02 亿,创造了情人节档期票房纪录的新高。直到三年之后,这个纪录才被改写。

2 月 16 日,《美人鱼》成为第 3 部票房破 20 亿的影片。

2 月 19 日,《美人鱼》在上映第 12 天收报 24.78 亿,超过《捉妖记》,创造了内地票房新纪录。

最终,在密钥延期三个月之后,6 月 8 日,这部影片以 33.91 亿的惊人票房、近 9240 万的观影人次圆满收官,这一成绩改写了中国影史的多项纪录。

《澳门风云 3》收报 11.16 亿票房,使得导演王晶也挤进了"10 亿票房俱乐部"。《西游记之孙悟空三打白骨精》最终票房为 11.98 亿,超过了《西游记之大闹天宫》。

在香港,《美人鱼》的票房超过了 5000 万,如果不是暑期档的《寒战 2》,它或许能拿下当年的香港电影票房榜的年度冠军。

相比《功夫》的 1710 万美元的北美票房,《美人鱼》的北美票房几乎可以忽略不计了。不过,它的全球票房最终达到了 5.54 亿美元,超过《X 战警:天启》,位列当年年度全球票房榜第 14 名。同时,它也超过了吴宇森的《碟中谍 2》,成为当时华人导演的获得最高票房纪录的电影。

按照 2016 年 2 月人民币对美元的汇率,《美人鱼》的内地票房接近 5.20 亿美元,而当年北美冠军《海底总动员 2:多莉去哪儿》的票房不过 4.86 亿美元。这是电影工业诞生以来,中国影片在北美之外的单一市场首次拿下冠军。从这一年开始,中国电影拿下单一市场冠军成了常规操作。

《美人鱼》的近 9240 万的单一市场观影人次,理所当然成为这年的全球第一,甚至挤入了历史前四,仅次于北美 1997 年的《泰坦尼克号》、2009

年的《阿凡达》，以及 2015 年的《星球大战 7：原力觉醒》。知道什么是现象级影片吗？这几部都是。

《美人鱼》由邓超、张雨绮和林允主演，卡司不如其他两部春节档港片豪华，能取得压倒性优势，主要原因当然是周星驰。

在影片中，刘轩（邓超饰）是一个白手起家的超级富豪，做事快准狠。他一掷千金拿下了青罗湾的地皮，并通过安置声呐驱赶在这里生活的生物，给生活在这里的人鱼族带来了灭顶之灾。为了求生，人鱼族中的带头大哥八爪鱼（罗志祥饰）安排族中形象最出众的珊珊（林允饰）实施美人计，打算引刘轩上钩后伺机杀掉他。

为了拒绝强势的追求者李若兰（张雨绮饰），刘轩故意和珊珊接触。万万没想到的是，两人在相处过程中产生了感情。眼看人鱼族的刺杀计划难以实施，丧失理智的若兰试图彻底消灭人鱼族。在最危急的时刻，刘轩勇敢地站了出来。

《美人鱼》将喜剧、爱情、科幻、环保等元素融合在了一起，在春节档这个黄金档期，在强力宣发的助力之下，展现出了可怕的吸金能力。不过，和周星驰黄金时期的优秀影片相比，这部电影的缺陷显而易见。它更像是设定了一个故事框架，然后把以往影片的一些桥段往里拼凑。

那它算不算一部烂片呢？这是个见仁见智的问题。对于路人观众来说，影片的剧情推进还算张弛有度，笑点足够密集，特效也说得过去，大结局的人鱼大战也不乏亮点与温情，对爱情主题的渲染也算到位，说值得一张电影票，大概也不算夸张；对于有一定阅片量的理性影迷来说，他们大都对影片中出现的过多"似曾相识"的桥段不满意，甚至相当失望。在周星驰的安排下，邓超模仿巅峰时期的"喜剧之王"，显得有些生硬。我觉得，这个刘轩或许更适合周星驰本人来演。

女一号林允的表现只能说还算合格，拿她和朱茵、钟丽缇比并不公平。况且，真正的第一主角不是她演的珊珊，而是刘轩。这部影片更准确的片名，或许应该叫《爱上美人鱼的大老板》。

《美人鱼》借鉴了《色戒》的模式，或者说是搞笑版《色戒》，两部影片都讲了一个色诱敌方老大的女卧底爱上目标，最后任务失败的故事。区别在于，《色戒》中的王佳芝被舍弃了，而《美人鱼》中的珊珊却收获了真爱，并开始了幸福的生活。

影片篇幅不长，却有些拼凑的痕迹，以及一些不那么好笑的场景。开篇一群人参观博物馆，馆长把一只叫旺财的小狗说是吊睛白额虎；做了一个"蝙蝠侠"的模型，在它头顶上插了两个鸡翅，说它学名叫百特曼。在我看来，这两个片段实在没有什么幽默感。后来馆长扮演最丑美人鱼，也让人有点倒胃口。至于八爪鱼的爪子被人折腾了两次，像是为了逗笑观众强行安排的，与影片主题关系不大。珊珊用海胆刺杀刘轩的一段连环事故，虽然还能看得过去，但如果看过《功夫》和《国产凌凌漆》，就会觉得有些"东施效颦"。

至于影片中最关键的爱情线，站在一起情侣感觉不太强的邓超和林允也演得有点尴尬。两人一起吃个烧鸡，在游乐场玩一圈就能心心相印的戏码实在有些牵强。哪怕是最后刘轩冒死抱着女主角去"放生"，也很难让人感动。另外，有些性暗示的低劣笑点出现在春节档影片中，出现在无数观影的小朋友面前，可以说是相当不合适的。

刘轩去公安局报警的桥段，效果还不错，文章、李尚正也献出了全片最精彩的表演。但坐拥几百亿身家、智商在线的女企业家若兰，仅仅因为吃醋就大开杀戒，搞得自己锒铛入狱，显然也是为了圆剧情而强行安排。

事实上，《美人鱼》主打的环保理念毫无新意，有些"陈词滥调"。

我觉得，无论是故事完成度、特效运用、思想深度还是演员表演，《美人鱼》相比《西游·降魔篇》有些退步。但是，仅仅时隔三年，《美人鱼》的票房比后者多出了 21 亿，这实在是有点讽刺。

我觉得，这很可能是《算死草》之后，最差的周星驰电影。问题是，《算死草》是周星驰为别家公司拍的，算是还人情；《美人鱼》却是他自己担任出品人和导演，并且还是筹划多年的作品，这不得不让我们产生一个疑问：周星驰怎么了？

2017 年，第 36 届香港电影金像奖提名名单公布。《美人鱼》赢得了 8 项提名，包括分量最重的最佳电影和最佳导演。平心而论，这些提名更像是安慰奖，是对《美人鱼》重振香港票房的一个鼓励。

说来也怪，每到猴年，周星驰就会有抢眼表现。

1992 年，他主演的七部影片全部跻身当年香港电影票房榜的年度前十三名，包揽前五名，将这一年变成了"周星驰年"。

2004 年，他自导自演的《功夫》在中国大爆，刷新了一系列票房纪录，更成为金像奖和金马奖的最大赢家，从此之后，再没人说他仅仅是一个演员了。

2016 年，因为赶上了内地电影市场的井喷式发展，他凭借一部质量不佳的作品狂刷票房，正说明了他在内地观众中的巨大影响力。可惜，他的口碑也遭到了严重的透支。《美人鱼》拍成这样，当然有资本裹挟的因素，但作为出品人和导演，他怎么可能没有责任？

我们不能忘了，正是周星驰过去二十几年积攒的巨大人气，才能使其作品的票房在 2016 年充分爆发。

在香港电影的巅峰时代，周星驰凭借他无可替代的表演艺术成了最耀眼的明星；在内地电影市场迅速扩张的时候，周星驰又敏锐地抓住稍纵即逝的机遇，先后用几部风格各异的大片引领票房榜，为影史留下了多项纪录。

在 20 世纪 90 年代的香港电影市场，周星驰在十年里拿下五个年度冠军，当然是最大赢家，而从 2004 年到 2016 年，他导演的四部电影，在内地拿到了三个年度冠军、一个第四的好成绩。三部夺冠的电影，可以说是生逢其时，但我们绝对不能说周星驰取得这样的成绩是因为运气好，而是必须佩服他对机遇的超高把握能力。

武侠热，是由李安的《卧虎藏龙》做先导，张艺谋的《英雄》开路的，而周星驰的《功夫》则是及时搭上了"便车"，从而成为民国武侠片的永恒经典。

古装奇幻热，源于陈嘉上的《画皮》、乌尔善的《画皮2》，而《西游·降魔篇》的成功彻底做火了这一类型。

《美人鱼》的辉煌，可以说是"欠周星驰一张电影票"效应的彻底爆发，却透支了周氏喜剧的上升潜力。

五 《新喜剧之王》，只是为前作还债

该来的迟早会来。

2017年春节档，周星驰的《西游·伏妖篇》与成龙的《功夫瑜伽》再次"狭路相逢"，这是他俩继香港"九连碰"之后，首次在内地"正面过招"。在《美人鱼》爆火之后，几乎没人觉得这次比拼有什么悬念。

《西游·伏妖篇》的导演虽是徐克，出品人和监制却是周星驰，因而影片的整体气质还是周氏喜剧。有点遗憾的是，上一部的文章、舒淇和黄渤三位主演全部退出，取而代之的是吴亦凡、林更新和林允。

《美人鱼》大爆之后，作为《西游·降魔篇》的续集，《西游·伏妖篇》得到了媒体的空前关注。坊间纷纷预测，它是2017年年度票房冠军的头号种子选手，是另一部票房有望冲破30亿的大片。与之相对的，《功夫瑜伽》比较低调，声势还不如王宝强执导的《大闹天竺》。

1月28日，多部电影同时在大年初一开画。《西游·伏妖篇》一骑绝尘，拿下惊人的3.54亿，直接带动票房大盘达到8.06亿，创下中国影史的两项新纪录。

然而好景不长，观众的眼睛是雪亮的，虽然《西游·伏妖篇》的特效场面并不逊色于《西游·降魔篇》，但三大主演的演技与前作相比简直如同天壤之别，让人看得处处出戏，恨不能钻进银幕教明星们控制表情。更要命的是，《西游·伏妖篇》的剧情设计也不太好，甚至有点与网络大电影的水平不相上下。

同期上映的《大闹天竺》如同一出闹剧，《功夫瑜伽》的品质虽然好不到

哪里去，但"三害相权择其轻"，于是它成了最大受益者。在大批观众的"报复性观影"下，大年初四，《功夫瑜伽》就成了票房单日冠军。

最终，《功夫瑜伽》拿下 17.48 亿票房，创造了成龙大哥在内地的最好成绩。《西游·伏妖篇》获得 16.52 亿票房，虽说超过了《西游·降魔篇》，却是票房和口碑双输。成龙在时隔多年后又一次战胜周星驰，一定程度上给周星驰和星辉公司敲响了警钟。

2018 年，中国电影票房突破 600 亿元大关，近乎 610 亿元。其中，国产片的票房总揽 379 亿，占比达到 62%。这样的成绩，目前只有印度和韩国可以做到，已经接近香港电影黄金时代后期的占比。

这一年的春节档更是吸金能力惊人。2 月 16 日，多部大片同时开画，大盘创造了 12.69 亿的纪录，超过了 2002 年全年总额，《捉妖记 2》更是斩获了 5.46 亿票房。春节档七天票房达到了 57 亿，直接带动 2 月票房大盘历史性地突破 100 亿大关，创造了世界影史上单一市场产出量的新纪录。要知道，2010 年中国电影全年票房才刚破 100 亿。

2018 年，坊间估计，周星驰将会携他的《美人鱼 2》杀入 2019 年春节档。于是，大家纷纷预测《美人鱼 2》会再度刷新所有相关纪录，会再度锁定各大媒体的目光。就在它吊足全国观众的胃口，也让全球片商密切关注的时候，11 月 29 日，一部名为《新喜剧之王》的电影通过官方微博宣布定档大年初一，这无疑是一石激起千重浪。

1999 年 2 月 13 日，《喜剧之王》在香港的新春档上映，为周星驰拿下了 20 世纪 90 年代最后一个年度冠军。这部影片成了万千影迷最钟爱的经典之一，自此，"喜剧之王"也是周星驰最重要的标签。

跑龙套的尹天仇，在影片中展现出来的坚韧、乐观、善良，以及对表演的痴迷和全情投入，给无数普通人提供了追求梦想的理由，也给了他们行动的榜样。尹天仇与柳飘飘以坦诚相爱、对抗庸常生活的勇气，尹天仇为坚守真爱而放弃个人前程的担当，更是让人无比钦佩，也让人生出无尽向往。

因此，对于影迷来说，在这部经典电影上映二十年之际，能够看到一部由周星驰亲自导演的翻拍作品，当然是对青春最好的怀念，对偶像最好的支持。

如今的中国影坛，也和20世纪90年代的香港一样，是绝对的"阳盛阴衰"，但从《新喜剧之王》的几部预告片来看，周星驰是要拍一部真正的"大女主"电影，打造一个女版尹天仇，这无疑让影迷更加期待。

更何况，影片的导演是周星驰，又是翻拍他二十年前主演的经典电影。正因如此，别说是坚定的"星迷"了，就是普通观众对他的作品的期待也不会低。事实上，这部新片的首日票房也确实不错。

2019年的大年初一是2月5日，离情人节不到9天。这一天，八部各具特色的影片同时开画，盛况空前，堪称"八星报喜"，当天票房就超过了14.5亿，刷新了上一年春节档创造的单日纪录。相比之下，2013年的春节档，七天才获得近8亿票房。

同二十年前的经典一样，《新喜剧之王》这部影片讲述的是一名龙套演员努力与命运抗争的故事，只是背景放在了内地，主角变成了女孩如梦（鄂靖文饰）。

如梦在影视圈里摸爬滚打十来年，还只是一名龙套演员，她经历了各种坎坷、辛酸和不公，却依然执着地坚持着自己的明星梦。她在与过气明星马可（王宝强饰）搭戏时，遭受到了各种沉重打击。

如梦目睹了对她虚情假意的"闺蜜"的意外走红，感受到了父母亲对她的无奈与担心，加上各位专业人士的冷嘲热讽，她深深地体会到了生活给予她的重压。在她几近绝望，准备彻底放弃演员梦想之时，意外的机遇却慷慨地向她招了手。

《新喜剧之王》首日拿下 2.74 亿票房，虽说只排第三名，但对于这样一部投资有限的作品来讲，成绩算是相当不错了。而且，这已经超过了《美人鱼》的首日票房。当时有媒体预计，《新喜剧之王》有冲破 20 亿票房的潜力。

然而，辉煌仅维持了短短一天。从第二天开始，它的票房就如同雪崩一样下滑。2 月 13 日，票房仅有 979 万。

2 月 14 日，大盘达到 6.7 亿，打破了三年前因《美人鱼》助力而创造的 6.02 亿票房纪录，但《新喜剧之王》并没有因情人节而产生任何加成效应，票房反而下滑到 824 万。相比之下，当天开画的《一吻定情》却取得了 9152 万的好成绩。这部影片的女一号正是周星驰旗下最火的 95 后 "星女郎"林允。

最后，《新喜剧之王》这部曾经备受期待的电影，以 6.27 亿的票房成绩惨淡收官。

王晶认为《新喜剧之王》好于《西游·伏妖篇》，这当然是有道理的。在我看来，它的品质甚至好于《美人鱼》。这部影片用看似荒诞的形式诠释了一个相当严肃的主题。它对社会阴暗面的揭露和批判非常犀利，对行业潜规则的讽刺和嘲弄相当用心，还很直白地否定了"只要努力就能成功"的传统鸡汤，对出身一般的普通人的坚持与选择、不甘与认命都进行了深刻又沉重的思考和探究。

排除王宝强的话，《新喜剧之王》就是个网络大电影的阵容，估计投资不会超过 5000 万元。这种卡司的影片敢跑到春节档，与超级巨制《疯狂的外星人》《飞驰人生》《流浪地球》竞争，单凭气魄来说，其实是值得称赞的。

周星驰选择鄂靖文出演主角，将她打造成女版尹天仇，当然有其合理之处。如果满分以 100 分计算的话，鄂靖文的表演至少可以打 70 分。她将一个龙套演员演死尸、被殴打、当裸替的辛苦和辛酸，在反复被人忽视、否认和挤对的情况下，依然乐观前行的率真个性展现得真实有力。

她在颠簸的大巴上伴随"天鹅湖"音乐吃盒饭时，在明星化妆间带着一肚子委屈含笑与父母通电话时，在穿红衣扮鬼吓唬马可时，在发现男友真面目后雨夜骑电瓶车却不幸与大货车相撞时，都能让观众笑中带泪。而在一人分饰两角，表演与男友情感纠葛的戏份时，她更让我们见识到了她不俗的表演功力。

在这个看脸的行业，观众当然不难理解，为什么女主角明明有演技也很努力，却只能靠演替身和雕塑混饭吃，而长相甜美的室友，明明不会演戏，也不够努力，却能当上主演。"只有你足够强大，别人才和你讲公平。"这句话很残酷，也很真实。显然，如果女主角换成林允、徐娇，很难演出这种真实感。选用王宝强和张全蛋这类演员，可能也有这方面的考虑。

影片对父女情、母女情的诠释也相当用心，特别是如梦的父亲，对孩子的选择从起初的极端反感和否定，到最后的逐步转变，让我们真切感受到了亲情的宝贵。

不过，这个故事的完成度依然有很大问题，剧情过于单薄，情感戏过于奇怪，大结局的安排无法令人信服。而且，让一群内地演员演港式无厘头喜剧，实在有些强人所难，各种不协调与拧巴在所难免。

大量突兀的植入广告也让电影显得很尴尬，商家"吃相"直白又难看。不过，这也算不上致命弱点，因为《美人鱼》的植入只多不少。

在大片云集、明星扎堆的春节档，周星驰选择网络大电影级别的主演班底，似乎是对自己的影响力太过自信。殊不知，如今的观众，对影片的要求是很高的。

《美人鱼》的超高票房与平庸品质不那么匹配，一定程度上透支了周星驰的口碑，败坏了路人缘，让他们萌生了"报复性弃影"的打算，而《西游·伏妖篇》的表现更让普通观众对周星驰不再盲目相信。

更重要的是，《新喜剧之王》放弃爱情元素，很可能非但不是明智选择，反而给这部电影带来了灾难性后果。

从女主角捧着那本《演员的自我修养》出场开始，影片对《喜剧之王》的致敬就相当密集；当 Here We Are Again 在大银幕上响起时，听出来的人难免泪湿眼眶；当如梦与龙套同事表演"我养你啊"的经典戏码时，相信很多人的纸巾都掏出来了。可是，越是喜欢周星驰电影的观众，失望程度反而可能越大。他们原本希望看到一部传承《喜剧之王》的不服输精神、用真爱和倔强反抗现实的冷漠和忽视的热血影片，结果《新喜剧之王》不以爱情为主线，反而主打父女亲情。虽然这无可厚非，但这可能并不是大多数观众想要看到的。

毫无疑问，真正让我们产生长久共鸣的周星驰电影，无一例外都把爱情作为核心元素，作为剧情最重要的推动力，都能让影迷看了就会哭，哭了还想看。

爱情，可以激起观众强烈的共鸣，留下深刻的印象。

难道周星驰自己反而忘记了？还是他屈服于投资方的压力，不得不如此？

当然，一定会有人说，别神化爱情了，《流浪地球》《疯狂的外星人》《飞驰人生》三部大片不谋而合，根本没什么爱情，照样票房大卖，照样把《新喜剧之王》虐得找不着北，而爱情元素够多的《神探蒲松龄》下场如何呢，不是比《新喜剧之王》还惨吗？

会产生这种观点，说明这些人还没有看清问题的本质。《新喜剧之王》自带巨大的情怀加持，但现在拍出来的成片，既留不住普通观众，也让老影迷不愿接受，可以说两头不讨好。

相比成龙大哥《神探蒲松龄》的 1.6 亿票房，周星驰这次似乎输得不算太惨。

两年前，成龙与周星驰还是春节档的绝对主宰；两年后，内地观众难道一下子就放弃他们了吗？当然不是。只能说，形势不同了。《神探蒲松龄》

的失败，证明曾经屡创辉煌的古装奇幻电影已处于低谷，要不然《西游·伏妖篇》也不会输给《功夫瑜伽》。

让人欣慰的是，这两位过去三十年间的传奇人物，依然执着地坚持自己的电影理想，并不会因暂时的困难而退缩。我们有理由相信，他们还会继续在中国电影史上书写更多的精彩篇章。退休？还远远没到时候。

六　展望未来，周星驰何去何从

2019年是猪年，金猪贺岁，似乎是个好兆头，但《新喜剧之王》在一片吐槽和挖苦声中惨淡收场。加上之前的《西游·伏妖篇》，周星驰已经是两连败了。

二十四年前，同样是个猪年，周星驰携《大话西游》系列兴冲冲杀入新春档，结果被成龙的《红番区》和张国荣的《金玉满堂》虐到彩星公司都倒闭了。随后，周星驰主演了《回魂夜》，试图逆袭，但票房依旧惨败。结果，暑期档一部接近闹剧片的《百变星君》让周星驰重新坐回"票房保证"的那把交椅上。

也就是说，自打1990年以《赌圣》奠定江湖地位之后，他从来没有连败三次。

那么问题来了，传说中的《美人鱼2》，到底是令他触底反弹的契机，还是从此一蹶不振的开始？

说实在话，我很乐意看到《少林足球2》《功夫2》，但完全不期待《美人鱼2》。

理由很简单，在可以称为"周星驰电影"的近50部作品中，《美人鱼》估计连前三十都排不进去，如果评选"十差""五差"，它反而可能是大热门。如此一来，谁还会对《美人鱼2》抱太大希望呢？只是，既然已经拍出来了，不上映岂不是更大的浪费吗？

2019年年底，当各路片商兴致勃勃地宣布定档鼠年春节时，《美人鱼2》并没有出现在这个名单之中。公司对外宣布的理由是后期没有完成，但真正的原因恐怕是知难而退。

这年春节档名单里的《唐人街探案3》《紧急救援》《夺冠》《囧妈》，随便哪一个都是难啃的硬骨头，都有可能打败《美人鱼2》。

2020年，一场新冠肺炎疫情让春节档停摆，这对周星驰和《美人鱼2》来说，也许是一个契机。

2021年的春节档到来时，《唐人街探案3》当然是头号种子选手，但市场显然不会只容纳两部票房20亿以上的大片。

而且，经历了新冠肺炎疫情的变数，《美人鱼2》的环保题材与爱情元素也许会产生奇妙的加成效果，就算不能战胜《唐人街探案3》，能跻身前三也算是个体面的成绩。

《美人鱼2》的最好上映时机，当然是2021年的春节档。

自2013年以来，周星驰的每一部电影都选择在大年初一上映，春节档和情人节档可以说是他带火的，如果主动退出，显然是示弱和认输的表现。此外，春节档本身票价高、排片多，只要品质不是太差，确实容易出高票房。

五年，对一部系列片的第二部来说，时间已经过长，不能再拖了。

再说了，连网络大电影气息浓郁的《新喜剧之王》都敢上春节档，《美人鱼2》再差，难道还不如《新喜剧之王》？

万一，我是说万一，《西游·降魔篇》和《西游·伏妖篇》的迥异命运在《美人鱼》系列重演一次，那应该会有很多人承受不了。其中受伤最深的，无疑是周星驰。

在如今的电影市场，《美人鱼2》想要达到前作的票房，可能性很小。

如果能守住15亿票房的"生死线"，也算挽救了岌岌可危的口碑；如果票房跌破10亿，那就只能被称为崩盘。

激情比经验更重要，勇气比实力更珍贵。我们热爱周星驰，是因为他在无人看好时，能以《赌圣》改写香港影史纪录；在一片唱衰无厘头的声音中，创造了1992年的"周星驰年"；在少有内地观众在电影院看电影的春节期间，他用《西游·降魔篇》吸引了大家进入影院。

如今，周星驰遇到了自《回魂夜》以来最大的困境，也没有第二个王晶能够帮他走出困境了，但广大"星迷"和普通观众，都不希望他再失败第三回了。

2020年新春，新冠肺炎灾情肆虐。一则新闻激起了千层浪。

口碑并不好、在网上已经恶评如潮的《新喜剧之王》，居然获得了第39届香港电影金像奖的最佳电影、最佳新人和最佳男配角奖三项提名。

整整二十年前，《喜剧之王》只有一个最佳新人奖提名。难道说，《新喜剧之王》的品质胜过了前作？这当然没有人会相信。

只能说，过去二十年，香港电影持续衰落，已经到了令人痛心的地步。

不过，周星驰在新世纪导演的大部分作品都入围了金像奖最佳电影。

《新喜剧之王》在香港的票房有2196万之多，位列香港中文电影年度票房榜第4名。年度前十已连续三年被外国影片垄断，香港电影已经进入了"至暗时刻"。

21世纪第二个十年，周星驰执导的三部电影，严格说来都算不上港片——不讲香港故事，不用香港本土演员担纲，不在香港本地拍摄。但是这三部电影的香港票房，合计突破1亿，相比之下，成龙的电影在香港的票房已经没有很大的竞争力。

这说明，香港观众对穷人区成长起来的"喜剧之王"非常偏爱。我们有理由相信，《美人鱼2》的香港票房应该差不了，甚至也许能拿下香港中文电影年度票房冠军。

作为导演的周星驰，其实从来没有站上过神坛。他与张艺谋、李安和王家卫有着根本区别。

他是超一流的演员，但只是一流的导演。

1994年以来，论影片的经典程度，陈凯歌的所有电影都没有超过《霸王别姬》，张艺谋的所有电影都没有超过《活着》，王家卫的所有电影都没有超过《东邪西毒》。我们能够接受这些顶级导演随着年龄增长，想象力和创作力退化，能够欣赏他们那些瑕疵越来越多的新作，能够理解他们为争取票房而对资本的一再忍让与迁就，那么，为什么不能接受一个持续退步中的周星驰，为什么就不能让他继续自己热爱的电影事业，继续执导自己想拍的作品呢？

平心而论，就算周星驰从此告别影坛，凭借20世纪90年代和21世纪初的那些佳作，他也能在中国电影史上占据分量极重的一章。

我有理由相信，眼前的困难一定打不倒他，他的团队一定会再创辉煌。

第十四章 团队

一 周家班，好花也需要绿叶

俗话说，一个好汉三个帮。周星驰能够成为"喜剧之王"，离不开他自己几十年如一日的努力和奋斗，也离不开他身边的诸多帮手。他们和周星驰一起成就了辉煌。

动作与喜剧，是香港电影的两大特色。

香港的大部分明星都没有武术基础，他们的打戏，大部分要由替身来完成。武术指导或动作指导的地位非常重要，以他为核心，往往会组成一个功夫团队，承包电影的动作场面设计与拍摄。这样的组织，通常被称为"×家班"，比较著名的有洪金宝的洪家班、成龙的成家班，袁和平的袁家班。

事实上，围绕着周星驰，也组成了一个"周家班"。除了这位天王巨星，其他很多人可能连三线明星都算不上，但在周星驰的电影中，他们都能展现出非常出色的才华，留下相当高光的瞬间。

本着女士优先的原则，我先从苑琼丹讲起。

苑琼丹从来没有在周星驰的电影中演过主角，但在戏份有限的情况下，总能给观众留下深刻印象。

在1991年的《逃学威龙》中，比周星驰还小一岁的苑琼丹出演了嚣张的地理老师，用板擦狂丢周星星。周星驰在这次合作中发现了她的独特才华，并与她保持了长期合作。

此后，在多部电影中，原本相貌不错的苑琼丹，多次扮丑出演老鸨。她扮演的粗鄙丑陋的石榴姐，更成了经典银幕形象。当然，如果没有导演和周星驰的"放任",苑琼丹不会有这样充分展现演技的空间。

在1991年《情圣》中客串"巨人"的黄一山,真实身高和曾志伟不相上下。因周星驰和李力持欣赏他特殊的才气,他也成了周家班的重要成员。他曾饰演《逃学威龙》系列中周星星的死党黄小龟,并以其"蠢萌"的形象吸引了不少粉丝。此外,他还扮演了《唐伯虎点秋香》中的华公子、《破坏之王》中的解说员,虽然在这两部电影中的戏份都不多,但他的表演令观众印象深刻。

在1992年的《审死官》中,杜琪峰选择黄一飞出演宋府管家,朱咪咪饰奶妈,从此之后,他们两人就多次出现在周星驰的电影中,还在《百变星君》中饰演过阿星的父母。值得一提的是,黄一飞在《少林足球》中饰演的大师兄尤其出色,将大师兄起初卑微终而坚强的形象表演得十分生动。

在1992年的《武状元苏乞儿》中,周星驰请同学李健仁客串了个小角色。在1993年的《唐伯虎点秋香》中,人高马大的他穿上女装,在桥头留下了漂亮的背影,吸引了"江南四大才子"的目光。待他转过头来,才子们才发现他原来是一个满脸胡子的凶狠大汉。从此,"如花"就成了他的代号。在这之后,在许多电影中都能看到李健仁的反串表演。在《百变星君》中,他倒是难得地演了个男人小虎,却被阿星整蛊整得很惨。

在《破坏之王》中,郑祖饰演的体育中心的主教"黑熊"戏份不少。他为了追求阿丽,丑态百出。他的台词,"我的阿玛尼""我家的床又大又舒服"都成了金句。在《国产凌凌漆》中,他与艳星陈宝莲组成的高科技二人组也相当出彩。在《百变星君》中,他出演的黑老大也十分嚣张。

1993年的《唐伯虎点秋香》,算是周星驰实际导演的第一部作品。这部影片,也标志着"周家班"的初步成军。

在1994年的《破坏之王》中,这个团队的骨干大多已经到位了。在荣记冰室中,周星驰饰演外卖仔何金银,黄一飞饰演抠门老板,谷德昭、古巨基饰演店里的伙计,吴孟达饰演"魔鬼筋肉人",郑祖饰演体育中心的"黑熊",李力持饰演电台经理,黄一山饰演解说人员。这些人,都是最初的"周家班"的骨干。

这个团队的核心当然是超一线明星周星驰,吴孟达则是毫无争议的"二把手"。吴孟达的演技细腻,能出演的角色类型多,就算不加入周家班,片约也不会少,但不可否认的是,他最出彩的形象基本都出自周星驰的电影。

作为名义上的导演,事实上的执行导演,李力持是周星驰最信赖的合作伙伴。他虽欠缺天马行空的创意,却有着资深电影人的专业,能够帮助周星驰及时完成工期,应付各种突发事件。为了节省开支,同时也过过戏瘾,他在多部电影中都有客串。他扮演过的角色不少,《破坏之王》中那个为了收视率不顾别人死活的电台经理、《回魂夜》中智商不高的保安,都令观众印象深刻。

作为鬼才编剧,谷德昭的想象力不输周星驰。他在20多岁就能写出《家有喜事》这样的"神片",简直是天生就该吃编剧这碗饭的。《唐伯虎点秋香》《破坏之王》和《食神》之所以经典,也是得益于他的优秀剧本。

在周星驰电影的黄金时期,周星驰、李力持和谷德昭组成了让所有电影人羡慕的"铁三角"。从2001年的《少林足球》开始,周星驰不再请谷德昭写剧本,这直接导致了剧作水平不如以往。

从1993年《唐伯虎点秋香》的对穿肠,到2001年《少林足球》中的豆腐金刚队队长,谷德昭也在多部周星驰电影中客串过。在《食神》中,他出演重要反派唐牛,更是展现了不错的演技。

1999年,谷德昭执导成龙主演的贺岁喜剧《玻璃樽》,朝着一线导演的方向努力,但离开周星驰的谷德昭很快走了下坡路,甚至大有为"烂片之王"买账的趋势。

在1994年的《九品芝麻官》中,"田鸡"田启文饰演戚少爷,咳嗽咳得把肝都咳出来了。据说,在拍摄包龙星在停尸房找证据的那场戏时,周星驰搞恶作剧，在他身上夹了夹子，可他依然一动不动。戏演完之后，周星驰问他痛不痛。他说："痛啊，但导演不叫停，我是不能动的。"

田启文的敬业精神让周星驰非常尊敬。星辉成立之后，"田鸡"也成了周星驰的助理，并且参演了公司几乎所有电影。2019年的《新喜剧之王》，田启文也有客串，即被如梦惨无人道地踩了脚趾的那位。

在1994年的《国产凌凌漆》中，著名粤剧演员罗家英客串了达文西一角，用装腔作势的劲头制造了不少笑料。此后，他也成了周星驰电影中的重要一员，特别是《大话西游之大圣娶亲》中大唱英文歌的话痨唐僧，更是让他吸粉不少。在《大内密探零零发》《食神》中，他也有精彩表现。

在《食神》中出演黑社会老大"鹅头"的李兆基，也是被周星驰"解锁"了喜剧才华。他和火鸡争地盘时嚣张无比，但吃了撒尿牛丸之后，膀大腰圆的他居然像个二八少女一样翩翩起舞，这种反差表现让人不忍直视，又让人忍不住捧腹大笑。此后，在《算死草》《行运一条龙》《喜剧之王》中，他都有一定戏份。

2001年拍摄的《少林足球》算得上一部群戏电影，而随着旧人的离开、新人的加入，新的周家班成形。

罗家英、李兆基和黄一山等人因为一些事情离开了，田启文和黄一飞仍在。周星驰培养的两位新人林子聪和陈国坤，开始扮演重要角色。

别看生于1976年的林子聪长得憨头憨脑，其实他很早就在TVB做编剧了。在拍摄《少林足球》时，林子聪是编剧助理，但周星驰发现了他身上的表演天赋，让他主演靠轻功闯天下的六师弟。他表演的那手从田鸡嘴里抢鸡蛋的绝活让观众忍俊不禁，也让自己一炮而红。此后，他又接连出演了《功夫》《长江七号》等，还担任了《美人鱼》的执行导演。

生于1975年的陈国坤，长相酷似周星驰的偶像李小龙。因此，在拍摄《少林足球》时，周星驰委以重任，邀请他出演会鬼影擒拿手的四师兄。借助特效手段，他穿着李小龙《死亡游戏》中的同款黄色连体服，将超级守门员的角色演绎得非常精彩。在《功夫》中，他又留起大胡子扮演了黑老大琛哥，证明了自己不光能模仿李小龙，还能演好各类角色。

在《少林足球》中，长相斯文的冯勉恒饰演嚣张的"汽车维修员"，带着扳手榔头上阵的场面让他吸粉不少。他的主业是编剧，却总是在周星驰的电影中出现，并且总是扮演"斯文败类"，如《功夫》中殴打阿星的"四眼"文员、《长江七号》里看不起小狄的老师、《西游·降魔篇》中招摇撞骗的道士。

这些没有身家背景、没有流量加持，甚至和周星驰一样性格腼腆的配角，似乎只有在周星驰的电影中才能绽放自己的表演魅力，留下演艺生涯中最值得回忆的瞬间。可以说，遇到周星驰并得到他的赏识，是他们人生的一大奇迹。当然，他们也用自己的不俗表现回报了这份信任。

不是每个演员都这么幸运，能够获得伯乐的认可和提携。周星驰自己吃过太多苦，走过太多弯路，对他们的处境感同身受，因此才会支持这些配角的认真表演，并让他们充分发挥自己的个性。

在影视圈，像周星驰这样愿意给配角机会的导演并不多，所以显得特别珍贵。

当然，想让人家给你机会，你自己也得有一定的潜力和进取心。

二 黄金配角，跟对人才能展现最强演技

周星驰的电影看得多了，难免会发现这样的现象：很多演员，即便在之前的所有作品中都平淡无奇，与周星驰合作时却能熠熠生辉；很多演员，拍了一辈子的戏，能让观众记住的，只有那些在周星驰电影中演出的戏份和有限的角色；很多演员，与周星驰合作时相当风光，可一旦告别这位"片场暴君"，立马重回寂寂无名。

其实，这一切不过是周氏喜剧电影的常规效应。

就像吴孟达被称为三叔，林国斌被称为断水流大师兄，朱茵被称为紫霞仙子，蓝洁瑛被称为春三十娘，很多香港的资深配角演员，无论之前是什么形象气质，他们最经典的银幕形象都出自周星驰的喜剧之中。

都说周星驰是"片场暴君"，掌控欲过强，可为什么偏偏允许配角"抢戏"，允许他们将自己的表演潜能发挥到极致，而不担心喧宾夺主呢？这是一个值得深思的问题。

周星驰的电影中最值得称道的黄金配角是达叔吴孟达，这一点我相信不会有任何争议。

根据新华网报道，吴孟达出生于1952年1月，只比周星驰大十岁。在TVB时期，他们就开始合作了。在《盖世豪侠》中，吴孟达一人分饰两角，两个角色都比周星驰饰演的段飞高一辈。在《他来自江湖》中，两人演一对整天争执、没有正形的父子。

1990年，在令周星驰一战成名的《赌圣》及《赌侠》中，吴孟达饰演赌

圣阿星的叔叔。他一把年纪了还打光棍，而且贪财、好色、胆小、自不量力、自以为是、自作多情。这样的角色设定当然帮影片制造出了不少笑点，也给达叔确立了一种猥琐的形象标签。这种"猪队友"人设，在周星驰的很多电影中都能看到，比如《逃学威龙》系列里的曹达华、《九品芝麻官》中的包有为。

其实，吴孟达的戏路非常宽，他能够胜任各种类型的角色。

在《武状元苏乞儿》中，他饰演苏灿的高官父亲，看似愚蠢败家却有细腻柔情一面，为了儿子可以不惜一切。片中的父子深情感动了不少观众。

在《食神》中，吴孟达罕见地饰演了大反派"大快乐"的老板。他一脸憨厚地给史蒂芬·周介绍唐牛和牛肉，结果唐牛抢走了食神的招牌，变质牛肉令史蒂芬破产；在厨艺大赛时，他和唐牛更是使出阴招想害死史蒂芬。吴孟达将这个阴险的"大佬"演活了。

在《少林足球》中，吴孟达饰演被人陷害后穷困潦倒的足球名将明锋。他将人物的表面怯懦、内心不甘诠释得非常到位。"少林队"能够在之后一路创造奇迹，离不开这位不向命运屈服的教练。

在周星驰的电影中，吴孟达从不刻意抢戏，对角色拿捏也很到位。很多时候，他的存在感并不强，却总会让观众觉得不可或缺，因而被视为最佳配角。

自《少林足球》之后，吴孟达与周星驰这对"黄金搭档"就再没有合作过，无数影迷盼望着他们能够再度同框。可惜的是，2021年2月27日，达叔却因肝癌离开了人间，终年69岁。这既令我们无比悲痛，又极其遗憾。今年是《少林足球》上映二十周年，这部内地当年错过了的经典，如果能够重映的话，可以算是对达叔最好的纪念与缅怀。

相比之下，陈百祥是另外一种戏路。

在20世纪80年代早期，陈百祥曾经主演过不少卖座喜剧，甚至有张曼玉和钟楚红这一级别的"女神"为他搭戏，但可能是颜值上的短板让他走了下坡路，只能在谭咏麟和刘德华等人主演的电影中出演男二号或男三号。人家负责出风头、追女神，他则负责出洋相、追女配角，在《至尊计状元才》《摩登如来神掌》中莫不是如此。

在《漫画威龙》中，陈百祥首次与周星驰合作，跟男主角刘晶演对手戏。在这部影片中，他并不怎么出彩。

在拍摄《鹿鼎记》时，王晶邀请陈百祥出演多隆一角，和韦小宝有多场对手戏。多隆是小宝的拜把兄弟，与他一起贪污、受贿、骗女人，同时，多隆也是皇上安排在韦小宝身边的卧底，总在关键时刻出卖他。陈百祥把这个角色的蠢、贱和嚣张都演得非常到位。

在拍摄《唐伯虎点秋香》时，周星驰邀请他出演男二号祝枝山。在影片开始，祝枝山和唐伯虎就玩起了人体艺术作画。此后，是"江南四大才子"一起逛街、装乞丐。后来，祝枝山不仅傍上了"风华绝代"的石榴姐，甚至还想勾引秋香。陈百祥和周星驰演对手戏时也不落下风，但有时会演得过火收不回来，没有吴孟达那么收放自如。

元华是著名的"七小福"成员，曾经给李小龙当过替身。他的动作戏既猛又真，演起坏人来又狠又贱，比较有代表性的角色是《笑傲江湖》中的左冷禅、《警察故事3：超级警察》中的豹强等。

元华比周星驰大不到十岁，却在《龙的传人》中出演了周小龙的父亲周飞鸿，把那个古板守旧却对儿子有拳拳之意的父亲表现得非常真实。在《情圣》中，元华饰演黑老大贵利王的亲哥哥，身手极其了得，智商却严重不足，为这场"骗中骗"大戏带来了别样笑点。在高潮戏份中，他亲手把弟弟打得生活不能自理，还向害他俩的骗子们表示感谢，简直能让观众笑破肚皮。

在《漫画威龙》中，元华饰演横刀，与周星驰饰演的刘晶在擂台上一决生死。在漫画式特效的配合下，两人的打斗就像在打变形金刚游戏。演这部影片时正值猴年，让无数影迷没想到的是，两人的下一次合作，居然是下一个猴年。

在 2004 年上映的《功夫》中，观众终于见到了久违的元华。他在其中饰演一位胆小怕事、喜欢贪小便宜的包租公。在面对两大不可一世的盲人杀手时，他终于亮出了太极神功，像玩面团一样轻松收拾了俩人，并和老婆一道大战火云邪神，为男主角阿星的终极一战做足了铺垫。凭借这一角色，元华拿到了第 24 届香港电影金像奖最佳男配角，这也是他唯一一次获奖。

从 2008 年开始，周星驰不再演戏，转而专注于导演工作。比他年龄更长的吴孟达、陈百祥和元华，依然乐此不疲地接戏。无论做出怎样的选择，他们遵从的都是自己的内心。

我们由衷地希望年轻演员中能够出现演技水平接近上述几位演员的新喜剧明星，希望他们能够很好地传承周星驰的喜剧精神。

三 星女郎，为电影留下最美瞬间

大银幕可以带给观众更强劲的视觉冲击，当然也能充分放大女性之美。

20世纪90年代，香港电影达到巅峰。那时，银幕上有许多光彩夺目的女星，她们风格各异、美艳绝伦，在中国影视史上留下了不可磨灭的印记。作为超一线明星，周星驰曾有幸与多位知名女星合作，而在他自己创业之后，他喜欢像张艺谋一样起用素人女演员，这些女演员被称为"星女郎"。

周星驰通向"喜剧之王"的重要领路人王晶，对自己选出来的"晶女郎"有着深刻见解：选女主角不是给自己选老婆，是给所有男观众选女朋友，气质要符合大众审美，要让大家都喜欢。

这个观点被后来自己执导的周星驰高度认可，并发扬光大。

"星女郎"，既可以指在周星驰电影中出现的所有女性角色，也可以特指影片中的女主角。本书选用的是后一种定义。

在20世纪90年代，周星驰主演的电影有几十部，合作的女星多数是当时正红的一线明星。本书当然没有条件，也没有必要一一解说，只能挑选几位最重要、最有特色、影响力最大的女星简单介绍一下。

在这里，我必须先为周星驰辩解一下。

为什么周星驰每拍一部新片、换一个女主角，都能和对方传出绯闻呢？难道这位"喜剧之王"同时也是"花心之王"吗？当然不是。

这是因为周星驰平时的生活相当低调，让狗仔队无事可做、无料可写，非常不满，于是，一些唯恐天下不乱的媒体开始拿这些"星女郎"说事，含沙射影地编造她们和周星驰的绯闻。周星驰本身有自己的工作要做，没有闲功夫搭理这些无聊的人，所以他们也就越发肆无忌惮。

对这一点，周星驰曾在《少林足球》中借阿星和六师弟的对话，公开开涮。

六师弟（伤心）：自从搞成这样之后，连妞都泡不到，这种心情你们不会明白的。

阿星（无奈）：我明白，我又何尝不是呢？

六师弟（真诚）：不是啊，报纸杂志说你女朋友很多啊。

阿星（突然认真）：是什么报纸？

六师弟（低头）：对不起，我又说错话了……

大多数人认为的最佳"星女郎"是朱茵和莫文蔚。如果非要二选一的话，那朱茵应该名列第一，因为《大话西游之大圣娶亲》太经典了，她塑造的紫霞仙子太美、太招人喜欢了。相比之下，《大话西游之月光宝盒》《食神》《回魂夜》三部经典作品加在一起，也抵不过一部《大话西游之大圣娶亲》。此外，朱茵和莫文蔚还有第二个身份——周星驰的前女友。这点我们之后会提到，在这里就不多说她俩了。

许多人认为最差"星女郎"是大名鼎鼎的巩俐。她和周星驰合作了两部特别重要的作品《赌侠2：上海滩赌圣》和《唐伯虎点秋香》，可惜她非但没能用自己的个性表演和个人魅力为影片增色，还因为不愿放开去演，在一定程度上影响了影片品质。特别是《唐伯虎点秋香》，虽然她在表演方面没有多大问题，但与香港演员的默契度的欠缺，这也成了影片的短板，甚至直接拉低了这部超级大片的香港票房。

周星驰最应该感激、合作最多的"星女郎"，同时也是最性感的"星女郎"是张敏。他们两人和吴孟达一度被合称为"铁三角"。

张敏是少数集英气和妩媚于一身的女星。在《倚天屠龙记之魔教教主》

《鹿鼎记》《新碧血剑》等金庸武侠大片中，张敏都是女主角，都有不少激烈的动作戏。在《赌圣》中，她饰演的绮梦是男主角左颂星一见钟情的最爱，但她并非空有美貌，而是一个功夫出色的女卧底，打起架来也相当生猛。在最后决战时的华丽亮相，她的表现也非常惊艳。

在《逃学威龙》中，张敏饰演的女教师何敏，集知性优雅和性感撩人于一体，是周星星奋发学习、努力坚持的唯一动力，可惜在之后的两部续集中，她的风头被朱茵和梅艳芳抢走了。

在《武状元苏乞儿》中，张敏饰演的如霜美艳不可方物，令苏灿一见倾心。她深明大义，明事理、知感恩，有着一颗金子般的心。这部电影之所以能够成为武侠电影中的经典，张敏功不可没。

《九品芝麻官》是张敏与周星驰合作的最后一部电影。在这部影片中，她出演被屈打成招的犯妇戚秦氏，曾令包龙星非常爱慕，更成了他良心发现、敢于挑战强权的最初理由。在这部电影中，她没有打戏，但在被严刑审讯的几个桥段中都展现了扎实演技，为这部影片带来了别样魅力。

最有"宅男女神"气质的"星女郎"当数钟丽缇。

1994年，钟丽缇主演了《破坏之王》，在片中饰演女神阿丽。虽然她没有李嘉欣、关之琳的精致容颜，但她演出了一种原生态的青春美，展现了性感与清纯兼容的独特魅力。

同年，在与李连杰主演的《中南海保镖》中，钟丽缇展现的是轻熟女的成熟魅惑，而在《破坏之王》中，她诠释的是小姑娘的清纯爽直。虽然那时的她还没有多少表演经验，但她对于不同角色的把握都很有分寸，因此很快成了香港电影圈特别受欢迎的女星。

在《九品芝麻官》中，钟丽缇出演了开朗爽直的卖艺女孩莫再缇，并很快成为包龙星的最爱。两人在屋顶定情的一幕相当浪漫，也成了电影的高光时刻。

在 1996 年的《食神》中，钟丽缇亮相不到半分钟，却是影片中最靓丽的存在。她饰演一个学生妹，穿校服，拿冰棍，浓烈的青春气息迎面而来，瞬间就将食神迷得神魂颠倒。

1997 年，在贺岁喜剧《97 家有喜事》中，钟丽缇与周星驰再演情侣，还一起扮痴呆，一起练功夫，一起对付黑社会，一起挤电梯见识男方的各路前女友，承包了影片的许多笑点。

妩媚起来不可方物，搞怪起来无所顾忌，钟丽缇这样的演员显然是许多导演乐意合作的对象。我认为，周星驰当时拍《大话西游》系列不带钟丽缇，可能是个重大损失。

最大气的"星女郎"，是已经去世的梅艳芳。

1992 年，在改写香港影史纪录的《审死官》中，周星驰饰演大状宋世杰，而梅艳芳则出演武功高强的宋夫人。在程小东的动作设计之下，梅艳芳的几场打戏分外飒爽。夫妻二人面对强权时的不屈和不甘、生离死别时的依依不舍都让观众动容。因为这部电影，周星驰和梅艳芳同时被提名为第 12 届香港电影金像奖最佳男主角和最佳女主角。这是周星驰电影中的唯一一次男女主角同时入围奖项。遗憾的是，两人最终都没能获奖。

1993 年，在王晶导演的贺岁喜剧《逃学威龙 3 之龙过鸡年》中，梅艳芳与周星驰再次合作，出演一对假夫妻。他们一个是警方卧底，另一个是寂寞富婆，彼此间的各种互动既搞笑又浪漫。

2002 年，周星驰凭借《少林足球》入围金像奖最佳男主角，颁奖典礼上，正是梅艳芳和梁家辉为周星驰颁发了象征金像奖影帝的小金人。转年，梅艳芳就去世了。巧的是，《少林足球》的女主角就叫阿梅，而且她后来还 Cosplay 了一个梅艳芳的同款造型。

最灵动的"星女郎"，是王晶的爱将，也是万千宅男最爱的邱淑贞。

在1991年的《整蛊专家》中，23岁的邱淑贞首次与29岁的周星驰合作。此时的她，已经展现出了扎实的演技。开局她就整蛊了刘德华饰演的车文杰，又与周星驰饰演的古晶相互看不惯，各种不对付，不过最终两人成为情侣，并一起大战整蛊之王。

在两部美女扎堆的《鹿鼎记》中，论相貌，邱淑贞未必是第一，但论及搞怪耍宝，就没有谁能和她相提并论了。她既有穿男装扮太监的顽皮，又有用席子卷韦小宝入宫的机智，还有将计就计收拾吴应熊的果敢，更有面对韦小宝四个大老婆的无奈；既有放下身段和韦小宝比贱的出位，又有和韦小宝一起笑对死敌的浪漫。说"周星驰之后再无韦小宝"是夸张言辞，但"邱淑贞之后再无建宁"绝对不是假话。

令人遗憾的是，周星驰和邱淑贞此后几无合作。不过，在1997年，邱淑贞参演了《算死草》，而且不是女一号，可见她对周星驰的影片多么支持。

最走心的"星女郎"，是与周星驰合作甚早的毛舜筠。

1991年，毛舜筠参演了两部周星驰电影，一部的导演是李修贤，另一部是李力持，她演的都是女一号。在《龙的传人》中，她饰演男主角周小龙的师妹毛毛，看似大大咧咧却也有柔情的一面；在《情圣》中，她出演一个智商不够的女骗子、程胜的"猪队友"，各种不靠谱的行为给影片带来了很多笑点。毛舜筠和周星驰只在三部电影中合作过。在《家有喜事》中，两人没有对手戏，比较可惜。

最另类，但可能是最重要的"星女郎"，应当是吴君如。

相比前文所述的那些美女，吴君如的容貌略微逊色。实话实说，她能在香港电影圈中占据一席之地，说明她的演技非常出色，人脉也不含糊。

吴君如能有今天的成就，在戏中不惜一切"丑化"自己迎合观众，几乎就是全部秘诀。这个世界，真的不是对每个人都公平的。

吴君如是仅次于张敏，与周星驰合作最多的女星，而且在"大女主"作品《流氓差婆》和《望夫成龙》中，她都是第一主角。这样的经历也是"星女郎"中的独一份儿。

和吴君如合作的这两部电影帮助周星驰打开了巨星之路。从某种意义上讲，吴君如带给他的帮助和机遇不逊色于张敏。

可惜，在《无敌幸运星》之后，吴君如再也没有和周星驰演恋爱戏，也没有再在他的电影中出任女一号。在《鹿鼎记》系列和《赌侠2：上海滩赌圣》中，她演的是周星驰的姐姐和管家的角色；在《千王之王2000》中，她虽然和周星驰演了一次夫妻，却是不折不扣的配角。

演艺圈对女星并不宽容，吴君如能有今天的成就相当不容易。

"80后星女郎"中，张柏芝和黄圣依都只和周星驰合作过一部电影，张雨绮和周星驰合作了两部。与周星驰合作的作品都是她们各自的处女作，但她们都展现出了不错的演技，并惊艳了所有观众。在影片上映之后，三人的知名度就迅速提高，这充分证明了周星驰电影的影响力，也说明"星女郎"和周氏喜剧可以彼此成全，相互成就。

最精彩的周星驰电影全部以爱情为主题，可见周星驰内心深处对爱情的向往。那么，在现实生活中，他的爱情生活又如何呢？

第十五章 爱情

一　罗慧娟，还是觉得你最好

当你兜兜转转，历经百转千回，却发现最好的就是最先失去的那一个。此时的你，会不会想回去抽自己一个大嘴巴？

周星驰公认的初恋女友，是已故的香港女星罗慧娟。

柴静在《看见》专访周星驰时说："你知道，你本来是一个可以很轻而易举地得到你所想要得到的东西的人。在人们看来是这样的。"她说的"东西"，应该也包括爱情。

这话当然不是夸大。1990年之后的周星驰，如果想要成家，无论什么时候都轻而易举。想和他共度余生的女孩，能从北京的大望路排到五棵松。这一点都不夸张——他在全中国、全世界得有多少女粉丝呢？

可如今，年近60岁的周星驰还是单身。

周星驰是个标准的"直男"，正如他的电影，展现的都是百分百的"直男审美"。

周星驰的择偶观，到底是什么样呢？

有一次，记者采访周星驰时也问了他这个问题。也许是为了活跃气氛，他居然说："我的女友标准就是，要有一个鼻子、两只眼睛，有手有脚，最好是个女的。"

据媒体解密，这位"喜剧之王"真正的女友标准是这样的：长腿，身材丰满，不能太高，也不能太矮，眼睛大大的，要看起来很温柔，个性活泼可爱。

这要求并不低，但有一个人是完全符合的，而且这个人还是周星驰的初恋。

写到这里,我难免会想到《大话西游之大圣娶亲》中那句火遍全国,大部分人都能背诵的台词:"曾经有一份真诚的爱情放在我面前……"

罗慧娟生于 1966 年 10 月 10 日,比周星驰小四岁。这个年龄差刚刚好。

明星的官宣身高通常会比真实数据多出 5 厘米到 10 厘米,这已经是心照不宣的业内秘密了。罗慧娟的官方身高是 168 厘米,这说明她至少有 160 厘米以上,这和真实身高大约 170 厘米的周星驰显然很配。相比之下,朱茵就有些太娇小了。

有的人可能会觉得罗慧娟不能说是那种传统意义上的大美人,事实上,罗慧娟曾经参加过 1987 年的"香港小姐"竞选,并且进入了复赛。在竞选期间,罗慧娟被任职公司派出公干,因而失去了复选机会,这实在是非常遗憾。这一届的冠军杨宝玲名气不大,亚军李美凤倒是人如其名,美得一枝独秀。罗慧娟虽比不了这二位,但也完全担得起"漂亮"二字。

后来,罗慧娟加入了 TVB。因为其兄罗伟平的关系,她的发展比周星驰顺畅得多。就在同年,她参演了首部剧集《书剑恩仇录》,并担任女一号霍青桐。显然,这时候的周星驰是没法跟人家坐在一张桌子上喝咖啡的。

1988 年,罗慧娟主演《阿德也疯狂》,与老戏骨刘江演情侣,而周星驰在剧中演一个毫无存在感的小角色。但到了 1989 年的《盖世豪侠》,周星驰就成了男一号,刘江饰演他的爸爸。正是拍完这部电视剧后,周星驰和罗慧娟因戏生情,她成了他第一个确定的女朋友。

此后的事情,完全出乎两人的意料。1990 年夏天,周星驰打破了香港影史纪录,跻身"一成双周",而罗慧娟的事业则进展平平,两人之间的差距越拉越大。

此时的罗慧娟,似乎有了退居幕后、相夫教子之意,而周星驰也动了结婚的念头。据刘镇伟回忆，当周星驰征求他的意见时，他劝周星驰不要太早结婚，因为现在还是正打拼的时候。

当然，这件事也不能怪刘镇伟，毕竟周星驰早已是成年人了。

此外，有传言说凌宝儿一直不喜欢罗慧娟，这让一向"听妈妈的话"的周星驰很难受。多年之后，罗慧娟曾在接受采访时说过，拍拖并不是两个人的事，有时候，必须接受对方的生活并接触对方身边的人。她说："我一向都感觉到她对我有意见。我都想知道，她为什么那么讨厌我？"

这个让罗慧娟如此苦恼的"她"到底是谁？坊间几乎公认，"她"就是凌宝儿。

如此一来，周星驰"妈宝男"的称号，大有坐实之势。

真相到底如何，旁人当然不得而知。对一个女人来说，在你最丑的时候依然迷恋你的，才是真正爱你的；对一个男人来说，在你最失败的岁月依旧包容你的，才是你最不应错过的。爱情的确是两个人之间的事情，可是婚姻恐怕比爱情复杂得多。罗慧娟是周星驰第一个确定的女朋友，是他想要结婚的对象。在周星驰的心目中，初恋的位置是独一无二的，谁也不能代替。

后来的朱茵、莫文蔚和于文凤并不是不好，只是事实证明，她们并不适合周星驰。

1999年，罗慧娟在巴布亚新几内亚潜水时意外受伤，导致一边耳朵失聪。于是我们看到了，在《功夫》中，为小混混阿星打开心结的，是一位哑女。

2008年，周星驰以《长江七号》作为自己的息影之作。8月12日，罗慧娟终于告别了单身，与相恋近十年的新加坡籍男友刘志敏喜结良缘。

2012年6月30日，在周星驰刚度过50岁生日的第八天，罗慧娟因胰脏癌去世。

在即将告别人间时，罗慧娟拍下了最后一段人生独白，长达八分钟。

罗慧娟去世之后，周星驰没有去参加葬礼，只是在他后来拍的那些电影里，让很多粉丝猜测电影里是否有罗慧娟的影子。

提起罗慧娟，我不由得想到另一位罗姓女星——张学友的太太罗美薇。

这两位罗姓女星都有在明星中并不突出，但放在普通人中相当惊艳的相貌；都有还算过关，但上升空间不大的演技。

她俩都是当"花瓶"不够精致，做演技派不够实力的类型，不能像梅艳芳、袁咏仪那样颜值与演技兼顾，也不能像李嘉欣、关之琳一样靠容貌就能接片约接到手软，也不能像吴君如、苑琼丹那样不顾形象地豁出去表演。

好在她们都有乐天的性格与包容的心态，都懂得取舍，甚至乐意为另一半做出牺牲。

1996年，已经在影坛逐渐淡出的罗美薇，与如日中天的歌神张学友结婚，并退出娱乐圈，成为"天王背后的女人"。

罗慧娟曾对媒体说过，其实她都不明白，为什么她对周星驰痴心一片，但他当她是神经病。听起来，当年似乎真的是周星驰辜负了她。

兜兜转转大半生后，周星驰终于明白，初恋才是最好的。可惜，斯人已逝。

从1994年开始，他就不断在电影中加入"初恋"元素。

《食神》中的史蒂芬·周在上中学时，电光石火之间，被一位穿着校服、咬着冰棍的女神迷倒，于是开始各种小心翼翼地追求；《行运一条龙》中的阿水，因为失败的初恋（单恋），不想做一辈子追不到女孩的可怜虫，从而开始了冒牌情圣的后现代生活；《喜剧之王》中的猥琐老板，挥舞着大把钞票到夜总会，只为了找到初恋的感觉："我要我的初恋啊……"有钱又如何呢？想要的得不到，得到的只是自欺欺人的假象；《破坏之王》中，周星驰饰演的"外卖仔"何金银，一把年纪了居然才开始初恋。

吴奇隆曾经唱过一首《烟火》，其中有这样的歌词：

总是在失去以后

才想再拥有

如果时光能够再倒流

  这首歌当然不是为周星驰写的，却完美契合了他的心情。可惜，无论他做什么，她永远都不会知道了。
  罗慧娟虽然也拍过电影，却从来没有和前男友在一部影片中同过框，而周星驰之后的两位女友，却成了最佳"星女郎"。

二 朱茵，无可争议的最佳"星女郎"

1992年9月，周星驰与罗慧娟正式分手。此后，有媒体爆料，朱茵成了这位"喜剧之王"的"地下女友"。

朱茵出生于1971年10月25日，比周星驰小九岁。1991年年底，因为大导演王晶的慧眼识珠，朱茵参与拍摄《逃学威龙2》，并正式开启演艺生涯。

看过这部电影的人都知道，在这部作品中，朱茵与男一号周星驰的对手戏特别多，女一号张敏有被"架空"的趋势。由此可以看出，永盛力捧朱茵的决定相当坚定。

1992年，周星驰与罗慧娟分手。为了躲避狗仔的纠缠，罗慧娟说："从没开始，何来结束！"这当然是气话，却一定让周星驰伤透了心。

据说，周星驰与朱茵分手后，又把这话送给了后者。这一次，他当然是认真的。

这么一来，就显得他不厚道了。

周星驰与朱茵这段关系只维持了三年，在《大话西游》系列上映后不久，周星驰就与朱茵正式分开了。

今天，如果评选最佳"星女郎"的话，朱茵凭借《大话西游之大圣娶亲》中的紫霞仙子，会毫无悬念地排名第一。

朱茵这样的女星，是每一个导演都想要的。她有着清新脱俗的容貌，有着一点就通的灵气，更有着对角色形象的完美追求。

两个都想在表演道路上拓展无限可能的明星，究竟谁应该为谁做出牺牲？这显然是无法回答的问题。

综合各种报道，我大致可以断定：周星驰是个比较传统的人，不希望另一半过于强势，如果另一半能学罗美薇退隐，恐怕是他求之不得的事情。

作为温和的女权主义者，我非常不欣赏山口百惠在演艺巅峰时期的退隐决定，认为这是给苦苦追求两性平等的日本女性做了一个非常坏的示范，但对于周星驰这样的想法，我也不能站在道德高点指责他观念守旧。况且，我们喜欢和欣赏的，更多的是周星驰在银幕上创造的形象，而不是现实生活中的他。

周星驰在银幕上塑造的角色多半表现癫狂，但他在现实中的性格有些木讷。朱茵是银幕上的浪漫仙子，现实中也很喜欢浪漫。

周星驰在戏里戏外反差明显，朱茵在银幕上和银幕外却差别不大。她像紫霞仙子一样敢爱敢恨、爱憎分明。

现实生活中，朱茵有很多朋友，应酬不断，而周星驰朋友很少。朱茵曾说过自己比他幸运，因为她有很多朋友可以倾诉。可周星驰的朋友没她多，所以会比她惨。

朱茵渴望的是轰轰烈烈的爱情，而不是躲躲闪闪的遮掩。谈恋爱本来是正大光明的事情，为什么不能公开呢？

了解香港狗仔队的人，会给朱茵丢下三个字：太天真。周星驰不愿意曝光恋情，何尝没有保护另一半的用心呢？

只是，八卦新闻都铺天盖地了，周星驰也从来没有公开承认朱茵是自己的女友。这样做似乎缺少男人的担当，当然也会让朱茵失望和不满。

不过，周星驰和朱茵分手之后，从未说过她的是非，反而直言她是最优秀的银幕情人。这样的胸怀，显然是值得称赞的。

我坚定地认为，《大话西游之大圣娶亲》是周星驰与朱茵共同成就的经典，因此，根本不存在朱茵消费《大话西游之大圣娶亲》一说。相反，倒是有无数自媒体作者、视频号主播和段子手在消费朱茵，靠编造朱茵与周星驰的往事赚取流量。

在《大话西游之大圣娶亲》中，朱茵将角色拿捏得十分到位，给观众留下了难以忘怀的印象，这显然与她当时正处于热恋中，对周星驰又爱又恨有关。

此情可待成追忆，只是当时已惘然。

当年，不满23岁的朱茵，被人看作是周星驰最好的伴侣，而大银幕上的紫霞仙子，确实也是最经典、最出彩、最深入人心的"星女郎"。

1995年，接受《明报周刊》专访时，朱茵谈到自己与周星驰的恋情时说："在这三年半的时间内，我流的泪实在太多，受的痛苦太深。总之，拍拖时有可能尝到的喜怒哀乐，我全都试过了。"

尽管她比周星驰小九岁，她却认为周星驰在爱情方面心智尚未成熟。这样讲似乎有些打击周星驰的自尊。不过，她这么讲，是她的权利。周星驰没有做出回应，也是他的风度。

相比周星驰，如今的朱茵无疑是幸运的，因为她已经找到了"真命天子"。

1998年，朱茵捡到了一只走失的流浪狗，随后把它送还给狗主人。没有想到的是，一段姻缘就此开启。

这位先生，就是Beyond乐队的成员黄贯中。

2012年，朱茵和黄贯中完成结婚注册手续，结束了爱情长跑。如今，从综艺节目《想想办法吧，爸爸》来看，他们一家应该生活得很幸福。

周星驰与朱茵分手后，又与另一位"星女郎"成了男女朋友。

三 莫文蔚，分手后依然是好友

2001年，在为《少林足球》做宣传时，周星驰"不小心"爆料说，莫文蔚做过他的女朋友。此时，他们早已经分开多时。

周星驰和莫文蔚是最好的朋友、最理想的合作伙伴，但并不是理想的伴侣。

莫文蔚生于1970年6月2日，成长在一个书香门第。1993年，她发行首张粤语专辑 Karen（这也是她的英文名），从此踏入娱乐圈。

1994年，周星驰慧眼识才，邀请莫文蔚出演他的创业之作《大话西游》系列，与电影团队一起远赴宁夏拍摄。

起初，女一号的人选是朱茵，但刘镇伟将影片剪成了上下集，之前从未拍过电影的莫文蔚，也就成了《大话西游之月光宝盒》的女一号。事实证明，莫文蔚没有辜负周星驰的信任，白晶晶一角虽然不如紫霞仙子深入人心，但也是难以超越的经典角色。

《大话西游》系列上映后不久，周星驰与朱茵悄悄分手。

1995年7月，周星驰与刘镇伟合作的最后一部电影《回魂夜》上映，莫文蔚出演了其中的朋克少女阿群。在这部影片中，她集清纯多情和出位搞怪于一体，与周星驰演对手戏时的情侣感十足。很多观众并不知道，影片上映时他们已经秘密恋爱了。

从此之后，莫文蔚也当仁不让，成为风头最强劲的"星女郎"。

1996年的圣诞档，莫文蔚再次让人大跌眼镜。她出演了《食神》的女主角火鸡，并拿到了次年的金像奖最佳女主角的提名。莫文蔚的这一成绩，是用巨大的牺牲换来的。火鸡绝对堪称史上最丑，却可以媲美紫霞仙子的经典角色。《食神》最终获得4086万票房，并且赢得了美国片商青睐，让周星驰有了进军好莱坞的可能性。同样，莫文蔚也身价猛涨、片约不断。

1997年，两人还合作了《算死草》。

不过，相比拍电影，莫文蔚更喜欢歌手的身份。拍摄《大话西游》系列时，卢冠廷就将莫文蔚介绍给了流行音乐教父李宗盛。李宗盛挑女歌手的眼光，相当于王晶挑女主角的眼光。在得到滚石力捧之后，莫文蔚很自然地将事业重心转到了台湾。

这么一来，周星驰与莫文蔚便开始聚少离多。据一些媒体透露，周星驰希望莫文蔚能把更多的时间放在家庭上，做类似朱丽倩、罗美薇那样的"天王嫂"，事业蒸蒸日上的莫文蔚当然不愿意了。

几年后，周星驰与莫文蔚的关系走到了尽头。莫文蔚与朱茵两位女神都有超高颜值和惊人才华，都希望在事业上走得更远。她们对待爱情都全力以赴，对待爱人都毫无保留。

不过，对待前任的方式，两人却南辕北辙。

平心而论，两位女神虽然才华横溢，但她们的演艺之路能够那样顺畅，在很大程度上是因为周星驰。也许是因为心存这份感激，莫文蔚和周星驰分手后没有与他彻底闹翻，依然是他的好朋友和事业伙伴。

1999年，为了支持《喜剧之王》，莫文蔚甘愿给素人张柏芝当配角，出演了女星杜娟儿。两年之后，莫文蔚和张柏芝又在《少林足球》客串了一回。

2016年，受周星驰邀请，莫文蔚与郑少秋合作演唱《世间始终你好》，为《美人鱼》这部破票房纪录的影片增添了别样魅力。

莫文蔚觉得，恋人分手后不一定就得是敌人，如果连朋友都不做，她反而不懂。她和第二任男友冯德伦依然保持着联系，和"情敌"舒淇也是朋友。对待周星驰，她一直怀有感恩之心。

与之相对的，朱茵认为，两人分手了就不要再做朋友。爱就爱得轰轰烈烈，分就分得彻彻底底，这当然也是一种人生态度。

两人的选择都无可厚非，而且没有高下之分。现在，她们均已经找到了自己的 Mr. Right。

2011年6月，第22届台湾流行音乐金曲奖最佳女歌手奖，颁给了一位连普通话都讲得不太标准的歌手，她正是莫文蔚。

获奖后不久，莫文蔚就公布了自己的婚讯。

新郎是她的初恋男友，德国帅哥约翰·纳斯。当时，纳斯不但离过婚，还是三个孩子的父亲。可能会有人为莫文蔚不值：她自己是未婚，有必要嫁给一个带着三个孩子的人吗？我们只能说，真爱能超越一切界限，爱情里没有什么值不值。

巧合的是，莫文蔚与朱茵结婚时都是41岁。

失去莫文蔚的"喜剧之王"，还有遇到真爱的机会吗？

四　于文凤，周星驰背后的理想情人

1998 年，周星驰带着一位年轻女子在与兰桂坊毗邻的"镛记"吃饭，不想出门时被记者拍到。虽然两人马上就离开了，但纸包不住火，唯恐天下不乱的狗仔队岂能放过他们？

这位女性，就是周星驰的第四位女友于文凤。

相比之前的三人，于文凤虽非演艺明星，但有着不平凡的出身。她生于 1971 年，父亲是香港建设公司名誉主席于镜波，她本人则毕业于香港名校拔萃女书院，可以说是标准的富家女。

于文凤没有踏入娱乐圈，但论长相，她不输任何普通女星。更难得的是，她有着大家闺秀特有的优雅气质。周星驰被她迷住也毫不奇怪。

刚与周星驰确定恋爱关系时，于文凤仅 20 几岁，处于一位女性最好的黄金时期。周星驰那时 36 岁，正好是本命年。

1998 年，周星驰只有一部《行运一条龙》在新春档上映，而且还是上一年拍的。

也就是说，这一年他什么作品都没拍。他的主要工作很可能就是陪于文凤了。

为了躲避媒体，周星驰从不公开宣称于文凤是自己的女友。这要是换成别人，可能早就分手了；可于文凤能忍，而且一忍就是十几年。

和于文凤确定关系之后，周星驰也交上了好运。

周星驰连续拍摄了四部夺得香港票房冠军的影片——《喜剧之王》《少林足球》《功夫》和《长江七号》，创造了"每出新片必夺年冠"的神奇纪录，尽管这些影片的品质不如20世纪90年代的影片，获得的商业回报却要高得多。

于文凤不仅是星辉的财务主管，还利用自己的经验和人脉帮周星驰炒楼、拓展其他领域的生意，使他获利不小。

这样的另一半，难道不是周星驰一直苦苦追求的吗？这样的贤内助，难道不是他最好的选择吗？

她的家世，可以弥补他出身的短板；她及其家族的人脉，可以弥补他不善交际的短板；她的商界经验与判断力，可以弥补他在公司经营上的短板。有了于文凤，周星驰大可以将公司日常事务交给她，自己安心拍好电影就行，但在星辉公司，周星驰的姐姐周文姬和妹妹周星霞的地位显然要高于于文凤。这当然不会让她开心了。

周星驰的母亲凌宝儿似乎也不喜欢于文凤。事实上，据说周星驰前后四个女友中，只有朱茵让她满意。

2010年，据香港媒体报道，周星驰和于文凤正式分手。从此，周星驰开启了长达十一年的空窗生涯，令粉丝痛心不已。

分手时，于文凤已经41岁，接近中年。最好的青春已经随风而逝，永远不会再回来。

2020年11月23日，于文凤在香港高等法院出庭，向周星驰追讨大约7000万港元的"投资分红"，而周星驰那方的回应是，有关口头协议属于恋爱中的情话，不具备法律效力。

身家数亿元的于文凤并不缺这7000万港元，她之所以如此坚定地告状周星驰，可能是对两人十几年恋爱长跑没有结果的一种宣泄。分手十年还没有放下心结，似乎并不是明智之举，作为外人，我们并没有资格指责于文凤的行为。当然，我们也不能因此指责周星驰。真相只有当事人知道，双方走到这一步，无论对谁来说都不是好事。惹上这样的风波，对周星驰的公众形象也多少是一种伤害。

如今，已经快50岁的于文凤，一度传出与创兴银行后人廖骏伦恋爱，但现在依然没有结婚[①]。在此，我们只能为她祝福了。

[①] 据香港媒体报道，于文凤与廖骏伦于2021年2月4日结婚。

五　年近六十仍单身，星爷心归何处

比周星驰小六个月的黄安在 2013 年就当外公了，可到了 2020 年年底，周星驰依旧孑然一身。

他自己都说，这辈子可能没有机会了。这么讲，显然太过悲观。

他曾说自己运气不好，但这显然不是事实。罗慧娟、朱茵、莫文蔚和于文凤这四位女性，任何人有幸成为其中一人的男友，都是上天特别厚待，都算这辈子没有白活了，而周星驰却先后成为她们四位的男朋友。这种运气已经不只是"超好"，而是好得无出其右了。

但是，周星驰终究没有和四人中的任何一位走入婚姻殿堂。罗慧娟已经不在了，于文凤与两位最佳"星女郎"则都步入了婚姻殿堂。

没有人是十全十美的，在四段恋情中，他也不可能不犯错误。

爱过才知情重，醉过才知酒浓。周星驰能够成为顶尖的电影人，能够留下多部以爱情为主线的经典喜剧电影，显然与他的爱情经历不无关系。

周星驰为人特别低调，我们并不清楚他在现实生活中的爱情观，但在他的电影中，我们领会到了最真诚、最美好的爱情，感受到了爱情带给平凡男女的惊人变化，意识到了勇敢去爱才是人生最大的责任。

有了这些认识，对粉丝和普通观众来讲，已经足够了。

我们绝大部分人都是普通人，才华不及周星驰、张国荣和张信哲那么高，如果到了 30 岁、40 岁甚至 50 岁还不结婚，生活的压力可想而知，但那些不能打倒我们的，只会让我们更加强大。

每一次恋爱，都很可能会受一次伤。爱得越深，伤得越重。当伤口再也不会崩裂时，我们的人生也就没有了奋斗的动力与激情。

因为这些优质偶像的存在，因为受到他们作品的感染和感动，我们才得以看淡人世间的分分合合，理解命运的兜兜转转，明白真爱的可遇而不可求。

感谢周星驰的无厘头电影，让我们从中看到了最美好的爱情，虽然这似乎是一件很无厘头的事情。我相信，所有以爱情为主线的周星驰电影，无一例外全是经典，而缺少爱情元素的作品，无法令人产生长久的感动，比如《鹿鼎记》。

在此，我也祝愿这位"喜剧之王"，希望他在致力为观众带来笑声之余，早日收获自己的幸福。

附录　周星驰教会我们的二十条人生哲理

1. 今日事今日毕，不带着遗憾入梦。
2. 苦难不是人生财富，但不被苦难压倒就是成功。
3. 宽容那些随大流者，感恩极少慧眼识珠的贵人。
4. 雪中送炭总是例外，锦上添花才是人之常情。
5. 不要成为下一个谁谁谁，而是要成为最好的你自己。
6. 发现自己最大的优势，并将它发挥到极致。
7. 要耐得住寂寞，也要经得起诱惑。
8. 不是只有偏执狂才能成功，但老好人一定没有未来。
9. 自己不争取，机会不可能自动跑到你跟前。
10. 没有实力，花再多心思与别人应酬也是白搭。
11. 就算全世界都否认你，但你只要有了梦想，就要坚持，更要行动。
12. 不要为难自己做不擅长的事情，那样只会事倍功半。
13. 不要刻意讨好任何人，有钱人的圈子普通人无法强行融入。
14. 帮助别人不求回报，接受别人的帮助一定要感恩。
15. 不能等到创意如泉涌，才开始创作。
16. 争的最高境界是不争，不要参与无聊的口水战。
17. 对世界永远保持好奇心，随时捕捉灵感来源。
18. 一定要有主见，但也要多听不同意见，集思广益。
19. 最好的合作者，就是能容忍你出位思想的人。
20. 最好的状态，不可能一下就达成，最好的表演，不可能一遍就实现。

主要参考文献

[1] 大卫·波德维尔. 香港电影的秘密：娱乐的艺术[M]. 何慧玲，译. 海口：海南出版社，2003.

[2] 斯坦尼斯拉夫斯基. 演员自我修养[M]. 刘杰，译. 武汉：华中科技大学出版社，2015.

[3] 雅克琳娜·纳卡什. 电影演员[M]. 李锐，王迪，译. 南京：江苏教育出版社，2007.

[4] 陈婉莹. 我是一个演员：周星驰文化解读[M]. 广州：南方日报出版社，2005.

[5] 橙花. 周星驰：做人如果没有梦想，跟咸鱼有什么区别[M]. 北京：华文出版社，2007.

[6] 的灰. 香港电影金像奖帝后列传[M]. 上海：上海书店出版社，2007.

[7] 丁亚平. 中国当代电影艺术史 1949—2017[M]. 北京：文化艺术出版社，2017.

[8] 窦欣平. 周星驰外传[M]. 北京：新华出版社，2004.

[9] 刘伟霖. 香港电影 2016[M]. 香港：香港电影评论学会有限公司，2017.

[10] 卢俊，张永美. 向周星驰学习[M]. 北京：东方出版社，2008.

[11] 师永刚，刘琼雄. 周星驰映画[M]. 北京：作家出版社，2006.

[12] 魏君子. 香港电影演义[M]. 北京：文化艺术出版社，2021.

[13] 魏君子. 香港电影往事 [M]. 北京：文化艺术出版社，2021.

[14] 温键键，梁建华. 大话周星驰 [M]. 广州：南方日报出版社，2002.

[15] 张彻. 回顾香港电影三十年 [M]. 香港：三联书店（香港）有限公司，1989.

[16] 张燕. 映画：香港制造 [M]. 北京：北京大学出版社，2006.

[17] 赵卫防. 香港电影艺术史 [M]. 北京：文化艺术出版社，2017.

[18] 钟宝贤. 香港电影百年光影 [M]. 北京：北京大学出版社，2007.

[19] 周星星的粉丝. 就爱周星驰 [M]. 汕头：汕头大学出版社，2005.

[20] 汤祯兆. 香港电影夜与雾 [C]. 杭州：浙江大学出版社，2012.

[21] 汤祯兆. 香港电影血与骨 [C]. 上海：复旦大学出版社，2010.

[22] 中国电影艺术研究中心，中国电影资料馆. 香港电影10年 [C]. 北京：中国电影出版社，2007.

后记 世界上最快乐的事情，就是有机会为理想而奋斗

我喜欢上周星驰的电影，是在整整三十年前。

1991年9月，在《逃学威龙》火遍东南亚之时，我从中国第一部电影《定军山》的取景地——陕西省汉中市勉县考入中国人民大学，来到北京，开始了四年的校园生活。

为了高考取得好成绩，我付出了不小的代价，还戴上了近视眼镜。

和很多同学一样，大学四年我没怎么好好读书，一门心思只想打工赚钱和交女朋友；和很多同学不一样的是，他们走得很远，我的步子却很慢。我这个版本的"逃学威龙"得到的结果当然非常不值。

要说大学四年一点收获都没有，当然也不是事实。

在这四年里，我最喜欢去的教室是公共教学一楼后面一个可容纳八百人的大教室。不过，我不是去学习的。这个教室基本没课，其职能更像是电影院加录像厅。

四年来，我在这里看了两百部以上的电影和录像，其中大部分是港片，而令我印象最深刻的，当然是周星驰。

我依然清晰地记得，看《情圣》时，我笑了很多次；看《武状元苏乞儿》时，我当场流下了眼泪。《唐伯虎点秋香》则完全颠覆了我的三观：原来电影还能这么拍，原来经典还能这么恶搞？至于《大话西游》系列，我是在西门外的录像厅看的，当时的确不是很喜欢，还被影片中唐僧唱英文歌那段剧情搞得莫名其妙。

大学毕业之后，我没有留在北京，这也让我留下了终身遗憾。兜兜转转多年之后，我下定决心，要在告别青春岁月之后，勇敢地来一次"北漂"。

我的勇气当然不是来自梁静茹，而是来自周星驰的电影：做人如果没有梦想，和咸鱼有什么区别？

人大的那段时光很难称得上美好，彼时，我太过默默无闻。事实上，我的中英文双语写作水平在那里得到了很好的锻炼，只是当时的我并不自知。

可以说，没有当年那段经历，我不大可能走上写作和翻译之路。可惜，这中间耽误的时间比较长，我自己回忆起来也觉得非常懊悔和失落。

2008年，我再回北京。在工作几年之后，我选择成为自由撰稿人。出版了几本书之后，我猛然发现，自己和周星驰有一些共同之处：

周星驰本人堪称"木讷无趣"，在大银幕上却是极尽癫狂；我在现实生活中内向保守，写下的文字却有些恶搞出位，只因在现实生活中，我能够表达的机会不多，只有写在纸上了。

周星驰不喜欢应酬，更热爱独处；我原本特别喜欢交友，渴望得到别人承认，现在却认为，"享受孤独"一点儿也不夸张，并非自欺欺人。

当你有了更高的人生目标，就会懂得时间的可贵、取舍的必要、独处的乐趣。

世界上最快乐的事情，就是有机会为理想而奋斗。

世界上最大的成功，就是能够按自己的想法过一生。

感谢周星驰和他的电影，让我这样的普通人认清了努力的方向。

年近六十的周星驰，至今还没有成家。我并不清楚他现实中的那些情感经历的细节，也不相信八卦杂志的报道，但是，对于他在电影中传递出的爱情观，我说不出一点不对。

周星驰电影能有如此强大的影响力，绝对不是偶然。

《破坏之王》《武状元苏乞儿》和《唐伯虎点秋香》，是我心目中的周星驰电影的前三名，它们全都可以归为爱情片。在内地最有影响力的《大话西游》系列就更不用说了。

周星驰的经历和电影作品告诉我们，我们可以安心当个普通人，但要有随时准备出类拔萃的野心；可以不甘平庸，但也要坦然接受平凡；可以对自己严格苛求，但要对另一半理解包容；要有底气活得和别人不一样，也要有勇气活得和别人一样。

我的这部作品，更多的是结合香港电影产业的兴衰，对周星驰全部电影作品的个人解读，并融入自己这些年对人生与爱情的思考，希望能对读者有所帮助、触动和启发。

2021年，是周星驰《少林足球》上映的二十周年，《食神》上映的二十五周年，《逃学威龙》第一部上映的三十周年。在如此重要的时间节点，如此特殊的时刻，能把拙著作为送给全世界周星驰的粉丝的礼物，我感到非常荣幸。

本书能够顺利出版，首先要感谢合作方小马过河（天津）文化传播有限公司的编辑老师，同时要感谢战台烽、云飞扬、任乐源和任达等影评同行的帮助与指点。最后，我要特别感谢广大读者的厚爱与支持，没有你们，就没有这本书的付印。书中难免存在纰漏与不足，也欢迎各位批评指正。

图书在版编目（CIP）数据

影者星驰：心中的火是不会熄的 / 燕山刀客著. ——武汉：华中科技大学出版社，2021.8
ISBN 978-7-5680-7158-1

Ⅰ.①影… Ⅱ.①燕… Ⅲ.①周星驰-生平事迹 Ⅳ.①K825.78

中国版本图书馆CIP数据核字(2021)第109002号

影者星驰：心中的火是不会熄的　　　　　　　　　　　　　　　　燕山刀客　著
Yingzhe Xingchi: Xinzhong de Huo Shi Buhui Xi de

策划编辑：刘晚成	
责任编辑：田金麟	
监　　制：小　马	
特约编辑：小　北	
责任校对：李　弋	
责任监印：朱　玢	
装帧设计：琥珀视觉	
出版发行：华中科技大学出版社（中国·武汉）	电话：（027）81321913
武汉市东湖新技术开发区华工科技园	邮编：430223
印　　刷：武汉精一佳印刷有限公司	
开　　本：710mm × 1000mm　1/16	
印　　张：23.5	
字　　数：323千字	
版　　次：2021年8月第1版第1次印刷	
定　　价：69.80元	

本书若有印装质量问题，请向出版社营销中心调换
全国免费服务热线：400-6679-118 竭诚为您服务
版权所有　侵权必究